湖南省哲学社会科学基金资助项目：近代早期法国乡村社会转型研究（项目编号：17YBQ015，2017年湖南省哲学社会科学基金青年项目）

湖南省教育厅资助科研项目：近代早期法国土地租佃制度研究（项目编号：19B086，2019年湖南省教育厅优秀青年项目）

近代早期
法国土地制度研究

贺丽娟 著

中国社会科学出版社

图书在版编目（CIP）数据

近代早期法国土地制度研究/贺丽娟著. —北京：中国社会科学出版社，2021.10
ISBN 978 – 7 – 5203 – 8648 – 7

Ⅰ.①近… Ⅱ.①贺… Ⅲ.①乡村—社会转型—土地制度—研究—法国—近代 Ⅳ.①F356.59

中国版本图书馆 CIP 数据核字（2021）第 129503 号

出 版 人	赵剑英
责任编辑	安　芳
责任校对	张爱华
责任印制	李寡寡

出　　版	中国社会科学出版社
社　　址	北京鼓楼西大街甲 158 号
邮　　编	100720
网　　址	http://www.csspw.cn
发 行 部	010 – 84083685
门 市 部	010 – 84029450
经　　销	新华书店及其他书店
印　　刷	北京君升印刷有限公司
装　　订	廊坊市广阳区广增装订厂
版　　次	2021 年 10 月第 1 版
印　　次	2021 年 10 月第 1 次印刷
开　　本	710×1000　1/16
印　　张	16.25
字　　数	251 千字
定　　价	89.00 元

凡购买中国社会科学出版社图书，如有质量问题请与本社营销中心联系调换
电话：010 – 84083683
版权所有　侵权必究

目 录

绪 言 ………………………………………………………… (1)

第一章 中世纪前期的庄园制度 ………………………… (23)
 第一节 中世纪前期的庄园 ……………………………… (23)
  一 庄园与村庄 ………………………………………… (23)
  二 从《庄园敕令》看中世纪早期的庄园 …………… (27)
  三 庄园实例 …………………………………………… (30)
 第二节 庄园的土地制度与耕作制度 …………………… (33)
  一 庄园的土地结构 …………………………………… (33)
  二 庄园土地的权利结构 ……………………………… (40)
  三 土地的耕作制度 …………………………………… (43)
 第三节 领主与农民 ……………………………………… (47)
  一 领主——庄园第一居民 …………………………… (47)
  二 农民——庄园居民主体 …………………………… (50)

第二章 庄园制度的发展与解体 ………………………… (57)
 第一节 农业经济的发展 ………………………………… (57)
  一 农业中的新气象 …………………………………… (58)
  二 农业商品化程度提高 ……………………………… (61)
  三 农业生产率的提高 ………………………………… (68)
 第二节 农民的负担 ……………………………………… (72)
  一 教会的什一税 ……………………………………… (72)

1

二　国家赋税负担 …………………………………………（74）
　　三　庄园费用 ………………………………………………（80）
第三节　庄园管理体制的演变 …………………………………（85）
　　一　庄园法庭的变化 ………………………………………（85）
　　二　庄园的经营管理 ………………………………………（91）
第四节　农奴制的瓦解 …………………………………………（97）
　　一　中世纪的农奴 …………………………………………（97）
　　二　走向解体的农奴制 ……………………………………（100）
　　三　农奴制的残余 …………………………………………（104）

第三章　近代早期的圈地运动 ……………………………………（108）
第一节　早期的圈地运动 ………………………………………（108）
　　一　敞地与圈地 ……………………………………………（108）
　　二　中世纪的圈地活动 ……………………………………（113）
第二节　圈地运动的发展 ………………………………………（116）
　　一　16—17世纪缓慢发展的圈地运动 ……………………（117）
　　二　大革命前圈地运动的发展 ……………………………（121）
第三节　圈地运动的规模与地权变动 …………………………（126）
　　一　反对者与支持者 ………………………………………（127）
　　二　圈地规模与影响 ………………………………………（130）

第四章　近代早期地权变革中的土地占有情况 …………………（134）
第一节　教会的土地占有情况 …………………………………（134）
　　一　大革命前的教士阶层 …………………………………（135）
　　二　教会财产的出售 ………………………………………（137）
　　三　教会占有的土地情况 …………………………………（141）
第二节　世俗贵族的土地占有情况 ……………………………（144）
　　一　"没落"的贵族阶层 …………………………………（144）
　　二　贵族占有土地的情况 …………………………………（149）

三　贵族对土地的侵占 ………………………………（153）

第三节　农民阶层的土地占有情况 ……………………（154）

　　一　旧制度下的农民 …………………………………（154）

　　二　农民占有的土地 …………………………………（157）

　　三　拥有土地的农民 …………………………………（163）

第四节　资产阶级占有土地的情况 ……………………（167）

　　一　资产阶级的兴起 …………………………………（168）

　　二　资产阶级与土地 …………………………………（170）

第五章　近代早期的土地经营模式 ………………………（177）

第一节　近代租佃经营：分成制租佃与定额租佃 ……（177）

　　一　分成制租佃 ………………………………………（178）

　　二　定额租佃 …………………………………………（183）

第二节　传统小农的土地经营 …………………………（190）

　　一　直接经营 …………………………………………（190）

　　二　传统小农的经营 …………………………………（192）

第三节　土地经营的规模 ………………………………（196）

　　一　大土地所有制和小土地所有制 …………………（196）

　　二　土地经营的规模 …………………………………（201）

第六章　大革命时期土地私有制的确立 …………………（205）

第一节　大革命时期的土地政策 ………………………（205）

　　一　八月法令 …………………………………………（206）

　　二　1970年3月15日法令 …………………………（208）

　　三　1792年和1793年法令 …………………………（211）

第二节　大革命时期的地权转移 ………………………（213）

　　一　国有财产的出售 …………………………………（213）

　　二　公地分割 …………………………………………（220）

第三节　小农经济的发展 ………………………………（225）

一　大革命后的土地制度 …………………………………（225）
　　二　大革命后小农经济的发展 ……………………………（228）

结　语 ……………………………………………………………（233）

参考文献 …………………………………………………………（236）

绪　言

一　选题价值和意义

近代早期正值西欧社会从传统农业社会向现代化工业社会转型的关键时期。在西欧国家集体走向现代化的浪潮中，法国在这一阶段也经历一系列巨变：政治上，历经宗教改革、胡格诺战争、绝对君主制的建立，再到震惊世界、席卷欧洲的法国大革命；经济上，资本主义工商业尤其是金融资本主义发展壮大；文化上，启蒙运动的影响延续至今；社会生活方面，教士阶层、贵族阶层的没落，第三等级的兴起，等等。凡此种种，均说明这一时期正是法国社会的大变革时期，社会转型的大时代。反观这一时期的法国农村，似乎仍呈现出一派田园牧歌式宁静平和的景象。亘古不变的土地上，古老而宁静的城堡和村庄中，有着人们代代相传的耕作方式、生活方式，法国城镇社会所经历的一切巨变似乎都与农村世界无关。以至于19世纪一位法国学者说："一个十三世纪的农民如果访问我们的农场，也不会感到多大的惊异。"[①] 法国乡村的宁静平和很容易让人们忽视农业农村这一领域。因此在过去，学界对法国农村的关注极少。直到19世纪，法国的乡村史研究仍是一片令人"遗憾"的空白区域。当然这不意味着法国乡村并不重要。恰恰相反，直到19世纪，法国仍是一个传统的农业国家，大多数法国人仍然生活在农村。1911年，10个法国人当中仍有4人是以土地为劳作对象。[②] 忽略农村、农民就是忽视这一时期绝大部分仍生活在农村的法国人。实际

[①] ［英］克拉潘：《1815—1914年法国和德国的经济发展》，傅梦弼译，商务印书馆1965年版，第17页。

[②] ［英］彼得·马赛厄斯、M.M.波斯坦主编：《剑桥欧洲经济史·工业经济：资本、劳动力和企业》（第七卷上册），徐强等译，经济科学出版社2000年版，第384页。

上,"农业变化影响人们生活的方式和他们的社会、经济、政治和文化态度"①。例如,农民对大革命的态度以及农民在大革命中的活动和作用就是诸多大革命史学家的重要考察对象。因此,研究近代早期法国农村对我们了解当时的法国社会具有重要意义。而在农村,最重要的社会财富就是土地,大部分在农村生活的人依靠土地谋生,以土地为劳作对象。要了解当时法国农村社会的变迁,我们首先应当关注这一时期的土地制度。故本书从土地制度这一角度出发,试图通过土地制度的演变反映当时法国社会农村,乃至整个法国社会的转型变迁。

中世纪,法国同英国一样实行庄园制。到近代,英国形成以资本主义大土地所有制为主的国家,农业资本主义发展迅速,而法国仍是一个小农经济占主体的国家,农业资本主义相对落后。是什么原因造成两国农村土地制度的巨大差异?法国是否曾发生英国式的圈地运动?法国的土地制度在近代早期是否出现变革?如果有变革,变革的形式和变动的规模又是如何的?近代早期法国的土地制度变革对法国社会产生了什么影响?其变革的因素主要有哪些?在这个变革中,法国农村和生活在农村中的人们又发生什么变化?厘清这些问题有助于我们更好地了解近代早期法国政治经济乃至整个社会的变迁。由于各方面条件限制,目前国内学界对法国农村史的关注极少,关于法国土地制度方面的综合研究几乎仍是一片空白。本书试图就近代早期法国社会转型中的土地制度进行初步探讨,望能进一步增加对近代早期法国乡村社会转型的了解。

二 学术史回顾

土地是农业生产的基础,也是农村生活的核心。19世纪以前,大部分法国人都是以土地为劳作对象,依靠土地生活,土地是重要的生产和生活资源。即使在不以土地为劳作对象的城市,土地也是社会财富的象征,是平民提高社会地位的基本要素。所以土地的归属不仅反映了农村社会的经济结构,社会关系和政治态势,也可反映农耕文明时期整个社会的政治,经济和社会生活。目前国内外学者对法国土地制度的专门

---

① Frank E. Huggett, *The Land Question and European Society since 1650*, London: Harcout Brace Jov Anovich. Inc, 1975, p. 7.

研究虽不多，但绝大多数探讨农村问题的史学著作基本都涉及土地问题。土地制度是农村史研究的一个重要方面。

（一）国外相关学术研究概况

"人们生来只善于发现剧烈变化着的事物。多少个世纪中，农业从习惯来看几乎一成不变，因为实际上它变化极小，而且当它进化时，一般都平平稳稳，没有断续现象。"① 在政治史、经济史盛行的年代，农村由于看上去缺乏变化而长期得不到人们的重视。直到 18 世纪，农村生活才出现在法国历史书籍中。19 世纪中后期，法国农村史研究有了初步发展。这一时期，西欧学术界对乡村的研究主要有两种方法：从法律角度出发考察各社会阶层的阶级状况，法律地位以及农奴制等内容；从农业技术角度考察农作物的演进，耕作技术的变革，畜牧业养殖业的发展等内容。在法国，受到法国大革命的影响，学界更多的是关注旧制度时期法国农村的阶级、人身和财产状况，农奴制和大革命前后土地所有权的归属问题等。如莱奥波德·德利尔（Léopold Delisle）的《中世纪诺曼底地区农业阶级状况和农业的研究》，泰龙·德·蒙托热（Théron de Montaugé）的《18 世纪中叶以来图卢兹地区的农业和乡村阶级》②。托克维尔（Alexis de Tocqueville）在《旧制度和大革命》③一书中从政治角度将法国大革命史和乡村史研究联系起来，分析了大革命前法国乡村社会的危机及其与大革命之间的关系并且关注到大革命前农民的土地所有权问题。值得一提的是 1844 年邦雅曼·盖拉尔（Benjamin Guérard）整理出版了巴黎附近圣-日耳曼-德-普雷修道院（Saint-Germain-des-Prés）的地产册④，为我们了解中世纪时期修道院的地产状况和庄园的经营模式提供了珍贵史料。到 19 世纪末至 20 世纪初，最有影响力的乡

---

① ［法］马克·布洛赫：《法国农村史》，余中先等译，商务印书馆 2003 年版，第 4、5 页。
② Léopold Delisle, *Études sur la condition de la classe agricole et l'étude de l'agriculture en Normandie pendant la Moyen Âge*, Paris：Honoré Champion, 1903；Théron de Montaugé, *L'agriculture et les classes rurales dans le Pays Toulousain depuis le milieu du XVIIIe siècle*, Paris：Libraire Agricole de La Maison Rustique, 1869.
③ ［法］托克维尔：《旧制度与大革命》，冯棠译，商务印书馆 1996 年版。
④ Benjamin Guérard, *Polyptyque de l'abbé Irminon de Saint-Germain-des-Prés*, Paris：1844.

村史著作当属亨利·塞（Henri Sée）关于中世纪至大革命时期法国乡村阶级及农村产业状况的一系列研究，如1896年《中世纪布列塔尼地区乡村阶级研究》，1901年的《中世纪法国的乡村阶级和产业制度》，1906年《从十六世纪到法国大革命时期布列塔尼的乡村阶级》，等等。[1] 此外，他在《18世纪至19世纪欧洲农业制度史纲》[2] 第一章中概略阐述了18—19世纪法国的土地分配和农业经营，是早期关于法国农业制度研究的重要著作。这一时期在土地问题的研究领域内，两位俄籍历史学家让·卢切斯基（Jean Lutchisky）和菲利普·萨尼亚克（Philippe Sagnac）做出重要贡献。亨利·塞指出20世纪初法国史学界在有关18世纪法国地产历史的研究中，荣誉应给予俄国人卢切斯基在多年内所从事的研究。[3] 卢切斯基利用二十分之一税（vingtième）和地籍册（terrier）对大革命前后土地在各阶层之间的分配情况以及大革命时期国有财产的出售情况进行数据统计分析，如《大革命前法国的小地产及国有财产的出售》《大革命前夕法国的农民地产》[4]。而萨尼亚克主要关注的是大革命时期废除封建制度的各项法令及其影响，如《法国大革命的民事立法（1789—1904年）》（社会史论文）[5] 及其与人合著的《立法与封建权利委员会和庄园制度的废除（1789—1793）》[6] 等。总的来说，19世纪到20世纪初期，法国乡村史研究还处于起步阶段。学者们主要从法律角度出发关注中世纪和大革命前后的相关问题。对法

---

[1] Henri Sée, *Étude sur les classes rurales en Bretagne au Moyen-Âge*, Paris et Renne：Alphonse Picard et Fils & Plihon et Hervé, 1896；*Les classes rurales et le régime domanial en France au Moyen Âge*, Paris：Giard et Brière, 1901；*Les classes rurales en Bretagne du XVIe siècle à la Revolution*, Paris：Giard et Brière, 1906.

[2] 中译本：郭汉鸣：《十八九世纪欧洲土地制度史纲》，正中书局1935年版。

[3] Henri Sée, "Recent Work in French Economic History (1905 – 1925)", *The Economic History Review*, Vol. 1, No. 1, 1927, pp. 137 – 153.

[4] Jean Loutchisky, *La petite propriété en France avant la Revolution et la vente des biens nationaux*, Paris：Honoré Champion, 1897；*La propriété paysanne en France à la veille de la Révolution*, Paris：Honoré Champion, 1912.

[5] Philippe Sagnac, *La législation civile de la Révolution Française (1789 – 1804)；essai d'histoire sociale*, Paris：Hachette et Cie, 1898.

[6] Ph. Sagnac et P. Caron, *Les comités des droits féodaux et de législation et l'abolition du régime seigneurial (1789 – 1793)*, Paris：Imprimerie Nationale, 1905.

绪　言

律文件的过度强调使这一时期的史学家忽视了一个重要问题：历史是由活生生的，有血有肉的人来演绎的。马克·布洛赫评价说"在这些博学的人眼里，以前的农民似乎只是为了提供好笑的司法论述才存在的"[1]。

改变这一状况的正是马克·布洛赫（Marc Bloch）及其与吕西安·费弗尔（Lucien Febvre）所创办的年鉴学派。20世纪初，年鉴学派在法国兴起。从诞生之日起，布洛赫和费弗尔两人就提出要反对传统政治经济史学，号召打破学科界限，扩大史学研究范围，倡导总体史研究。他们反对过去只关注精英人物的传统政治史，提出"自下而上"地研究历史，关注普通群众。这样一来，占人口绝大多数的农民成为年鉴学派的重点研究对象。1931年，马克·布洛赫在奥斯陆出版了《法国农村史的基本特征》[2]。这本书不仅是他的成名之作，体现了年鉴学派第一代大师的基本史学理论和方法，也真正意义上填补了法国乡村史研究的"空白"，成为人们研究法国乡村史的必读之作。全书以短短几百页的篇幅探讨了从古代、中世纪直到近代早期法国农村农业生产和领主庄园制度，尤其是中世纪到大革命前庄园制度的发展以及庄园制度对近代法国农业生产和农民个人主义的影响，试图探寻近代法国小农经济盛行的原因。他指出法国是一个大土地所有制和小土地所有制并存的国家。他还考察了大土地所有制的资本主义经营方式和土地的地产变动。此外，布洛赫强调法国小土地所有制的长期存在不仅仅是法律和技术的原因，也根源于其他社会因素，如农业习惯，思想观念等，打破了过去仅从法律角度或技术角度出发研究乡村史的模式。布洛赫的研究成果将法国乡村史研究推向一个新的高度，同时奠定了日后法国乡村史研究的基础。此后，乡村史研究成为年鉴学派的一个重要分支。二战后，随着年鉴学派的进一步发展，乡村史研究也进入兴盛时期。大量优秀论著涌现，许多过去不被重视的史料被发掘出来，尤其是考古学、社会学、人种学等学科的发展为乡村史尤其是中世纪乡村史的发展提供重要资料和方法。由于资料繁多，此处不能一一论及，笔者在尽可能收集资料的同时只能

---

[1]　［英］彼得·马赛厄斯、M. M. 波斯坦主编：《剑桥欧洲经济史：近代早期的欧洲经济组织》（第五卷），徐强等译，经济科学出版社2002年版，第41页。

[2]　［法］马克·布洛赫：《法国农村史》，余中先等译，商务印书馆2003年版。

对相关的重要著作加以分类整理。大致可以分成以下几个方面。

1. 地区史研究

法国国土面积仅 300 多万平方公里，但国内地理环境、气候条件差异巨大，导致法国各地农村面貌千差万别。因此，法国史学界对乡村史的研究尤其重视区域差别，地区史研究成果丰富。20 世纪 70 年代以前，有关北方地区的研究成果颇多。近年来，南方地区乡村史研究呈现上升趋势。

（1）有关北方地区的研究

北方地区乡村史研究的代表首推皮埃尔·古贝尔（Pierre Goubert）的《博韦和博韦人：对 17 世纪法国社会史的贡献》[①]。1944 年，古贝尔参与北方小城博韦的战后重建工作。利用职务之便，古贝尔收集了博韦地区两百多个堂区的登记簿，并对它们进行分析整理。1956 年，古贝尔利用这些珍贵史料完成《博韦和博韦人》一书，并于 1960 年正式出版。在该书中，古贝尔大量采用计量史学方法对博韦的工资收入、人口结构、粮食生产、地租、价格变动等内容统计分析，重建 17 世纪小城博韦及周边乡村地区的人口变迁、经济结构和社会结构。虽然该书并没有专门探讨博韦地区的土地制度，但也为我们了解 17 世纪乡村世界的经济生活和社会关系提供重要背景资料。

居伊·布瓦（Guy Bois）的《封建主义危机：十四世纪初到十六世纪中叶东诺曼底地区乡村经济和人口》[②] 主要从经济角度出发考察 14—16 世纪中叶东诺曼底地区的人口变迁对当地经济结构和社会生活的影响，试图通过东诺曼底这个地区来反映中世纪末西欧社会的封建主义危机。布瓦认为，14 世纪东诺曼底地区人口激剧增长。在巨大人口压力下，土地析分，小土地所有制增加，农民生活趋向贫困，这是导致中世纪末封建主义危机的一个重要因素。布瓦的理论明显受到马尔萨斯人口论的影响，这使该书在出版后饱受诟病。在该书第二部分中，布瓦还用

---

① Pierre Goubert, *Beauvais et le beauvaisis de 1600 à 1730, contribution à l'histoire sociale de la France du XVIIe siècle*, Paris: S. E. V. P. E. N., 1960.

② Guy Bois, *The Crisis of Feudalism: Economy and Society in Eastern Normandy c. 1300 – 1550*, Cambridge-Paris: Cambridge University Press-Editions de la Maison des Sciences de l'Homme, 1984.

大量篇幅介绍了当时东诺曼底地区农民对土地的占有情况以及庄园经营的情况。希尔顿·鲁特（Hilton L. Root）的《勃艮第的农民和国王：法国绝对主义的农业基础》① 主要是从政治方面探讨在近代早期绝对主义形成过程中中央政府与乡村组织之间的关系。作者认为近代早期随着王权的加强，中央政府的权力在地方不断扩张，为保证中央权力扩张和赋税的征收，政府鼓励农民反抗领主，加强了乡村共同体的权力。其中，作者对乡村共同体公有地的私有化作了重点考察，从一个侧面反映了当时乡村土地占有状况。此外，诸如让·雅卡尔（Jean Jacquart）的《法兰西岛的乡村危机（1550—1670）》；皮埃尔·德·圣·雅各布（Pierre de Saint Jacob）的《旧制度最后一个世纪勃艮第北部的农民》；居伊·富尔坎（Guy Fourquin）的《十三世纪中叶到十六世纪初的中世纪晚期巴黎地区的乡村》都对北方地区的乡村进行不同程度的深入考察研究，展现了北方地区乡村风貌。②

（2）有关南方地区的研究

如果说古贝尔的《博韦和博韦人》是 20 世纪中叶研究北方地区乡村历史的代表作，那么南方地区乡村史学的代表人物就应当是埃马纽埃尔·勒华拉杜里（Emmanuel Le Roy Ladurie）。他对朗格多克地区一系列研究大大推动了南方地区史研究的发展，代表作如《朗格多克的农民》《蒙塔尤：1294—1324 奥克西坦尼的一个小山村》③ 等。尤其是 1975 年出版的《蒙塔尤》成为当时最畅销的历史书籍。但勒华拉杜里的著作也体现了年鉴学派整体史观和长时段理论。在《朗格多克的农民》一书中，勒华拉杜里从气候地理条件出发，对 15—17 世纪朗格多克地区乡村世界进行整体考察，涉及气候、种植技术和农作物、人口迁移、工资地租收入、粮食生产、赋税负担、地产变动乃至农民文化教

---

① Hilton L. Root, *Peasants and King in Burgundy*: *Agrarian Foundations of French Absolutism*, Berkeley: University of California Press, 1987.

② Jean Jacquart, *La crise rurale en Île-de-France*, *1550 – 1670*, Paris: A. Colin, 1974; Pierre de Saint Jacob, *Les paysans de la Bourgogne du Nord au dernier siècle de l'Ancien Régime*, Paris: les Belles-Lettres, 1960; Guy Fourquin, *Les campagne de la région parisienne à la fin du Moyen Âge du milieu du XIIIe siècle au début du XVIe siècle*, Paris: PUF, 1964.

③ Emmanuel Le Roy Ladurie, *Les paysans de Languedoc*, Paris: Mouton, 1966; *Montaillou*, *village Occitan de 1294 à 1324*, Paris: Gallimard, 1975.

育、宗教信仰、乡村巫术、节日狂欢、婚姻继承、生与死、农民对生死的态度以及与经济发展的关系等，内容包罗万象，可以说是一幅旧制度时期朗格多克乡村的全景图。勒华拉杜里借鉴计量史学方法，挖掘大量史料，对朗格多克的光照，降雨，粮食产量，畜牧业发展，出生率和死亡率，土地耕种面积，价格，工资，税收，乡村借贷，地租等进行统计分析，书中仅统计图表就达40多份，100多页。在该书中，勒华拉杜里提出农业大循环的概念。他指出14世纪后，受到黑死病的打击，朗格多克人口急剧减少，由于人少地多，地租减少，工资上涨，大土地所有制有所增加，农民生活有所改善，反过来又推动农村人口的增长。到16世纪，当地人口的急剧增长给土地分配造成巨大压力，大土地所有制减少，小农经济盛行。工资下降，地租上升，但由于更加严重的通货膨胀，农场主的负担反而有所减轻，大农场发展。到1660年，农产品价格暴跌，大农场主遭受沉重打击，土地逐渐落入城市新贵手中。不过，这些获得土地的城市新贵并没有如同英国农场主一样在农村引进资本主义经营方式，农业资本主义没有因此发展起来。究其原因，勒华拉杜里认为在于这一时期技术水平的低下。因此从15—17世纪，朗格多克地区由人口变迁带动农业发展经历了一场大循环。但勒华拉杜里将土地变迁的决定因素归结于人口的变动，似有偏颇。普拉西德·朗博（Placide Rambaud）和莫尼克·万谢纳（Monique Vincienne）的《一个乡村社会的转变：莫里安村（1561—1962）》[①] 从社会学角度介绍了从16世纪中期到20世纪中期莫里安村的社会转型，以小见大，试图通过这个小乡村的社会转型来透视近代以来整个法国农业社会的转型。乔治·比奇（George T. Beech）的《中世纪法国的一个乡村社会：11世纪和12世纪普瓦图的加蒂纳村》[②] 考察了法国南方普瓦图（Poitou）地区一个小村庄——加蒂纳（Gâtine）的社会状况，分析11—12世纪大拓荒运动对加蒂纳的影响和之后该地区的土地占有情况。这些著作描

[①] Placide Rambaud et Monique Vincienne, *Les transformations d'une société rurale: la Maurienne (1561-1962)*, Paris: Armand Colin, 1964.

[②] George T. Beech, *A Rural Society in Medieval France: the Gâtine of Poitou in the Eleventh and Twelfth Centuries*, Baltimore: The Johns Hopkins Press, 1964.

绘了法国南部不同地区农村的面貌,有助于我们全面了解法国乡村社会。

2. 综合性研究

20世纪六七十年代,法国乡村地区史研究呈现出一派繁荣景象。在地区史研究丰硕成果的基础上,不少学者试图对法国的乡村史研究进行综合总结。其中最具代表性的就是乔治·杜比(Georges Duby)和阿尔芒·瓦隆(Armand Wallon)主编的《法国乡村史》[①]。该书一套共四卷本,梳理了从原始社会乡村的形成一直到今天乡村没落时期法国乡村社会发展演变的历程,是一部通史性质的长篇巨作。其中第二卷"古典时代"由于格·内沃(Hugues Neveux)、让·雅卡尔和勒华拉杜里三位当时著名的近代早期乡村史专家所著,详细描绘了从百年战争到大革命之前乡村社会生活,也谈及了这段时期的土地问题。

当然,除了这类通史类长篇大作,也有不少学者留下各个时期的综合性研究。如菲利普·霍夫曼(Philip T. Hoffman)的《从一个传统社会中成长:法国农村(1450—1815)》[②]。霍夫曼从经济发展的角度重新审视了有关从中世纪到大革命前法国农业几乎没有变化的传统观点。他通过对劳动力、地租、市场、农村借贷以及农业生产率等问题的考察发现,在诸如巴黎盆地(le bassin parisien)、诺曼底等经济发达地区农业生产发展迅速,其生产率甚至可与英国南部地区相比。但整体上法国农业经济发展比英国缓慢,尤其是内陆地区发展缓慢。因此近代早期法国农业落后的原因主要在于法国内部巨大的差异性,尤其是内陆地区经济落后的拖累。需要指出的是该书只是在对几个乡村共同体对比研究后得出的结论,存在一定的片面性,但霍夫曼对传统观点的反思启发我们从另一个角度来看待近代早期法国农业发展,尤其是他对农村土地市场、地租、资本主义农场经营等内容的考察为我们提供不少借鉴。热拉尔·贝奥尔(Gérard Béaur)的《18世纪法国农业史:1715—1815年之间法

[①] Geroges Duby et Armand Wallon dir., *Histoire de la France rurale*, Paris: le Seuil, 1975 - 1976, 4 vols.

[②] Philip T. Hoffman, *Growth in a Traditional Society: the French Countryside, 1450 - 1815*, Princeton: Princeton University Press, 1996.

国乡村中的停滞与变迁》①介绍了18世纪法国乡村经济的发展和社会变化，综合比较总结前人关于大革命前后乡村问题的研究，尤其是20世纪末学者们对乡村问题以及大革命对乡村影响的新观点、新方法，是作者对"18世纪和19世纪初乡村经济的个人再读"②。该书共有八章，其中第一、第二章主要论述社会体系的基础——财产所有权和财产所有者问题，此外还涉及农业生产、税负、收入、价格、乡村共同体等内容。米歇尔·皮泽拉（Michel Puzelat）的《16—18世纪法国的乡村生活》③则是一本介绍性的小册子，延续年鉴学派整体史的特点，概述了1460—1789年乡村社会生活的方方面面，其中第二章介绍了土地的占有和经营开发状况。无论是通史类著作还是有关某一时期的断代研究，这些史学家都试图对乡村史的研究进行整体考察、综合研究。这些著作都是全面了解乡村社会演变，社会生活方方面面的重要背景资料。

3. 有关乡村社会结构的研究

旧制度时期，法国社会主要由三大等级构成，即教士、贵族和第三等级，形成一个稳定的金字塔形社会结构。在乡村，则主要是教士、贵族和农民，其中以贵族和农民人数最多。因此，关于乡村社会结构的研究多集中在农民或者贵族阶层。实际上，国外学者对乡村的研究最初也多是由乡村社会阶级入手的。如之前所提及的亨利·塞对中世纪至大革命时期法国乡村各阶级的研究。目前，乡村社会结构、各阶级的状况尤其是各阶级对土地的占有情况仍是乡村史研究的重点，研究成果可谓层出不穷。

（1）有关农民阶层的研究

作为农业社会的人口主体，农民是乡村史乃至中世纪、近代早期史学研究中历久不衰的主题。对农民的研究与对乡村史研究的时间一样漫长。如1899年出版的尼古拉·伊万诺维奇·卡列夫（Nikolaï Ivanovich

---

① Gérard Béaur, *Histoire agraire de la France au XVIIIe siècle: inerties et changements dans les campagnes Françaises entre 1715 et 1815*, Paris: SEDES, 2000.

② Gérard Béaur, *Histoire agraire de la France au XVIIIe siècle: inerties et changements dans les campagnes Françaises entre 1715 et 1815*, Paris: SEDES, 2000, p. 12.

③ Michel Puzelat, *La vie rurale en France XVIe – XVIIIe siècle*, Paris: SEDES, 1999.

Kareev)《1726—1750年法国的农民和农民问题》,1909年于勒·西翁(Jules Sion)的《诺曼底东部的农民》① 等。20世纪六七十年代,随着乡村史研究的发展,相关成果更加丰富。如地区史研究的代表,《朗格多克的农民》;又如通史类著作代表,《法国农民史》②。热拉尔·瓦尔特(Géraral Walter)这本有关法国农民的通史类巨作时间跨度从罗马征服时期一直延续到戴高乐时期,考察了长达千年的时间里不同时段法国农民的生活。有关近代早期农民的研究也有不少,如勒华拉杜里的《1450—1660年的法国农民》③。该书实际上是拉布鲁斯所主编的《法国经济和社会史》第2卷的一部分,1987年艾伦·谢里丹(Alan Sheridan)将其单独整理并译成英文出版。它延续了勒华拉杜里历史大循环的理论,从整体上考察了15世纪中期到17世纪中期法国农民的经济和社会生活状况。古贝尔在《17世纪法国农民的日常生活》④ 一书中以"小鸟"居高临下的视角扫视了17世纪农民的日常生活,涉及农民的吃住行、生与死、婚姻家庭、工作娱乐等内容,其中第二章谈及农民和土地,第九章和第十一章谈及农民的财富和经营以及农民社会地位的提升。

中世纪末到近代早期,法国社会农民阶层早已分化,出现了一批中农、富农阶层。近年来,西方学者对农民阶层的研究也不断深入,出现一批研究新兴农民阶层的著作,如让-马克·莫里索(Jean-Marc Moriceau)的《法兰西岛的农场主:15—18世纪农业雇主的发展》⑤。这本多达1000多页的巨作围绕着近代早期资本主义农场中农业的演进和家庭的变化,为我们描绘了身处社会转型大时代中的法兰西岛农场主们的种种经历,

---

① Nikolaï Ivanovich Kareev, *Les paysans et la question paysanne en France dans le dernier quart du XVIIIe siècle*, Paris: Giard et Brière 1899; Jules Sion, *Les paysans de la Normandie orientale, pays de Caux, Bray, Vexin Normand, vallée de la Seine*, Paris: Armand Colin, 1909.
② Géraral Walter, *Histoire des paysans de France*, Paris: Flammarion, 1963.
③ Emmanuel Le Roy Ladurie, *The French Peasantry 1450 - 1660*, Trans. Alan Sheridan, Aldershot: Scolar Press, 1987.
④ Pierre Goubert, *La vie quotidienne des paysans Français au XVIIe siècle*, Paris: Hachette, 1982.
⑤ Jean-Marc Moriceau, *Les fermiers de l'Île-de-France: l'ascension d'un patronat agricole (XVe – XVIIIe siècle)*, Paris: Fayard, 1994.

从人口结构、农业生产技术、农场经营方式和规模等延伸到农场主的文化教育、婚姻家庭、家产继承、宗教信仰等内容。他指出，15世纪在经历百年战争和黑死病的打击之后，由于巴黎的飞速发展，人口如潮水般涌入巴黎。这给巴黎附近的农村带来巨大商机，一批法兰西岛的富有农民逐渐在法兰西岛成长起来，"大土地经营"不断增加。16—17世纪，购买了大量土地的新贵族们倾向于将土地租给农场主经营来获取利益。为了吸引农场主，他们提供众多优惠条件，进一步推动了法兰西岛大农场的发展。17世纪中期到18世纪，受到人口增长和社会危机的打击，不少资本主义农场经营困难，中小规模农场纷纷破产倒闭，但大农场主借机收购土地，进一步扩大农场生产规模，土地进一步集中。而这些大农场主的社会地位逐渐提升，成为"农业贵族"。莫里索的研究为我们了解法兰西岛地区的土地变革尤其是大土地所有制的发展提供了不少宝贵资料，不过他的研究仅仅集中在商品经济十分发达的巴黎盆地附近，具有一定的片面性。

（2）有关贵族阶层的研究

作为封建社会的统治阶级，贵族不仅拥有政治特权，也占有着社会最重要的财富——土地。大革命之前，贵族都是拥有土地最多的人群之一。因此，近代早期土地制度的演变是与贵族阶层的变化紧密相连。几百年来，贵族这个阶级也一直以其独特的魅力吸引着无数人的眼光。即使在其消亡后，关于贵族生活的种种仍是世人关注的热点，也是学者们一直探讨的热点问题。有关贵族的研究历史悠久，成果也极其丰硕。早期的如亨利·布兰维利耶伯爵（Comte de Henry Boulainvilliers）于1732年发表的《关于法国贵族的短篇评论》[①]。进入20世纪，人们开始了对贵族的专门研究。初期，人们普遍认为中世纪晚期到近代早期法国贵族没能适应社会的转型，逐渐走向没落，而贵族们却仍然醉生梦死。为维持贵族的"体面生活"，不少贵族被迫出售土地，中世纪传统的土地制度逐渐瓦解。此类著作如吕西安·罗米耶（Lucien Romier）1922年出版的《凯瑟琳·德·美第奇的王国》[②]。20世纪六七十年代，随着学者

[①] Comte de Henry Boulainvilliers, *Essais sur la noblesse de France*, 1723.
[②] Lucien Romier, *Le royaume de Catherine de Medlci*, Paris: Perrin, 1922.

们对各地区贵族研究的深入，人们发现有关贵族阶层在近代早期全面衰落的观点并不完全正确，实际上不少贵族都顺利实现转型。如居伊·肖锡南-诺尔加尔（Guy Chaussinand-Norgaret）在《18世纪的贵族：从封建到光明》[1]一书中提出近代早期的贵族在经济上已经不再是"封建"性质的。贵族尤其是北方地区的贵族大量雇用农场主经营土地，实际上推动了农业资本主义的发展。20世纪末，西方学界对贵族的研究进一步细化，如雅克·屈维利耶（Jacques Cuvillier）的《18世纪法国上等贵族的家庭和遗产：菲利波、古菲耶、舒瓦瑟尔家族的案例》[2]考察了三个上等贵族家族的生活以及他们为维护家族遗产——主要是土地——所做的一切努力，譬如联姻、结盟、诉讼等。

（3）有关其他乡村阶层的研究

农业社会中，在广阔的乡村居住的当然不仅仅是农民和贵族，也有大量非农业人口，如乡村教士、乡村手工业者、流动商贩，等等。近代早期，城市中各个阶层也在农村大量购买土地，这使得乡村社会结构变得更加复杂。目前，有关乡村其他阶层的专门研究十分少，但有不少学者开始注意这些主流之外的人群。如古贝尔在《17世纪的法国农民的日常生活》中介绍了农民和他们的本堂神父。让·拉蒂戈（Jean Lartigaut）的《百年战争之后凯尔西的农村（约1440—约1500年）》[3]一书中第三部分第四章考察了乡村教会的人员结构和土地等财产状况，第四部分第四章则考察了当地乡村工业的发展和乡村手工业者的情况。这些著作为我们全面了解乡村社会各阶层的政治经济地位和社会生活状况提供了丰富史料。

4. 有关乡村基层组织的研究

近代早期，法国的乡村基层组织基本沿用中世纪的基层组织形式：庄园和共同体。它们是乡村最常见的基层政治组织单位，与农民的日常

---

[1] Guy Chaussinand-Norgaret, *La noblesse au XVIIIe siècle de la Féodalité aux Lumière*, Paris：Hachette, 1976.

[2] Jacques Cuvillier, *Famille et patrimoine de la haute noblesse Française au XVIIIe siècle：le cas des Phélypeaux, Gouffier, Choiseul*, Paris：Harmattan, 2005.

[3] Jean Lartigaut, *Les campagnes du Quercy après la Guerre de Cent Ans（Vers 1440 – Vers 1500）*, Toulouse：Association des Publications de l'Université de Toulouse-le Mirail, 1978.

生活息息相关。早期西方学者主要注重庄园在农业社会生产中的地位。近年来，学者们对共同体在乡村中的地位和作用也产生浓厚兴趣，相关论著陆续出版。

（1）有关庄园制度的研究

庄园是中世纪西欧乡村最基础的政治单位、经济单位和社会单位，是农业社会机构中最古老且根深蒂固的基层组织。在中世纪，几乎所有土地和农民都被纳入庄园体系。可以说不了解庄园就无法了解中世纪乃至近代早期农民的生活，更无法了解中世纪至近代早期法国社会的政治经济制度。因此，它不仅是乡村史研究的核心，也是中世纪史、政治史、经济史等领域的史学家们关注的焦点。西欧学界对庄园学术研究的历史可追溯到19世纪。就法国而言，最早有关庄园的论著应当是1844年邦雅曼·盖拉尔在出版修道院地产册时所写的那篇著名的绪论。① 此后，不断有学者在这个问题上提出自己的看法和见解，其中不乏佳作。如年鉴学派的代表马克·布洛赫的《法国农村史》《封建社会》等。时至今日，西欧学界有关庄园的研究仍在不断发展。如詹姆斯·洛思·戈德史密斯（James Lowth Goldsmith）的《法国的领主制500—1500》，《法国的领主制1500—1789》② 梳理了中世纪至近代早期法国领主制度的发展历程，从领主制度的起源、形成、发展壮大一直到1789年大革命对领主制度的摧毁，并试图对前人的研究进行综合总结。其中作者对庄园的发展、经营管理、各个时期的概况都做了大量论述。此外，作者将庄园作为一种赋税和管理的单位，有别于过去将庄园视为农业生产、政治组织基本单位的传统观点。让·加莱（Jean Gallet）的《1600—1793年法国的领主与农民》③ 从庄园主和农民的关系出发，探讨了旧制度下庄园制度是如何走向没落衰亡，涉及这一时期庄园的司法体系、行政管理、庄园依附农、领主权利以及庄园的核心——土地。克里斯特尔·杜阿尔（Christel Douard）和让-皮埃尔·迪库雷（Jean-Pierre

---

① Benjamin Guérard, *Polyptyque de l'abbé Irminon t. I (Prolégomènes)*, Paris, 1844.
② James Lowth Goldsmith, *Lordship in France, 500–1500*, New York: Peter Lang, 2003; *Lordship in France, 1500–1789*, New York: Peter Lang, 2005.
③ Jean Gallet, *Seigneurs et paysans en France 1600–1793*, Rennes: Editions Ouest-France, 1999.

Ducouret）的《1380—1600 年布列塔尼的庄园》①则缩小考察范围，深入探究布列塔尼地区的庄园。

（2）有关乡村共同体（la communauté rurale）的研究

西欧社会有着悠久的自治传统，乡村共同体就是中世纪至近代农民的自治机构，是西欧基层行政管理单位。作为基层社会最重要的组织者、管理者，在推行共耕共有的农村，共同体掌握着大量公有地。共同体的公有地制度和庄园的土地等级占有制构成中世纪至近代早期乡村社会土地制度的主体。西方学界早已注意到乡村共同体的重要地位。1879年，阿莱尔·巴博（Alert Babeau）在《旧制度时期的村庄》②一书中对乡村共同体就有过论述。20 世纪，西方学界对乡村共同体的研究可谓是硕果累累。许多综合性著作中大多涉及乡村共同体，如布洛赫的《法国农村史》；也出现不少专门研究，如让·雅卡尔的《对居民共同体的思考》③等。皮埃尔·德·圣雅各布（Pierre de Saint Jacob）对 17—18 世纪勃艮第地区村庄共同体档案资料的整理出版④也推动了学界对乡村共同体的研究。1976 年，让·博丹协会（la société Jean Bodin）召开一次有关对乡村社团进行比较研究的国际会议。这次会议是这一时期国际学界对乡村社团研究的一次深入探讨和总结。会后，协会出版了六卷本的《乡村共同体》⑤，其中第四卷是关于意大利、西班牙和法国的乡村共同体的研究成果，涉及法国朗格多克、诺曼底、比利牛斯山区、阿尔萨斯等地的乡村共同体。文集最后索布尔的论述⑥可以说是对这一时期法国乡村共同体研究的一次总结。遗憾的是这些论述多是从制

---

① Christel Douard et Jean-Pierre Ducouret, *Le manoir en Bretagne 1380 – 1600*, Paris：Éditions du Patrimoine, 1999.

② Alert Babeau , Le village sous l'Ancien Régime , Paris：Didier, 1878.

③ Jean Jacauqart, "Réflexion sur la communauté d'habitants", *Buttein du Centre d'Histoire économique et sociale de la Région Lyonnaise*, No. 3, 1976, PPCM – 25.

④ Pierre de Saint Jacob, *Documents relatifs à la communauté villageoise en Bourgogne*, du milieu du XVIIe siècle à la Révolution, Paris：Les Belles-Lettres, 1962.

⑤ La société Jean Bodin dir. , *La communauté rurales*, Paris：Dessain et Tolra, 1984.

⑥ Albert Soboul, "Problèmes de la communauté rurale en France aux XVIIIe – XIXe siècles", au la Société Jean Bodin dir. , *La Communauté Rurales*, Paris：Dessain et Tolra, 1984, pp. 581 – 614.

度史的角度来考察共同体在政治管理方面角色的转变，对共同体的公地制度关注不够。

5. 大革命和乡村史研究

1789年，法国大革命爆发。这次大革命以其势不可挡的力量冲击了整个法国社会，成为近代法国史上最重要的历史事件，也成为研究近代法国史中任何问题都无法绕过的一座丰碑。在乡村史研究中，大革命同样占据着毋庸置疑的重要地位。有关这一点，乔治·勒费弗尔（Georges Lefebvre）在1929年于《年鉴》上发表的《大革命在法国农业史中的地位》[1] 一文中就已经指明。勒费弗尔虽不是将大革命和农业史研究联系起来第一个人，但绝对称得上是这一领域最有影响力的大师之一。1924年，勒费弗尔就发表了他的历时20年写作的博士论文《法国大革命时期诺尔省的农民》[2]，首次将农民置于大革命的舞台中心。在这篇洋洋百万言的论著中，勒费弗尔利用自己多年收集的税务清册、乡村公证人记录、登记簿等档案资料，采用统计学等方法，从农民的角度全面透彻地分析了大革命对诺尔省乡村的影响。他指出大革命对封建权利的废除、对集体权利的破坏、教会财产和逃亡贵族财产的出售转移创造出一个"农民产业主阶层"，冲击了传统封建土地制度；但农民本质上是反资本主义性质的。他们在大革命中要求分割大地产，巩固农村的小土地所有制，延缓了农业资本主义的发展，不利于近代法国资本主义的发展。此后，勒费弗尔又发表了一系列有关农民和大革命问题的重要论文和著作，如《旧制度末年土地所有权与土地经营的分配》《国有财产的出售》《法国大革命和农民》[3]《大恐怖时期的土地问题》[4] 等。勒费弗尔的研究可以说影响了整整几代史学家，直到今天许多研究大革命的论著都不得不谈及农民、乡村问题。"许多分析大革命起源的著作

---

[1] Georges Lefebvre, "La place de la Revolution dans l'histoire agraire de la France", *Annales d'Histoire Économique et Sociale*, No.1, 1929, pp.506 – 523.

[2] Georges Lefebvre, Les paysans du Nord pendant la Révolution Française, Lille：Tomes, 1924.

[3] 均收录在勒费弗尔的论文集《法国大革命研究》(*Études sur la Revolution Française*)。

[4] Georges Lefebvre, "Questions agraires au temps de la Terreur", Strasbourg：Lmprimerie F. Lenig, 1932；*La Grande Peur de 1789*, Paris：SEDES, 1932.

绪　言

开篇都会讨论农民、农民的问题以及他们的不满。"[1] 大革命时期农民的要求和愿望、农民在革命中的作用和影响、革命时期土地分配问题等现在依然是大革命史、乡村史研究的热点问题。

例如，勒费弗尔的学生阿·索布尔（Albert Soboul）1976年出版的《大革命的农民问题（1789—1848）》[2] 一书就是对勒费弗尔的继承和发展。直到今天仍有不少论著是对勒费弗尔的致敬，如1988年出版的皮特·琼斯（Peter M. Jones）的《法国大革命中的农民》[3] 利用最近十几年的新材料、新方法对勒费弗尔的研究进行补充扩大，反思农民在大革命的经验中学到什么。其中第六章主要探讨大革命时期土地问题的解决。诺埃尔·普莱克（Noelle Plack）认为勒费弗尔关于大革命中农民革命的中心命题就是乡村公有地和共同体权利。因此，她在《公有地，葡萄酒和法国大革命：1789—1820年法国南部的乡村社会和经济》[4] 一书中聚焦乡村共同体的公有地，试图发掘法国大革命时期至拿破仑帝国时期以及复辟时期不同政府的法令促使南部加尔省的乡村公有地实现私有化的经过以及公有地改革对加尔省社会—经济的影响。在勒费弗尔的影响下，不少乡村史学家开始注重乡村与政治史的关系，如皮特·琼斯的《政治和乡村社会：南部中央高原（1750—1880年）》[5]。

二战后的三十年可谓年鉴学派最辉煌的三十年，也是乡村史研究的黄金时期。20世纪70年代中期，法国乡村史研究逐渐陷入沉寂，许多著名学者的研究兴趣纷纷转向人种学等社会学科。到20世纪90年代，在"乡村社会史学会"等组织发起了一场关于"乡村史"研究的复兴运动，乡村史研究有所恢复和发展。一些新的主题出现在乡村史的研究

---

[1] ［英］威廉·多伊尔：《法国大革命的起源》，张弛译，上海人民出版社2009年版，第193页。

[2] Albert Soboul, *Problème paysans de la Révolution（1789-1848）*, Paris: François Maspero, 1976.

[3] P. M Jones, *The Peasantry in the French Revolution*, Cambridge: Cambridge University Press, 1988.

[4] Noelle Plack, *Common land, Wine and the French Revolution: Rural Society and Economy in Southern France, c. 1789-1820*, Farnham and Burlington: Ashgate, 2009.

[5] Peter M. Jones, *Politics and Rural Society: the Southern Massif Central c. 1750-1880*, Cambridge: Cambridge University Press, 1985.

范围，如畜牧业史、乡村景观史（paysage）、财政金融史等。相关论述也陆续发表，如畜牧业方面，让－马克·莫里索所著的《旧制度时期的畜牧业：16—18世纪现代法国的农业基础》① 考察了旧制度时期畜牧业的经营，包括牲畜种类、放养规模、转场放牧、饲料等内容；财政金融方面：菲利普·霍夫曼（Philip T. Hoffman）的《近代早期法国的税收和农业生活：土地出售（1550—1730）》② 从税收制度解释近代早期法国特权投资者们从农民手中购买大量土地的现象，认为法国的税收制度阻碍了农业资本主义的发展。此外，学界也越来越重视法国与其他国家的比较研究，传统的比较史学再次焕发青春。如让－皮埃尔·普苏（Jean-Pierre Poussou）的《17、18世纪英国和法国的土地和农民》③，莫里索主编的《17、18世纪法国和英国的土地和农民：农业史指南》④ 等。20世纪90年代以来的这些研究虽然一定程度上改变了乡村史研究的沉寂状态，但这些论述多是对过去的综合总结，整体上没有大的突破。正如莫里索对《旧制度时期的畜牧业》一书的评价，这只是"手册""教科书"⑤。

总地来看，西方学界对土地问题的研究已经比较深入。学者们试图从不同方面探讨中世纪至近代早期法国乡村社会的变革，以及农业社会的核心问题——土地所有权的归属。受到年鉴学派的影响，法国乡村史家尤其重视多角度多领域地观察乡村社会，这使得他们对土地问题的探讨缺乏主线。从目前笔者收集的资料来看，有关近代早期法国乡村社会转型中土地制度的演变目前仍没有任何专门著作，也算是乡村史研究的一个遗憾。

---

① Jean-Marc Moriceau, *L'elevage sous l'Ancien Régime：les fondements agraires de la France Moderne XVIe – XVIIIe siècles*, Paris：SEDES, 1999.

② Philip T. Hoffman, "Taxes and Agrarian Life in Early Modern France：Land Sales, 1550 – 1730", *Journal of Economic History*, Vol. 46, No. 1, 1986, pp. 37 – 55.

③ Jean-Pierre Poussou, *La terre et les paysans en France et en Grand-Bretagne au XVIIe et XVIIIe siècles*, Paris：CNED-SEDES, 1999.

④ Jean-Marc Moriceau, *La terre et les paysans aux XVIIe et XVIIIe siècle：France et en Grand-Bretagne, guide d'histoire agraire*, Rennes：Association d'Histoire des Sociétés Rurales, 1999.

⑤ Jean-Marc Moriceau, *L'elevage sous l'Ancien Régime：les fondements agraires de la France Moderne XVIe – XVIIIe siècle*, Paris：SEDES, 1999, p. 10.

绪　言

（二）国内相关学术研究概况

法国是近代西方资本主义大国，中国人对法国的了解远从魏源等人就已经开始了。受到过去历史条件的限制，过去学界对法国史的研究主要集中在政治史领域。中华人民共和国成立后30年里，大革命史、巴黎公社史基本就代表了国人对法国史的研究。乡村史研究根本无人涉足，更不用提乡村中的土地问题。改革开放以后，随着社会不断发展，国内学者开始打破过去"以阶级斗争为纲"的思想，突破政治史限制，转而从多角度、多层面来认识法国历史。农村问题、土地问题也开始受到学者关注。这一时期，关于法国乡村问题的研究主要集中在：大革命和土地问题以及法国农业资本主义的发展。

有关大革命和土地问题的研究：如金重远的《法国大革命和土地问题的解决》《英法资产阶级革命中土地问题的解决》、孙娴的《试论彻底与妥协——18世纪末法国革命中土地问题剖析》、陈崇武和王耀强的《法国大革命时期教会财产出售初探》[①] 等。尤天然的《试论法国历史上的圈地运动》[②] 从近代化的角度，对英法历史上的圈地运动进行比较分析，探求法国资本主义经济发展相对缓慢的原因。论文概述了大革命前后的圈地运动，并对圈地运动的特征和影响进行评价。作者认为近代法国圈地运动的不彻底性致使小土地所有制和传统生产技术长期滞留，延缓法国资本主义近代化历程。

有关农业资本主义发展问题的研究：施雪华的《16—18世纪法国农业资本主义发展缓慢之症结》、张红伟的《19世纪前后法国农业近代化的特征》等都试图从近代化的角度对近代法国农业资本主义发展落后的原因和影响提出不同的观点和看法。其中张庆海教授在《大革命前后法国农业近代化的本质特征》[③] 一文中指出近代法国小农经济本质

[①] 金重远：《法国大革命和土地问题的解决——兼论其对法国历史发展的影响》，《史学集刊》1988年第4期；《英法资产阶级革命中土地问题的解决》，《史林》1990年第3期；孙娴：《试论彻底与妥协——18世纪末法国革命中土地问题剖析》，《世界历史》1989年第3期；陈崇武、王耀强：《法国大革命时期教会财产出售初探》，《世界历史》1992年第1期。

[②] 尤天然：《试论法国历史上的圈地运动》，《历史研究》1984年第4期。

[③] 张庆海：《大革命前后法国农业近代化的本质特征》，《华南师范大学学报》1997年第2期。

上是资本主义的，近代法国资本主义发展落后的原因不在于小农经济的顽固反对，而是由于小农的贫困。因此，他提出重新看待小农经济在法国近代史上的地位和作用。

以上这些论文中有不少还明显带有法国大革命的印记，但毕竟开创了国内学界在乡村史研究的先河。世纪之交，国内出版第一部有关法国乡村社会转型的专著：许平的《法国农村社会转型研究（19世纪—20世纪初）》①。作者在条件有限的情况下，大量收集相关资料并整理分析，考察了19—20世纪法国现代化进程中农业生产、乡村社会以及贵族和农民的转型，并试图揭示乡村社会转型对法国政治民主化进程的影响。不过许平教授的这本论著主要着眼于19—20世纪的法国乡村，对19世纪以前的法国乡村较少涉及。近年来国内学界对法国乡村社会的研究进一步深入，出现一批新的观点和研究主题。如对农民生活的考察：王渊明的《法国封建社会农民的生活状况与社会发展的关系》；对乡村贵族的考察：詹娜的《16—17世纪法国奥弗涅地区乡村贵族命运重探》；对乡村组织的考察：熊芳芳的《法国乡村共同体及其在近代早期的转变》②，等等。不过，目前国内学界尚没有对法国土地制度变革的专门研究。

由于本文主要关注近代早期法国社会转型时期土地制度的变化，国内一些研究西欧社会转型的著作以及研究中世纪封建社会经济制度的著作都为本文提供了重要背景知识。如朱寰教授主编的《亚欧封建经济形态比较研究》、马克垚教授的《西欧封建经济形态研究》和《中西封建社会比较研究》、侯建新教授的《社会转型时期的西欧与中国》、龙秀清教授的《西欧社会转型中的教廷财政》、沈汉教授的《英国土地制度史》③，等等。

---

① 许平：《法国农村社会转型研究（19世纪—20世纪初）》，北京大学出版社2001年版。
② 王渊明：《法国封建社会农民的生活状况与社会发展的关系》，《历史研究》1985年第5期；詹娜：《16—17世纪法国奥弗涅地区乡村贵族命运重探》，《世界历史》2013年第4期；熊芳芳：《法国乡村共同体及其在近代早期的转变》，《世界历史》2010年第1期。
③ 朱寰主编：《亚欧封建经济形态比较研究》，东北师范大学出版社1996年版；马克垚主编：《中西封建社会比较研究》，学林出版社1997年版；马克垚：《西欧封建经济形态研究》，中国大百科全书出版社2009年版；沈汉：《英国土地制度史》，学林出版社2005年版；侯建新：《社会转型时期的西欧与中国》，高等教育出版社2005年版；龙秀清：《西欧社会转型中的教廷财政》，济南出版社2001年版。

绪　言

综上所述，改革开放以来国内学界才开始关注法国乡村史研究，目前仍处于起步阶段，许多问题需要进一步深入探讨，也有许多新的研究领域尚待开发。笔者试图在前人研究的基础上，借鉴国内外学者的优秀研究成果，对近代早期法国社会转型时期土地制度的变迁作初步探析。

三　研究取向和方法

土地是人类赖以生存和发展的基础，土地制度也是各国经济发展的核心问题，也是影响我国农业经济发展的一个关键问题。当前我国正处于社会转型的关键时期，问题繁多而复杂。在这样一个时期，了解其他国家的土地制度变迁也可为我国在社会转型过程中更好地处理土地问题、乡村问题提供有益的经验和借鉴。法国在农业方面与我国有很多相似之处，法国实现农业现代化、完成社会转型的经历或许能给我们更多的启迪。而从国内外学界的研究状况来看，目前学界对近代早期法国土地制度变迁的专门研究还比较少，缺乏系统的论述。尤其是国内学界对法国土地问题主要集中在大革命时期，而对大革命前法国的土地制度状况缺乏研究。因此本书选择近代早期法国土地制度的变迁作为研究对象，以土地制度的变迁为核心来考察法国乡村社会的转型，继而揭示土地制度的变迁对整个法国乡村社会的影响。

由于土地是作为农业社会最重要的社会财富、社会生产的基础，社会各阶级都与土地有着千丝万缕的联系，因此土地问题的研究内容庞杂，本书不可能一一论及。故在时间范畴方面，本书主要探讨的是15世纪至1814年大革命结束这段时期内法国土地制度的变迁；在地理范畴上，虽然近代早期法国边境线存在变迁，但由于西欧各国从中世纪以来的土地制度具有一些共性，因此本书基本上以目前法国国土范围作为考察范围。而本书的主旨是希望通过对近代早期法国乡村社会变迁、圈地运动发展、地权结构变动以及土地经营方式的发展等方面的探讨，厘清近代早期法国乡村社会转型中土地制度的变迁情况，考察近代法国小农经济形成的历史原因。

在农业社会，土地不仅关系着当时社会的每一个人，影响着整个社会的发展，也涉及政治、经济、文化、法律等方面，因此，对土地问题的研究决不能从单一角度出发。国内学者在研究土地问题上存在着偏向经济学方法或从生产力角度出发的研究倾向，不能全面反映问题的本质。因此，本书在借鉴年鉴学派整体史学研究方法的基础上，依据社会—经济史理论，对问题进行综合考察，力图全方位多层次地展现近代早期法国土地制度的变迁乃至整个法国乡村社会的转型。

第一章　中世纪前期的庄园制度

在中世纪的西欧，庄园同堂区、乡村共同体一起构成中世纪西欧乡村社会最重要的三大基层社会组织并广泛分布在西欧大陆上。在法国乡村，庄园制度长期且广泛存在，涵盖了当时大多数法国人，无论他们是贵族、教士还是平民。古老的城堡，宁静的庄园成为法国乡村史上一道无法抹去的绚丽风景。汤普逊曾说："庄园制度的性质和范围，理解中世纪时代的经济社会史的关键。中世纪的经济生活，主要是有关自然经济和土地占有的事情以及有关土地上农民所负担的义务。……欧洲的经济社会程式，大多可在庄园制度的程式内找得出来。"①

第一节　中世纪前期的庄园

一　庄园与村庄

庄园是中世纪西欧社会最重要的三大基层社会组织之一，在乡村史研究中曾长期占据着绝对主角的位置。有关庄园制度的研究由来已久，但直到现在由于种种因素我们关于庄园的了解还十分有限，在很多问题上依然存在争议，如庄园的起源，庄园的定义等问题。

目前国内外学界基本认同庄园起源于古罗马时期的大农庄的说法，但由于9世纪以前资料的匮乏，有关庄园是如何从古罗马帝国时期的大农庄演变为后来中世纪的庄园，又是在什么时候形成中世纪的庄园等问题目前学界仍有很多疑问。唯一确定的是，到9世纪这种庄园制度在西

---

① ［美］汤普逊：《欧洲经济社会史（800—1300年）》（下），耿淡如译，商务印书馆1997年版，第358页。

欧许多地区已经确立并不断向周边地区蔓延，西欧出现"庄园化"倾向。实际上典型的庄园制度在西欧存在的时间并不长。大约从中世纪中叶开始，法国的庄园制度已经出现瓦解的迹象，不过直到1848年庄园制度才真正在法国领土上消失。而在英国，庄园制度存在的时间更长，一直延续到19世纪。

至于庄园的定义问题目前在学界并没有统一的定论，且各国关于庄园的说法也存在差异。中世纪西欧的庄园最初应当源于古罗马时代的维拉（villa）。维拉原本指古罗马时期上层阶级的乡村住宅，后也包括住宅附近的田地等即古罗马的大农庄。罗马帝国晚期，一个元老院贵族的大农庄（villa）的面积一般为二三百公顷，有些甚至能达到上千公顷。例如，679—680年，尼泽齐于斯（Nizezius）的特许状中提及一对元老院贵族夫妇赠给梅萨克（Meissac）修道院几个 villa[①]，所有土地的面积达到1万公顷（ha）。[②] 这样算下来，每个 villa 起码都有上千公顷。在古罗马帝国晚期，一个维拉主要包括一个自营农场，称为 praedium，curtis 或 villa 等，以及部分分给耕作者耕种的土地。维拉主要依靠奴隶、隶农（coloni）或自由农耕种。但此时奴隶的供应量不足，已不是农庄上的主要劳动力。到中世纪早期一个典型的领主庄园（villa）通常包括一块世袭的土地，领主的住所（domus）及庭院（curtis）等，此外还包括一群交纳地租的人占有的土地。由于中世纪早期的词汇十分有限，villa 一词在当时不同文件中有着不同的含义。有时 villa 指的是领地（domain）或者自营农场（home-farm），有时它代指一个税收单位。随着时间的推移，villa 一词尽管仍在使用，但也出现许多替代的地方词汇如 curte，fisca，curtis。中世纪早期，人们对庄园并没有统一的称呼，也没有具体的定义。739年，普罗旺斯（Provence）贵族阿博（Abbo）在遗嘱中详细记录了自己的地产，其中包括5个称为 curtes 的有组织的庄园，且每个 curte 都有自己的名字。稍晚一些，seigneurie 一词出现并逐渐成为法语中庄园的专有名词。在现代法语中，庄园（seigneurie）一词具

[①] villae，即 villa，在法兰克高产土地上的领主庄园，一般被称为 villae。
[②] James Lowth Goldsmith, *Lordship in France, 500 – 1500*, New York: Peter Lang, 2003, p. 62.

有多重含义：首先，它是指一块土地，领主的土地——领地；其次，它是指领主对土地以及土地上人民的所行使的权力，即领主权；最后，它是指领主的土地权，这一权利并不会因为土地转让而丧失。从词源定义来看，庄园一词主要涉及两个方面：土地及权力。这种定义最早源于14、15世纪受到罗马法影响的法国早期法学家。17世纪，法学家夏尔·卢瓦索（Charles Loyseau）在著作《庄园专论》中首先明确提出"庄园，它是与土地相关的公共权力"①。法国史学家皮埃尔·古贝尔（Pierre Goubert）认为庄园首先是块大地产，可分为经济领域和法律领域。马克·布洛赫也认为应当从两方面来看法国的庄园，"从土地关系上讲是这样一块被管理的土地，它的大部分地产收入直接或间接地只归一个主人所有；从人与人之间关系上讲，就是只服从一个领主的一群人"②。在《封建社会》一书中，他更加详细地描述了中世纪庄园的特点且着重强调土地关系方面的内容。他指出庄园就是由领主的属臣所居住的地产，"这种土地通常划分为密切地相互依存的两部分，一是'领主自留地'，史学家称之为'保留地'出产的产品全部直接归领主所有；一是佃领地（tenures）即中小规模的农民佃领地，这种土地数量不等，分布于领主的'庭院'周围。领主声称对农奴的房舍可耕地和草地拥有绝对的不动产权，这表现在这些财产每次转手时，领主都要求举行新的封地仪式，封地仪式很少是免费授予；财产继承人空缺时领主享有占有权；享有合法没收权；最后也是最重要的是，领主有权征税和征索役务……"③从这些定义可以看出，法国史学界大多是从经济和司法两个方面来定义庄园。需要指出，此处司法的概念不同于现代司法概念，它更多地是指一种权力，不仅包括司法和立法权，也包括行政权。因为中世纪早期地方政府机构欠缺，地方势力膨胀，许多政府工作如征税、地方治安等都不得不由领主来代替。因此，中世纪时领主的庄园不仅是一个基层社会组织、经济组织、税收单位，也是一个基层的行政管理和司法组织。"它是一种政府形式、也是一种社会结构、一种经济制度。……

---

① Michel Puzelat, *La vie rurale en France XVIe – XVIIIe siècle*, Paris: SEDES, 1999, p. 19.
② ［法］马克·布洛赫：《法国农村史》，余中先等译，商务印书馆2003年版，第79页。
③ ［法］马克·布洛赫：《封建社会》（上），张绪山译，商务印书馆2007年版，第387页。

它是中世纪时代的'土地管理单位';它是'构成一个所有权兼行政权的单位'的大地产;它是社会结构中主要的和正规的组织细胞。"[1]

起初学者们多以为庄园就等同于村庄,一个村庄就相当于一个庄园。如英国著名史学家梅特兰就认为典型的庄园在地理上应当与村庄相一致,一个村庄就是一个庄园。20世纪随着研究的不断深入,人们发现实际情况更为复杂。村庄无论是在地理上还是在管理上都无法完全等同于庄园。罗马帝国晚期至中世纪早期,大领地盛行,囊括一个乃至几个村庄的大庄园确实存在。随着时间的推移,由于继承、转让和采邑分配等原因,曾经的大领地庄园越分越小。到9世纪,这种囊括整个村庄的大庄园已经变成较为少见的现象。一个村庄通常分属于两个或两个以上的不同庄园,同一个庄园也可能在几个村庄中拥有土地。村庄与庄园相互交错,房子属于一个领主而园圃属于另一个领主或者一块地属于两个不同领主的现象也并不少见。到18世纪,整个法国约有4万个村庄,却存在5万—8万个庄园,且这个数据还有可能更高。这表明村庄与庄园并不一致,村庄不等于庄园。在17世纪法国博韦地区(Beauvais),当地432个乡村堂区共有617个庄园,其中294个庄园与村庄重叠,而323个庄园只占村庄的一部分。[2] 有意思的是村庄与庄园重叠的现象在漫长的中世纪也常常会发生变化。村庄的土地有时可能会被分割属于不同的领主,但有时也有可能重新整合又变为同一个领主的庄园。如9世纪早期,位于高卢西部的蒙斯·阿克博迪村(Mons Acbodi)原本有一个小庄园和四块份地。这些份地先后被那些领主们割让给了圣-日耳曼-德-普雷(Saint-Germain-des-Près)修道院。修道院的僧侣们又将份地与庄园重新合并,然后与埃雷姆波格(可能是当时的一个富孀)签订了一个协议,将全部土地又变成了一整个庄园地产,由修道院作为一个不稳定的领地持有。[3]

---

[1] [美] 汤普逊:《欧洲经济社会史(800—1300年)》(下),耿淡如译,商务印书馆1997年版,第358、359—360页。

[2] Michel Puzelat, *La vie rurale en France XVIe – XVIIIe siècle*, Paris: SEDES, 1999, p. 20.

[3] [英] M. M. 波斯坦主编:《剑桥欧洲经济史:中世纪的农业生活》(第一卷),朗丽华等译,经济科学出版社2002年版,第251页。

庄园面积大小不一。大贵族的庄园横跨几个堂区或村庄，面积达到几千公顷乃至上万公顷；小贵族的庄园，一般仅两三户居民，占地几十公顷，甚至有些庄园只有几公顷土地。18 世纪都兰（Touraine）地区，塞内维耶尔（Sennevière）子爵庄园面积达 3155 阿庞（arpent）。① 按 1 阿庞②约等于 42.7 亩计算，这个庄园面积约为 1347.185 公顷，是个中等大小的庄园。9 世纪初，阿纳普（Annapes）王室庄园的核心区域就有 2800—2900 公顷（ha）。③ 而圣-阿芒（Saint-Amand）修道院在布西涅（Bousignies）一处庄园仅仅只有 14 公顷。④ 此外，大领主一般都有多个庄园，分布于不同地区。如 9 世纪时，圣-日耳曼-德-普雷修道院有 25 个庄园，占地 3 万多公顷，每个庄园平均拥有 1200 公顷土地。850 年，圣-贝尔坦（Saint-Bertin）修道院的庄园数量与圣-日耳曼-德-普雷修道院的庄园数量相差无几，共占地约 1.1 万公顷。圣阿芒修道院有 16 个庄园，圣-里基耶（Saint-Riquier）修道院的产业遍布 52 个地方。⑤ 当然，小贵族们就只能守着一两个小庄园过日子。

二 从《庄园敕令》看中世纪早期的庄园

现代学者大体都认同早在罗马帝国晚期时，法国就已经出现了庄园。但由于中世纪早期的混乱时代，当时保存的相关资料十分少，使得我们对 9 世纪以前的庄园结构还不够了解。9 世纪，有关庄园的资料明显增多但总数不算特别多。其中比较著名的有被认为是 800 年左右查理大帝即位前颁布的《庄园敕令》（Capitulare de villis）。这份资料因此成为我们了解中世纪早期法国乃至西欧地区庄园制度的一份重要史料。

《庄园敕令》（以下简称《敕令》）是查理大帝对王室庄园管理人颁

---

① Michel Puzelat, *La vie rurale en France XVIe – XVIIIe siècle*, Paris：SEDES, 1999, p. 25.
② 阿庞（Arpent），法国古代土地面积单位，相当于 20—50 公亩。
③ James Lowth Goldsmith, *Lordship in France*, *500 – 1500*, New York：Peter Lang, 2003, p. 83.
④ Geroges Duby et Armand Wallon dir., *Histoire de la France rurale*（Tome Ⅰ）, Paris：le Seuil, 1975, p. 358.
⑤ Geroges Duby et Armand Wallon dir., *Histoire de la France rurale*（Tome Ⅰ）, Paris：le Seuil, 1975, p. 354.

布的诏令，共有70条，其中详细规定了王室庄园管理人的职责和任务，反映当时庄园经济的内容以及领主们的生活情况。从敕令的内容来看，王室庄园一般面积比较大，是一个经济上自给自足的生产和生活单位。庄园中既有耕地、草地、林地，也包含葡萄园、果园、花园、菜地、鱼塘、磨坊、榨酒房等设施。耕地可分为领主自己直接管理的自留地和分给农奴的份地。农业是庄园经济中最重要的产业部门，也是领主们最为关心的内容。敕令也多次强调要耕种田地，并且规定庄园的管理人员，如庄园长、管林人、马夫、仓库管理人、工头、收税员及其他职员也要参加耕种的工作。《敕令》第2条就告诫管理人"不得使用朕的臣民为自己服务，要求他们为自己担任劳役，采伐（树林的）物料，及其他工作"。第10条明确规定，"朕的庄园长、管林人、马夫、仓库管理人、工头、收税员及其他职员应做种田的工作"①。种植业是庄园的第一产业，也是领主们最为重视的。第8条提醒管理人应照管好葡萄园，"特命朕之管家料理职责内之葡萄园，使之良好运作……倘若需获取他类酒品，则命管家从可运至王家领地之地购买之……"第32条提醒庄园管理人应注意"头等良好种子"②。《敕令》的最后一条还详细列出园圃中应种植的果树、蔬菜的种类，包括苹果树、梨树等总共有73种作物。畜牧业也是庄园经济不可或缺的一部分，在70条敕令中就有十七八条涉及畜牧业。敕令还明确规定管理人员应当在庄园中饲养鸡、鹅，名贵的特殊鸟种、牛、羊、鱼、马、猪、狗等，并为它们建尽可能多的畜棚。第19条指出，"在朕的主要庄园仓库里，应保养至少100只母鸡。至少30只鹅。而在小村里应保养至少50只母鸡。鹅也不得少于12只"③。利用这些农业和畜牧业的成果，庄园尽可能自己生产所需的一切。第35条规定庄园应当尽量采用自己"用手做的东西"，如脂油、腌腊肉、火腿、咸肉、葡萄酒、醋、莓果酒、熟酒、咸鱼、芥末、干

---

① 耿淡如、黄瑞章译注：《世界中世纪史原始资料选辑》，天津人民出版社1957年版，第9、11页。

② ［法］乔治·杜比主编：《法国史》（上卷），吕一民等译，商务印书馆2010年版，第263页。

③ 耿淡如、黄瑞章译注：《世界中世纪史原始资料选辑》，天津人民出版社1957年版，第12页。

酪、植物油、麦芽、啤酒、蜜糖、自然蜜、蜜蜡和面粉,等等。此外,庄园内还必须有一些手工匠以保障庄园内对手工产品的需求。《敕令》第45条就提及庄园中要有优良匠工:铁匠、金银匠、皮鞋匠、旋工、木匠、兵器匠、渔夫、肥皂工、啤酒工、面包工人,等等。妇女们需负责满足庄园中人们的服装需求。《敕令》第43条规定管理人要按时给妇女们发放亚麻、羊毛等劳动材料用以制作服饰。庄园生产带有明显自然经济特色,自给自足,与市场联系少,或者说极力排斥与市场的接触。如《敕令》第53条就规定"各管理人应留心,朕的臣民须好好工作,不得在市场上闲逛"①。庄园生产主要是为了满足封建领主的生活,《敕令》第30条阐明庄园生产的产品只分为两种:第一种,为王室生活所需而提供的产品;第二种,为战争必须从住宅和牧人方面用载货车装运的物品。"朕愿众管家于收成总量中抽取部分为吾等之用,同理拨出部分以充军需……"②从上述内容来看,庄园基本上是一个农业和手工业相结合的自给自足的生产和生活组织。

庄园不仅是个生产和生活组织,也是一个基层行政管理和司法机构。司法审判是庄园管理人的重要工作内容。《敕令》第52条规定管理人在庄园中要设立完备的公平法院;第56条规定管理人应时常开庭审判,并宣布判决,保障庄园中居民应有的权利。管理人还应留心防止庄园居民盗窃、欺骗等罪行。除了司法工作,征收税费和劳役也是管理人的一项重要工作,如为庄园内的教会征收什一税,为领主征收租款、债款和法院罚款等。

在庄园中居住的除了管理人,还有看林人、马夫、收税员、工头、狩猎头、各类工匠乃至侍膳官、献杯官等工作人员,当然还有广大农民。从身份上看,这些居民大致可以分为三种:农奴、奴隶和自由人。农奴和自由人都领有一块份地,交纳租税、服劳役。两者在身份上、劳役服务和法律地位等方面都有差别,但在敕令中对两种身份的区别没有

---

① 耿淡如、黄瑞章译注:《世界中世纪史原始资料选辑》,天津人民出版社1957年版,第17页。
② [法]乔治·杜比主编:《法国史》(上卷),吕一民等译,商务印书馆2010年版,第263页。

明确描述或规定。仅在《敕令》第50条里提及"如果马夫是自由人，并为其职位而享有采邑的，应以采邑收入来维持生活；如果是农奴而有田宅，应以田宅收入来维持生活……"①此外，《敕令》还提及奴隶群体，这一时期的奴隶已不同于罗马时期的奴隶。他们领有一块份地，以及劳动的牲畜，向领主交纳税费，服劳役。《敕令》第23条提醒管理人应当保有劳动牲畜，并将它们分给奴隶，来进行他们的职务。第67条指示管理人向国王报告荒芜的田地及新增的奴隶，如果他们还没有份地，管理人还须报告哪里可以安放他们。②可见当时的奴隶不仅可以得到一块份地耕种，还可以得到劳动工具以及牲畜，说明这一时期奴隶经济和社会地位都得到提高。而且如果奴隶对管理人不满，可上诉至国王，管理人不得阻拦。由此可见9世纪的奴隶已不再是古典时代被视为牲畜、可随意责罚打骂的奴隶。这也反映出当时的庄园已不同于罗马时代的农庄（villa），中世纪庄园模式初步显现。

查理大帝颁布的《敕令》只是针对王室庄园，是针对最典型的中世纪庄园，一般的封建庄园不可能如此完备。此外，它是王室对庄园管理人提出的要求，管理人在实际工作过程中很难完全达到所有标准，故《敕令》不能完全真实地反映中世纪早期庄园的实际情况。

三 庄园实例

除了《敕令》，中世纪早期的修道院也留下类似记录修道院地产记录折页（polytyque）等史料记录，其中最著名的就属巴黎附近圣－日耳曼－德－普雷修道院的折页。这份折页是根据修道院院长伊尔米诺（Irminon）的命令于806—829年所编制的，详细记录了修道院所有庄园的土地以及土地上耕作者的情况。如在巴黎附近圣乔治新城附近的一座庄园，"包含住所和其他足够用的建筑"。庄园面积比较大，仅耕地就

---

① 耿淡如、黄瑞章译注：《世界中世纪史原始资料选辑》，天津人民出版社1957年版，第16页。
② 耿淡如、黄瑞章译注：《世界中世纪史原始资料选辑》，天津人民出版社1957年版，第12、19页。

有 170 博尼埃（bonnier）①，约合 230 公顷，可播种 800 缪依（muids）②种子。此外，这个庄园还有葡萄园、草场、林地、磨坊等。其中，"葡萄园 91 阿庞，人们从中可收获 1000 缪依葡萄。草场 166 阿庞，人们从中可以收获 166 辆大车的干草。有三座磨坊，磨坊的使用税可带来 450 缪依麦子的收入。还有一座磨坊是不收税的。有周长为 4 古里③的一片林子里，可放养 500 头猪"④。除此以外，庄园还包括 60 处"自由"份地（manse）⑤和 14 处半的"奴隶"份地。折页也详细记录了这些份地的大小、份地主人的身份，家庭以及应承担的义务。例如，阿克塔尔与妻子同为自由土地依附农，育有六个孩子。他们拥有一块自由份地，包括 5 默絮尔（mesure）⑥可耕地，4 阿庞葡萄园，4 阿庞半草场；奴隶出身的阿达尔加里乌斯和身为自由民的妻子除拥有一处奴隶份地外，还与夫妻均为奴隶出身的阿德乌家共同拥有一处自由份地。这块自由份地"包含有 1.5 默絮尔可耕地，3/4 阿庞的葡萄园，5 阿庞半草场"。埃尔默诺尔和福告也是两家共同拥有一块奴隶份地，包括"2 默絮尔可耕地，1 阿庞葡萄园，2 阿庞半草场"。依据各自的身份和所拥有的份地情况，他们要向领主和国家履行一定的义务，例如阿克塔尔要为军队交税 4 苏⑦银币，次年交 2 苏用于抵付肉类，第三年交带小羊羔的母羊一头抵付草料。为牧猪权要向领主交付 2 缪依酒，为森林的使用需交付 4 德尼埃。⑧为大车运输，要交一块林地，50 头骡子。还要提供 3 只母鸡，15 枚鸡蛋，并承担所要求的牲口和劳力的徭役。阿达尔加里乌斯和阿德乌两家为牧猪权需支付 3 缪依酒，1 赛提埃（setier）⑨芥末，50 棵柳树、3 只母鸡和 15 枚鸡蛋，并依据要求为领主提供劳役服务。妻

---

① 博尼埃（bonnier），法国古代土地单位，博尼埃大约为 1.4 公顷。
② 缪依（muids），法国古代容量单位，数量依地区不同。
③ 1 古里大约相当于 4 公里。
④ ［法］乔治·杜比主编：《法国史》（上卷），吕一民等译，商务印书馆 2010 年版，第 259 页。
⑤ 原译者在书中将其译为农庄。
⑥ 默絮尔（mesure），法国古代土地单位，约合 1.25 阿庞。
⑦ 苏（sou），法国古代货币单位，一苏约为 1/20 利弗尔。
⑧ 德尼埃（denier），法国古代货币单位，1 德尼埃约为 1/12 苏。
⑨ 赛提埃（setier），法国古代容量单位，数量依地区不同，赛提埃约为 150—300 升。

子使用领主的羊毛为主人织呢,依主人的要求喂养家禽。埃尔默诺尔和福告两户人家合租的农田要交付的东西与前者一样,但折页中没有提及这块份地的劳役,只提及妻子和母亲要为领主织造哔叽呢和喂养家禽。① 从这份记录看,圣乔治城的这处庄园土地面积比较大,是一处农业和手工业相结合的典型的自给自足的中世纪庄园。庄园中的居民包括奴隶和自由民,但彼此身份界限不明显。奴隶同自由民一样也可领有一块份地,只需履行一定的义务,而自由民也需要服劳役。这也说明9世纪时,传统的奴隶制已经走向瓦解,典型的中世纪庄园制度在法国已经出现。

随着时间的推移,到中世纪晚期至近代早期那种典型的中世纪庄园逐渐改变。大量领主自留地被分成小块出租,租税也由过去以实物租为主逐渐转变为以货币租为主。例如,1560年,凯瑟琳·德·美第奇(Catherine de Médicis)王太后获得了位于卢瓦河谷的一处庄园——著名的舍农索城堡领地,并聘请朗贝尔担任该城堡总管。此外,领地还设有大法官、税收检察官、书记官、庭警等官员与总管一起管理庄园。1565年,昂布瓦兹的大法官花了五年时间完成舍农索城堡土地赋税簿,详细记录了该领地的情况。该城堡领地也分为领主自营地与农民份地,包括耕地、林地、草地等。其中领主保留地包含了城堡、备膳区、花园、禁猎区和附近几块分成制租田,面积达60阿庞。过了城堡前的谢尔河,对岸弗朗克伊小镇附近还有领地以及前领主留下的建有围墙的果树苗圃,面积达到61阿庞。最后土地赋税簿还记载了分散的9块分成制租地的情况,即拉格朗日、拉贝泽里、莱乌德、拉格芒迪埃、拉库洛米埃、勒德弗、希索的拉贝朗日立、弗里希获拉谢尔维埃、西索的拉布吕昂迪埃、希塞得格朗日——鲁日等9块份地;以及拉图的小苗圃、奥利维埃港、桥之林和维里尼领地和阿尔日的封地的情况。②

---

① [法] 乔治·杜比主编:《法国史》(上卷),吕一民等译,商务印书馆2010年版,第258—260页。
② [法] 伊旺·克卢拉:《文艺复兴时期卢瓦河谷的城堡》,肖红译,上海人民出版社2007年版,第188—189页。

第二节 庄园的土地制度与耕作制度

"Nulle terre sans seigneur"（没有土地没有领主）。土地是庄园的核心，它是领主生活的经济基础，也是领主权利的来源。不过关于中世纪的土地状况，尤其是土地的权利问题也是庄园制度最难解的一个问题。庄园拥有哪些类型的土地？这些土地是分属于哪些人？他们如何分配？如何耕种？这也是本节所要探讨的一个难题。

一 庄园的土地结构

根据前面对《庄园敕令》及圣-日耳曼-德-普雷修道院庄园的分析，可以看到典型的庄园土地一般分为：领主自留地和农民份地。"从经济角度看，一份大产业和许多小产业在同一个组织中的共存是领主制的最基本特征。"[①] 庄园内，领主自留地与农民份地之间的比例没有确切规定，一般认为从8—10世纪，直至11世纪初，领主自留地约占庄园内可耕地的1/4—1/2。9世纪时巴黎圣-日耳曼-德-普雷修道院22个庄园中，领主自留地和份地的总面积分别为16020公顷和16782公顷，比例约为1∶1。[②] 也有少数庄园仅有自留地而没有份地，这种情况多出现在土地面积小的小庄园中。在这种庄园中，由于缺乏奴隶，通常是依靠家仆和少量雇佣工人的劳动经营，有时领主及家人也要参加劳动。部分庄园几乎将所有耕地交由农民耕种，仅保留少量林地、草场等，这种情况在中世纪后期出现比较多。

领主自留地在拉丁语中原本称为mansus indominicatus，后在法语中称为领地（domaine），主要是指领主保留下来的由自己经营管理或委托代表进行管理的土地（la réserve），即自留地或译为领主产业。领地通常包括领主的住宅及附属建筑、耕地、森林、牧场、荒地、园圃、池塘、马房、鸽棚、磨坊、烤炉、压榨机等，其中最重要的是耕地、牧场

[①] ［法］马克·布洛赫：《法国农村史》，余中先等译，商务印书馆2003年版，第80页。
[②] ［英］M. M. 波斯坦主编：《剑桥欧洲经济史：中世纪的农业生活》（第一卷），朗丽华等译，经济科学出版社2002年版，第271页。

和葡萄园。汤普逊认为，一个典型的庄园应包括几种不同类型的土地：（1）领主的自留地；（2）领主的"围地"，自留地的一部分，出租给农民耕种的；（3）庄园农奴的耕地；（4）干草地；（5）森林地；（6）荒地；（7）教区教士的领地。① 博韦斯（Boves）领主在一处庄园中拥有一座城堡及其附属建筑，另有1座鸽舍、1座压榨工厂、1个菘蓝磨坊、4个制瓦厂和砖厂、耕地和牧场、森林等，领地总面积达到500公顷（hectare）左右。② 维尔纳夫－圣－乔治斯（Villeneuve-Saint-Georges）的庄园自留地包括173博尼埃的耕地，91阿庞的葡萄园和166阿庞的草地，总面积300多公顷。③ 中世纪前期，一般来说一个中等庄园的自营地能达到两三百公顷，大庄园可能占地数千公顷。圣－贝尔坦修道院的庄园中，有7个庄园的自留地在300—400公顷之间，5个庄园的自留地不足100公顷。这些庄园中，自留地占整个庄园土地面积的比例在37%—72%。④ 大庄园拥有更大的自留地，如吉斯（Guise）公爵领地的自留地达到1.3公顷。⑤ 9世纪以后，领主自留地面积逐渐缩小。领主越来越多开始采用其他经营方式来管理自留地，完全属于领主的自留地份额逐渐缩小。例如，在巴黎附近的维尔纳夫－圣－乔治斯，领主的自留地占可耕地的32%以上；在帕莱索（Palaiseau），自留地占可耕地的35%；而在德鲁埃地区的布瓦西（Boissy-en-Drouais）自留地只占可耕地的10%；在维尔默特（Villemeult）只占11.5%。⑥

整个庄园历来都是以领主为中心，处于庄园中心位置的就是领主的住宅及附属建筑，包括马厩、谷仓、鸽舍、工具房等。领主住宅不与领

---

① ［法］汤普逊：《欧洲经济社会史（800—1300年）》（下），耿淡如译，商务印书馆1997年版，第373页。
② Jean Gallet, *Seigneurs et paysans en France 1600 – 1793*, Rennes: Ouest-France, 1999, p. 26.
③ Geroges Duby et Armand Wallon dir., *Histoire de la France rurale* (Tome Ⅰ), Paris: le Seuil, 1975, p. 358.
④ Geroges Duby et Armand Wallon dir., *Histoire de la France rurale* (Tome Ⅰ), Paris: le Seuil, 1975, p. 358.
⑤ Jean Gallet, *Seigneurs et paysans en France 1600 – 1793*, Rennes: Ouest-France, 1999, p. 26.
⑥ ［英］M. M. 波斯坦主编：《剑桥欧洲经济史：中世纪的农业生活》（第一卷），朗丽华等译，经济科学出版社2002年版，第214页。

地其他居民的住宅聚在一起，也比一般村民住宅面积大些。它是领主权利和财富的象征，也是庄园的行政管理中心，司法中心，是庄园居民节日聚会的中心。例如，充当庄园法庭开庭时的临时法庭、充当盛大节日时人们聚会的地方、讨论庄园重大事务时开会场地，等等。同时，它也是庄园的经济中心，领主和其代理人安排庄园生产、收集租税的重要场所。在战乱时期，领主的庄园偶尔还要担当起军事防御的职能，为周围的村民提供庇护。

如果说领主住宅是领主权利和财富的象征，那么庄园中领主直接经营管理的耕地就是领主们最重要的经济来源。这些耕地无论面积大小，一般都呈条状，称为"条田"，与农民的份地交织在一起。领主的条田面积大小差距也很大，但一般比农民的份地大。巴黎齐的韦里耶尔平均为89公顷，贝里的讷耶为5.5公顷，兰斯地区的安特内地方则不足1公顷。[①] 领主的自留地是由领主或领主管家直接管理，早期主要使用奴隶、隶农或农奴耕作。中世纪中叶开始，领主的耕地越来越多地采用农业雇工耕作或者直接租给佃农耕种。早期主要依靠隶农、农奴耕种庄园土地的典型庄园模式在中世纪后期已慢慢消失。大庄园中，土地类型多样，领主的耕地仅仅是其中一小部分。但在中小庄园中，尤其是小庄园中，领主的耕地所占比例比较大。有些小庄园甚至几乎完全由领主住宅及领主自己的耕地所组成。除了耕地，牧场、草场也是法国庄园的重要经济来源。在中世纪法国，尤其是中部和南部山区，畜牧业在庄园经济中的必不可少的成分。典型的庄园均要饲养若干牛、羊、猪、马和家禽等，为庄园提供运输畜力、耕地畜力以及生活所需的牛奶、奶酪、肉类、动物皮毛等。《庄园敕令》中也提及庄园中一定要有马、牛等牲畜和鸡、鸭等家禽，甚至提出要饲养一些名贵的鸟类。此外，草场每年可生产若干干草，为庄园土地提供肥料。

森林在庄园经济中的作用过去曾长期被忽略。实际上，过去的法国绝大部分土地都属于森林地区。森林在庄园尤其是大庄园中占据着统治地位，如前面所提及的吉斯公爵领地1.3万公顷的自营地中有1.2万多

---

① ［法］马克·布洛赫：《法国农村史》，余中先等译，商务印书馆2003年版，第80页。

公顷是森林，占自留地的90%以上。不过只有拥有大庄园的王室、教会和大贵族才可能拥有大片的森林，一般的小贵族的庄园还是以耕地为主。一般大庄园有一两个或几个禁猎林，放牧猎物如兔等，专供领主闲时狩猎，居民一般不允许进入。此外，还有部分公共森林，其所有权归属于领主，但在领主恩准下居民可按规定使用，并交纳一笔费用。例如，上节所提及的圣-日耳曼-德-普雷修道院的地产记录中提及的庄园居民为牧猪权、伐木等交纳的费用。在交纳费用后，农民可使用森林资源。中世纪森林是农民日常生活的一个重要的生活补充来源。森林为他们提供建造房子、制造工具的材料，准备取暖的燃料，为猪群和牛羊提供橡子、草等饲料，收集蜂蜜，等等。在早期，农民甚至可以自由地在森林中开垦一块土地。中世纪晚期至近代早期，随着城市经济的发展，人们对木材的需求日渐增长，森林成为领主们最重要的经济来源之一。旧制度末，诺曼底（Normandie）的诺堡（Neubourg）男爵领每年6100利弗尔收入中有3300利弗尔来自森林，约占总收入54%。其中放牧动物的收入仅600—800利弗尔，其余绝大部分来自木材买卖。[①] 此外，若庄园中有池塘、河流等，在领主的"恩典"下，并交纳一定费用后，庄园居民也可自由捕鱼，作为生活补给。

当然，并不是所有庄园都具有森林、池塘等。但一般庄园都配备少量园圃，种植一些蔬菜、水果等。其中，在法国最著名且占地最大的果园为葡萄园。不占面积的磨坊、烤炉、压榨工厂等也是庄园中必不可少的成分，并为领主带来巨大收入。近代早期，有些庄园甚至还设有玻璃厂、砖瓦厂、冶金厂等。

份地，法文称manse，来自拉丁语mansus、mansi，最初是指住宅或由住宅和农业建筑物形成的居住点，后也包括住宅中的人们共同经营的一块土地。古罗马帝国晚期至中世纪早期，有些份地原本是领主大农庄的一部分，但交给农民耕种，即这块土地是由农民领有的，但农民必须为领主提供各种服务或赋税。有些份地原本属于自由民所有，但出于种

[①] André Plaisse, *La baronnie de Neubourg. essai d'histoire agraire, economique et sociale*, Paris: Presses Universitaires de France, 1961, pp. 502 – 503. 转引自 James Lowth Goldsmith, *Lordship in France, 1500 – 1789*, New York: Peter Lang, 2005, pp. 30 – 31.

种原因，农民不得不将土地交付给领主，以换取领主的庇护。约900年，布雷西亚（Brescia）的圣-吉利亚（Santa Guilia）地产土地调查上提及："有14个自由人投靠地主庄园，条件是每人每周做一天工。"[①]一份1064年的文书提及，"穷人某阿那尔德……把自己和自己的儿子让出……充当上帝的圣玛丽（寺院）的以及属于这（神圣）地方（指寺院）僧侣的农奴，和那里的其他世袭农奴一样"[②]。对于这次让与，某阿那尔德的三个儿子也表示同意，但文书没有提及让出的原因以及条件。这些份地名义上已属于领主，实际上仍由农民持有。从法律关系上来看，这种土地被称为采地（tenure），即由农民持有的土地，但采地和份地并不完全一致。每个庄园份地数量不等，且这些份地不是连成一片的，而是分散于各个村庄或村庄中不同地方。加洛林时代，在洛林（Lorraine）附近，一个典型的维拉大约有20—30块份地（mansi）。佩雷西-勒-弗尔热（Perrecy-les-Forges）庄园有220块份地，乌克河畔布利尼县（Bligny-sur-Ouche）在879年有35个能提供劳役的份地。埃图尔维（Etourvy）王室庄园的份地分布在五个村庄，第一个村庄有11块份地，第二个村庄有5块份地，第三个村庄只有1块份地。[③] 909年，普罗旺斯（Provence）贵族富歇（Foucher）拟定了一份他死后授予妻子的遗产清单，其中列举了自己12个维拉（villa），共包含150块份地[④]，平均每个维拉拥有12.5块份地。在法国，份地既是一块土地经营单位，也是一块赋役单位，具有不可分性。各地份地的大小都不一样，即使在同一个庄园中份地大小可能都是不一样的。圣-日耳曼-德-普雷修道院的弗拉尔桑（Flarsane）庄园中，撒克逊·安罗屈（Saxon Hunrocus）持有的一块份地包括7博尼埃可耕地，即9公顷耕地，1阿庞的葡萄

[①] ［英］M. M. 波斯坦主编：《剑桥欧洲经济史：中世纪的农业生活》（第一卷），朗丽华等译，经济科学出版社2002年版，第235页。

[②] 耿淡如、黄瑞章译注：《世界中世纪史原始资料选辑》，天津人民出版社1957年版，第22页。

[③] James Lowth Goldsmith, *Lordship in France, 500 - 1500*, New York: Peter Lang, 2003, p. 79.

[④] James Lowth Goldsmith, *Lordship in France, 500 - 1500*, New York: Peter Lang, 2003, pp. 94 - 95.

园，约12.64公亩，以及1.5阿庞的牧场，约19公亩。撒克逊在修道院下属的另一处庄园阿格里尼（Aglini Curtis）也持有一块份地，只有15博尼埃，即19公顷耕地。① 圣-日耳曼修道院在巴黎附近四个村中的份地面积大不相同。第一个村子中的份地平均面积为4.35公顷耕地，第二个村子中的份地平均面积约为6.1公顷，第三个村子中的份地平均面积约为8公顷，第四个村子则为9.65公顷。② 最初，份地一般由一家人单独领有。后期，由于继承、买卖等因素，份地可能由一家单独领有，也可能由两三家共同领有，由各家平摊徭役和赋税。根据圣-日耳曼-德-普雷修道院地产记录——折页的记载，份地可分为自由份地和奴役性份地。中世纪前期，自由份地一般要比奴役性份地多，且同一庄园中自由份地通常要比奴役性份地规模要大一点。圣-日耳曼-德-普雷修道院在9世纪有1430块自由份地，191块奴役性份地。同一时期在奥格斯堡（Augsburg）主教土地上，有1004块自由份地，421块奴役性份地。③ 马克·布洛赫在《法国农村史》中还提及有解放奴份地和"纳贡"份地，但这两者都不是主要类型。根据份地的"身份"，持有份地的农民需要提供不同的贡赋负担。通常，奴役性份地的负担更繁重一些，劳役也更不确定。早期，奴役性份地可能最初是奴隶的土地，而自由份地则是自由人的土地。到9世纪，这种说法不再合适。有些自由民也持有奴役性份地，但原有份地的义务依然保留。而古罗马帝国时期的奴隶逐渐变为半自由的隶农、农奴。所以在后来的许多文件中，有时不再称为奴役性份地和自由份地，而是以其提供的义务来划分。例如，圣·毛尔-德-福塞（Saint Maur-des-Fossés）修道院的折页中有时写"奴役份地"和"自由份地"，有时写"提供手工劳役的份地"和"提供集体劳役的份地"。后来，土地测量词汇中完全没有这种区别。④ 份

---

① M. B. Guérard, Polyptyque de l'abbé Irminon ou denomnrement des manses, des serfs et des revenus de l'abbaye de Saint-Germain-des-prés sous le règne de Charlemange, t. I, Paris, 1844, p. 154.
② ［法］杜比：《中世纪西方的农业经济与乡村生活》，第31页，转引自马克垚《西欧封建经济形态研究》，中国大百科全书出版社2009年版，第166页。
③ ［英］M. M. 波斯坦主编：《剑桥欧洲经济史：中世纪的农业生活》（第一卷），朗丽华等译，经济科学出版社2002年版，第212页。
④ ［英］M. M. 波斯坦主编：《剑桥欧洲经济史：中世纪的农业生活》（第一卷），朗丽华等译，经济科学出版社2002年版，第213页。

第一章　中世纪前期的庄园制度

地的差别主要依据其土地附着的赋税劳役负担程度来区分。例如，一处属于马孔（Mâcon）主教的庄园有三种份地模式。第一种份地共 13 块，领有份地的农民必须提供一个犁地团队完成 8 天的犁地工作，出葡萄园劳工 2 人，割草 1 人、扬场 1 人，还需提供搬运 2 车草料、2 车木材所需的劳力和设备，以及收获和打谷时的额外劳动等；第二种份地共 14 块，份地领有者只需要提供犁地的劳动力；第三种份地共 9 块，每年只需要提供两三天劳动。整个庄园有 36 块份地，劳动服务总量为 220 天。①

9 世纪后，这种典型的自留地与份地相结合的模式也出现巨大变化：一方面，领主自留地尤其是领主自己的耕地越来越小。尤其到中世纪后期，随着商品经济的发展，劳役地租逐渐被货币地租取代，领主们开始雇佣劳动力耕种或者将自己的耕地直接租给农民耕种。领主保留的自留地面积越来越小，有些领主甚至在庄园中完全没有自留地；另一方面，份地也有逐渐缩小的趋势。最初不可分的一块份地变成 1/2，1/4，1/8 甚至 1/16。在洛林地区，9 世纪时 1/2 份地和 1/4 份地已经出现。到 12 世纪，1/4 块份地已经成为一块采地的标准单位和新的基本税收单位。② 例如，圣－日耳曼－德－普雷修道院位于洛林的庄园土地上，9 世纪时原本的一块份地开始缩减为 1/2 块份地甚至 1/4 块份地。到 13 世纪，1/4 块份地再分为 4 份，即相当于原本的 1/16。在普瓦图（Poitou），最初一块份地的面积大约相当于 4 头牛一天耕种的土地面积大小。但 10 世纪以后，在新开垦的土地上，领主们采用新的土地赋税面积单位博尔德里（borderie），大约相当于 2 头牛一天耕种的土地面积大小，即约等于 1/2 块份地。③ 如 11—12 世纪，普瓦图的加蒂纳（Gâtine）村里基本的农业单位是农场（borderia），面积仅为 2—5 公顷或 5—37 亩（acre）。④ 此外，还有一更小的农业单位塞克斯塔里阿

---

① James Lowth Goldsmith, *Lordship in France, 500–1500*, New York: Peter Lang, 2003, p. 128.
② Guy Fourquin, *Lordship and Feudalism in the Middle Ages*, London: George Allen & Unwin Ltd., 1976, p. 168.
③ James Lowth Goldsmith, *Lordship in France, 500–1500*, New York: Peter Lang, 2003, p. 107.
④ 亩（acre），土地面积单位。

(sextaria），面积约为 2.5 亩。① 伴随着份地的碎化，份地制度也逐渐衰落。与此同时，纳年贡的土地（censive）逐渐取代了份地成为新的基本赋税单位。11 世纪后，份地一词几乎完全退出了历史舞台。

二 庄园土地的权利结构

土地所有权是一个历史概念，是特定历史阶段的产物，在不同历史时期有着不同的含义。现代社会中，土地所有权指所有人占有、使用、处置土地并从土地上获取利益的权利，具有绝对性，排他性和永续性的三大特征。这种土地权利观念来源于罗马法中土地权利概念。根据罗马法，业主拥有自己产业的全部财产权利，包括使用土地的权利（jus utendi），从土地上获得收益的权利（jus fruendi），分割、转让、毁坏的权利（jus abutendi），等等。这些权利都是绝对的、不可分割的和排他的。然而，在中世纪这种权利不可分割的观念并不存在，封建土地权利都是有限的、可分的和共同的。因此，根据权利可分概念，可以将土地所有权分为两种形式：从属所有权或称使用所有权（le domaine utile 或 la propriété utile）和高级所有权（le domaine éminent 或 la propriété éminent）。这两个领域实际上就是将罗马法中私人所有权分成两个部分，即在同一块土地上拥有两种权利，由不同的业主掌握。从属所有权指所有人对土地有使用处置的权利。土地所有人可以使用、转让、分割和继承土地，但在法律上是不完全的且受到条件限制。高级所有权指土地所有人可以监督土地的使用和管理。在得到他们的授权并给予他们一定补偿后，使用土地的人才能将土地转让给他们或留给后人继承。此外，他们还保留收回已经给予的使用权的权利。到近代早期，从属所有权逐渐向真正的所有权转变，而高级所有权被视为一种地役权。因此根据这一时期土地持有者所享有的权利，大致可以将土地分为三种。

第一种情况下，土地持有人享有这两方面的权利，即从属所有权和高级所有权归一人所有的情况，如领主自留地和自由地。领主自留地是领主留下来供自己使用的土地，故领主既拥有使用的权利，也拥有监督

---

① George T. Beech, *A Rural Society in Medieval France：the Gâtine of Poitou in the Eleventh and Twelfth Centuries*, Baltimore：the Johns Hopkins Press, 1964, p. 103.

管理自己土地的权利。不过这种权利也是相对而言的，领主同样受到上级领主的制约和监督。因此，伯尔曼说"实际上，土地不为任何人'所有'，它只是在阶梯形的'占有权'结构中为由下至上直到国王或其他最高领主的上级所'持有'"①。

自由地持有者或称自耕农同样拥有这两方面的权利，更确切地说自由地的所有权没有分为从属所有权和高级所有权两大领域，它是一种完整的不可分割的权利。"完全保有所有权地（allod）是一种完全自由的、其所有权不以向任何个人效忠或服从委条件的财产……如某一个庄园的领主并不向别人效忠，则这个庄园尽管以依附佃农为基本阶层，也可称为是一个完全保有权地。"② 因此，自由地持有者可自由使用、转让、分割和破坏土地，并享有土地上收获的果实，且无须纳租，无须提供劳役服务，土地被转让时也不需要交纳土地转让金（lods et ventes），子女继承土地时也无须领主授权，无须给予领主任何费用。中世纪早期，由于社会动荡，大批自由民被迫寻求庇护，投靠领主。庇护制的盛行使此类自由地持有者民大量减少。约900年前，布雷西亚的萨塔吉利亚土地调查注明"有14个自由人投靠地主庄园，条件是每人每周做1天工"③。1100年左右，马孔地区一份地籍簿中记录了当时有15位农民要将土地转让给克吕尼（Cluny）修道院，其中有6人已持有修道院的部分庄园土地，其余9人完全是自由地持有者。④ 到中世纪中叶，绝大多数此类自由地持有者已十分少见，且他们并不是完全不受封建领主的控制。他们有时也需要提供劳役或交纳一定赋税，服从领主的司法裁判权，处于领主司法管辖权下。当然，领主也需要为他们提供保护作为回报。"在中世纪，自由并不等于'没有主人'，而是指以一种光荣的、

---

① ［美］哈罗德·J. 伯尔曼：《法律与革命——西方法律传统的形成》，贺卫方等译，中国大百科全书出版社1993年版，第382页。
② ［英］M. M. 波斯坦主编：《剑桥欧洲经济史：中世纪的农业生活》（第一卷），朗丽华等译，经济科学出版社2002年版，第234页。
③ ［英］M. M. 波斯坦主编：《剑桥欧洲经济史：中世纪的农业生活》（第一卷），朗丽华等译，经济科学出版社2002年版，第235页。
④ Georges Duby, *L'économie rurale et la vie des campagnes dans l'Occident Médiéval（France，Angleterre, Empire, IX - XV siècles）, essai de synthèse et perspectives de recherches*, Paris: Edition Montaigne, 1962, p. 377.

不可继承的方式投靠到一个主人的门下。此外，当危险来临时，领主向保护人提供的保护与后者承受的负担相比，是一种打了折的补偿。"①近代随着领主司法权的衰弱，自主地持有者的领主变成国王。他们接受国王的庇护，向国王交纳什一税和军事援助金（aids）。此外，自由地所有权也并不是绝对的，持有者只拥有地面上的权利，地下矿产等均属于国王。

第二种情况，土地持有者拥有领主给予的从属所有权并服从领主的高级所有权，如纳年贡的土地（censive）等。纳年贡的土地，类似于英国的公簿持有农（copyholder）的土地，是法国垦荒运动后出现的一种土地关系。10世纪下半叶，法国垦荒运动兴起。为鼓励垦荒，领主将新开垦的土地交由开垦者耕种，起初只是暂时的，后来变成永久的。到14、15世纪，交纳年贡的土地在庄园中占主要地位，其持有人被称为纳年贡的人（censitaire）。纳年贡的人拥有土地的使用权，可使用、转让、继承土地，可获得土地上的收益，但要接受领主的监督管理。他们不能随意转让出售土地，必须要得到领主的允许且需交纳土地转让金。这块土地可永久由持有者及其后人持有，但子女在继承土地时也需要得到领主的同意，并向领主交纳一定继承费用。纳年贡的人每年向领主交纳年贡，年贡（cens）数值是固定的，可是实物也可是货币，大多交纳实物租。此外，他们还需提供少量劳役，如运输役等。1770年，塞纳维耶尔子爵在占地3155阿庞的庄园中，将2082阿庞土地的从属所有权交给了纳年贡的人。他每年固定向纳年贡的人征收每阿庞4德尼埃的年贡，要求他们每年服劳役三天，另在部分土地上征收一定比例的土地税（terrage）。此外，每次土地转让时，子爵收取相当于所转让土地价格1/12的土地转让金。② 纳年贡土地的持有者不一定是农民，贵族、教会和资产阶级同样可以领有纳年贡的土地。资产阶级等人领有土地后也可将土地出租，并不受领主干涉。

第三种情况，持有人没有所有权的土地，即持有人既不拥有从属所

---

① ［英］M. M. 波斯坦主编：《剑桥欧洲经济史：中世纪的农业生活》（第一卷），朗丽华等译，经济科学出版社2002年版，第236页。

② Michel Puzelat, *La vie rurale en France XVIe – XVIIIe siècle*, Paris: SEDES, 1999, p. 20.

有权也不拥有高级所有权的土地，如租借地。租借地即土地出租人租借给租佃人的土地。租佃人并不拥有土地的所有权，他只是依照合同享有使用土地的一定权利即收益权。租佃人可依照合同使用土地，并获得土地上的收益，但具有时间期限。最初，合同大多是长期合同，但后来合同期限不断缩短，从60年到30年、27年、18年。到近代早期，合同通常是短期合同，多为3年、6年，一般不超过9年。租佃人也可将土地转租，但不允许转让、出售和继承。在中世纪的法国，租佃的形式主要分为两种：分成制租佃（métayage）和定额租佃（fermage）。分成制租佃即租佃人和出租人分别按比例获得土地收益的一种租佃制度，一般是两者对半分。这种租佃形式于中世纪晚期至近代早期时曾在法国各地广泛存在。定额租佃，主要在经济比较发达的北方地区流行，如巴黎盆地。在中世纪早期租借地并不多见，中世纪中叶以后租借地才迎来迅速发展的时期。

此外，还有些在所有权方面存在争议的土地，如公有地。一般认为公有地如森林、草地、荒地等归领主所有。在领主的恩典下，农民在交纳一定费用后可以使用森林、鱼塘等公有地。农民使用公有地的行为也受到习惯法的保护，他们共同拥有集体使用权。马克·布洛赫曾表示："要想找出谁是中世纪公有土地的真正主人是徒劳的。但是谁拥有土地的保有权？是耕种土地的人，是他的地主，还是那些随着封建制的确立由领主以封地的形式控制的人，或者封地上的次级封地的持有人？事实上，农民作为使用者对公地享有的权利与领主作为监管者的权利同样重要。"[①] 因此，领主并不能自由地处置公有地，他必须分享部分公共权利。近代早期，由于森林在庄园经济中的所占比例越来越大，领主多次试图禁止农民使用森林，遭到农民强烈抵制，引发领主与农民一系列的冲突。

三 土地的耕作制度

无论是领主自留地农民的份地或者是自由地在中世纪时都不是连成

[①] ［英］M. M. 波斯坦主编：《剑桥欧洲经济史：中世纪的农业生活》（第一卷），朗丽华等译，经济科学出版社2002年版，第249页。

一整片的，而是与其他土地交错在一起。土地被分成一块块，呈条状，被称为条田。一家的份地可能被分成若干份条田。各家条田之间并没有明显的界限，最多以壕沟为分界线，耕地是广为开放的，这就是西欧常见的敞田制。当然在推行敞田制地区人们并不是完全见不到树篱，部分地区也设置树篱，但这种树篱多是临时的，每次收获之后农民就要拆篱填沟。且这些树篱也不是树立在一块块条田之间，而是在一组条田之间。设立树篱主要是为了防止牲畜或人不小心破坏庄稼。在《萨利克法典》中就提及若有人故意打开树篱，将牲畜放入谷田或草地或葡萄园里，应当缴纳约合30金币的罚款。除了这种规则的条形敞田以外，马克·布洛赫提及在法国南部部分地区还存在着不规则形敞地以及管理制度同敞地制相似的圈地地区。

这些地区尽管在形状上存在着差异，耕作方法也不同，但在耕作制度上基本推行轮作制（assolement），即让耕作的土地轮流"休息"的制度，以此来保障土地的肥力。最初的轮作制度带有原始农业特征。人们在森林边缘开垦出一块土地，先用火烧清除杂物，然后翻地、播种、收获。人们连续耕种几年后，当土壤肥力下降时便放弃耕种，十几年后再次垦荒耕种。这种被马克·布洛赫称为"临时耕作制"的原始休耕方法存在时间很长，直到18世纪在法国一些土地贫瘠的地区仍在使用这种耕作方法。1116年，路易六世（Louis Ⅵ）授权允许一群村民开垦位于法兰西岛（île-de-France）的一处王室森林的土地，但仅允许他们收割两次，收割两次之后他们可以去森林的其他地方再次开垦田地，而最初开垦的田地则要休耕。[1] 当然，这种临时耕作制早已不是人们耕种的主要方式。在法国，轮作主要有两种方式：两年轮作制（assolement biennial）和三年轮作制（assolement triennial）。

两年轮作制，即让土地一年休耕，一年耕作。耕作以秋播为主，有时也是春播。每个村庄中，大概有一半的土地休耕，另一半的土地用于耕种。整个村庄轮作秩序甚至耕种的作物基本统一。当然，休耕并不意味着农民不需要照料休耕地。每年，农民要将休耕地进行翻耕、施肥、

---

[1] Geroges Duby et Armand Wallon dir., *Histoire de la France rurale* (Tome Ⅰ), Paris: le Seuil, 1975, p.423.

除草等，在播种前还要将土地进行深耕为来年的种植做准备。休耕期间，休耕地虽然不种植作物，但却是村庄的公共牧场，可以放牧牛羊等牲畜，作为农业生产的补充。

三年轮作制，即将土地大致分为面积相当的三大块，每一块田地称为轮作田（sole）。第一年时，第一块轮作田在秋季时播种冬小麦（blé），第二块轮作田可种植三月播种的作物（mars），如燕麦、大麦或豌豆、蚕豆等豆科植物等，第三块轮作田休耕（jachère）。三块轮作田轮流休耕，三年为一轮回。具体轮作方式如下列表格所示。

表1-1　　　　　　　　三年轮作制的轮作方式

	轮作田A	轮作田B	轮作田C
第一年	休耕（jachère）	冬小麦（blés）	三月作物（mars）
第二年	冬小麦	三月作物	休耕
第三年	三月作物	休耕	冬小麦

让·雅卡尔（Jean Jacquart）在《法国农村史Ⅱ》中构建了1610—1625年巴黎附近一户农民家庭的经济状况，包括他们的轮作制度和来自土地的收入。该户农民共拥有120阿庞的土地，相当于40公顷。田地被分成三部分，每部分约40阿庞。第一块轮作田种植混合麦，即小麦和黑麦混合。好的年份，这块轮作田可收180赛提埃谷物，最高可收200赛提埃，最差的时候只有60赛提埃。第二块轮作田种植燕麦和大麦，一年的收成约为120赛提埃燕麦，收入差的时候大概只有一半约为60赛提埃。此外，人们也常常在这块轮作田的角落边上撒上一些豌豆和蚕豆。第三块轮作田休耕，可作为牧场使用，一年大概可收获16只羊羔。[①]

两年轮作制出现时间比较早，可以肯定在罗马时期就已存在两年轮作制。写于公元前37年的瓦罗的《论农业》一书就记载了两年轮作

---

① Geroges Duby et Armand Wallon dir., *Histoire de la France rurale* (Tome Ⅱ), Paris: le Seuil, 1975, pp. 241-242.

制。较为复杂的三年轮作制出现时间较晚,大约在8世纪三年轮作制开始取代两年轮作制。这种从两轮制向三轮制的转变被汤普逊称为"一个革命式的改变"。与两年轮作制相比,三年轮作制明显具有优势。依据格拉斯的估算,如果采用两年轮作制,在一块2700亩的可耕地上,每年平均只有900亩的收获。而如果采用三年轮作制,在2400亩可耕地上,每年可有1200亩的收获。① 正是由于其优越性,三年轮作制迅速在西欧各地得到推广。到11—12世纪,三年轮作制在法国逐渐占据优势地位,但主要集中在北方地区。布罗代尔就轮作的地理分布情况曾大致划了一条分界线。从圣马洛到日内瓦拉一线以北,以三年轮作制为主;在从圣马洛到日内瓦拉一线以南,主要实行两年轮作制。② 不过这种地理分布并不是很严格的,在南方不少地方存在着三年轮作制,在北方也有推行两年轮作制的地方,甚至还存在着极少不实行轮作制的地区,如阿登地区(Ardennes)和19世纪波尔多以南的朗德省(Landes)。从全国来看,三年轮作制逐渐占据优势,且不断排挤两年轮作制。有时,已经推行三年轮作制的地区也可能再次采用两年轮作制。如1300年左右的阿尔萨斯地区(Alsace),为了满足城市对粮食的需求,人们将过去用于播种三月作物的土地用来播种冬小麦,过去种植燕麦或黑麦的土地也有一部分用于种植豆类植物。③ 有时,出于保障土地肥力的需要,人们甚至让土地休耕几年甚至十几年。如在土壤贫瘠的布列塔尼地区(Bretagne)、缅因地区(le Maine)、索洛涅地区(la Sologne)及奥弗涅地区(l'Auvergne),土地在耕种两三年后,需要休耕多年,有时甚至达10年或20年。轮作制是中世纪农村土地耕作制度的典型形态。中世纪后期,这种轮作制度受到挑战,也逐渐走向瓦解,成为古老的庄园制度瓦解的标志之一。

---

① 格拉斯:《农业史》,第48页,转引自[美]汤普逊《欧洲经济社会史(800—1300年)》(下),耿淡如译,商务印书馆1997年版,第368页。
② [法]费尔南·布罗代尔:《法兰西的特性:人与物》(下),顾良、张泽乾译,商务印书馆1997年版,第107页。
③ Geroges Duby et Armand Wallon dir., *Histoire de la France rurale* (Tome Ⅰ), Paris: le Seuil, 1975, p.425.

第三节　领主与农民

在整个漫长的中世纪时期，农民构成法国人口的绝大多数。即使在城市，当时人们的生活也与农业息息相关。市民们也基本上都是农民，拥有属于自己的小块土地。而领主则是当时少有的不需要亲自参加农业劳动，却基本掌控着整个乡村的重要人士。他们共同构成中世纪法国庄园中最为重要的两个组成部分，他们两者之间的关系也是理解庄园制度的核心要素之一。"庄园制度……实现了地主贵族阶级对那些住在他们所有地上不自由的、农奴的和奴隶身份的依附人等的农业劳动者的关系，就是说，它反映出贵族对中世纪社会内的'非贵族'阶级的关系。"[①] 因此，要了解中世纪的庄园制度就必须要了解庄园中的领主与农民。

一　领主——庄园第一居民

领主（seigneur）一词最初来源于 senoir，原意为长者。领主即为庄园的长者，庄园的主人。他是庄园中最富有的人，是庄园最高权力的代表，也是整个庄园中最高贵、最体面的人。领主的住宅通常是庄园中最豪华、最坚固的，是庄园生产管理的中心，是庄园公共权力的代表，也常常充当庄园中所有居民聚会的场所。可以说，领主是整个庄园的中心，是庄园的第一居民（le premier habitant）。有关于领主制的起源目前学界的说法也有很多，但基本认为早在古罗马帝国晚期就已经出现了领主。有些领主最初可能是村子里的首领，有些可能是原本罗马帝国时期的贵族，有些可能来源于法兰克的亲兵。无论其起源如何，在中世纪初期领主制已经在法国出现并不断发展。

领主制的基础是土地，领主正是凭借其占有的土地而在庄园中拥有独特地位和权利。所以无论是什么时候，无论是在哪里领主们都十分重视自己的土地。在庄园中除极少量自由地外，绝大多数土地名义

[①] ［美］汤普逊：《欧洲经济社会史（800—1300 年）》（下），耿淡如译，商务印书馆 1997 年版，第 359—360、358 页。

上都归领主所有。农民从领主处领有份地耕作，作为回报农民必须向领主交纳租税或提供劳役。早期，劳役是农民给领主最主要的回报形式。劳役包括领主自留地一切农活，如翻耕、播种、除草、施肥等。在农忙时节，领主自留地的粮食要最先收割，领主的葡萄要最先采摘以保障品质。此外，劳役也包括一些为领主生活服务的项目以及一些公共服务项目，如维修领主住宅、提供马匹为领主运输粮食、修路、巡视庄园，等等。在中世纪，不仅农奴需要提供沉重劳役，自由人也需要提供少许公共劳役，如修路、运输等。中世纪中叶，劳役地租逐渐退出历史舞台，而代之以实物或货币地租。到中世纪晚期至近代早期，法国农民最重要的代役租称为年贡（cens），年贡可为实物也可为货币，一旦领主和农民达成协议，年贡的数量和交纳形式就固定下来，多年不变。除了年贡，农民还需交纳按比例征收的土地税（terrage）或少量实物地租（champart）等，以及各类杂项费用。如伐木、牧猪、拾柴火使用森林的费用、市场费、过桥费等。少数农民也可免除大部分地租和劳役，但他们必须自带装备为领主提供军事服务或者为庄园提供一定的公共劳役服务。

　　庄园在当时不仅是一个基本的经济单位、赋税单位，也是一个基本的司法单位、行政单位。所以领主不仅在经济上控制着农民，在政治上也处于庄园权力的中心，尤其是在中世纪的法国，领主权的膨胀表现得更为明显。领主最基本的统治权是领主的司法审判权，它是领主一切权力的基础。根据司法权，领主可组织召开庄园法庭，对违法之人处以罚款、惩戒的权利，调节庄园内的纠纷等民事案件。在法国，由于中世纪早期王权的衰微，少数大领主还享有高级裁判权，可审判刑事案件，拥有对农民生杀予夺的大权。在法国，中世纪早期由于王室衰微，各级领主通过豁免权乘机篡夺更多公共权力，成为地方实际上的统治者，如篡夺国家的征税权、垄断地方司法权等。最初，由于没有税收机构，通常由领主作为国家机构代表向农民征税。随着王室的衰微，过去上交给国家的一些税收部分落入领主手中。此外，领主们对庄园中农民拥有众多特殊权利，其中最常见的是领主命令的权利（seigneurie banale）。命令的权利最初只是领主宣布布告的权利，当时称为 ban，即通告、宣告。

如葡萄成熟时的由领主宣布何时正式开始摘葡萄的通告,庄园农民都必须遵守规定。到后期,领主不断巩固扩大自身权力,强迫农民服从领主命令。10世纪初,奥里拉的热拉尔德(Gerald of Aurilla)是奥弗涅地区一个十分富有的领主。虽然他本人没有公职,既不是伯爵也不是教区牧师,但他是一个独立的、自由的领主,他拥有一处庄园。正是凭借其庄园领主的身份,他拥有地方武装,在必要时可以利用自己的武装力量保护自己的附庸。他拥有司法审判权,可主持地方法庭,征收罚款,等等。而且他行使权力的地区远远超出他自己的庄园,因为不少下层人士向他寻求庇护。① 1246年,鲁西永(Roussillon)地区一个村庄的居民向当地的长官——圣殿骑士团骑士表示:"您可以约束我们遵守规章(使用领主面包坊),像一个领主可以约束其臣民那样。"1319年皮卡迪(Picardie)的一个领主的代表要求一个农民去砍柴,并承诺按雇工水平给予报酬,遭到该农民的拒绝。领主法庭判处农民缴纳罚金,因为他不服从。② 10世纪以后,领主利用手中垄断权力牟利,如强迫庄园居民必须使用领主在庄园中所设的公共磨坊、面包烤炉等,其目的在于获取居民们向领主交纳的费用。如果被领主发现农民私下自己磨面、烤面包,农民还需要交纳一笔罚金以弥补领主的损失。而且某些食品的买卖也完全被领主掌握,即食品专卖权也被领主掌握。如酒,一年中有几周只有领主能销售酒,这种被称为"领主卖酒与专制权"。无论在经济上还是政治上,领主们都牢牢控制着庄园中的居民,在居民中具有重大影响力。

对中世纪农民来说,领主们是庄园中最尊贵、最体面的人,是庄园中的第一居民,社会地位比较高。如每周教会集体活动时,他们都是一群排在前列的特殊人群。他们在教堂中拥有自己专属座位、专属墓穴位等。有些教堂甚至设有仅供领主通过的门,以别于一般农民。在举行宗教仪式时,领主是接受圣餐的第一信徒,有时教士会专为领主祈祷。作为教会的庇护者和资助者,领主可决定本地教堂主管人员,甚至管理教

---

① James Lowth Goldsmith, *Lordship in France*, *500 – 1500*, New York: Peter Lang, 2003, p. 83.

② B. Alart, Privilèges et titres... du Roussillon, t. I, p. 185; A. J. Marnier, Ancient coutumier inédit de Picardie, p. 70, n. LXXXIX, 转引自[法]马克·布洛赫《法国农村史》,余中先等译,商务印书馆2003年版,第94页。

会的财产。在庄园生活中，领主也具有特殊地位，享有优先权。领主的土地应当最先耕作，最先收割；休耕地和公共牧场开放时首先应当让领主的羊群进入。此外，领主还具有一些能专属于领主的特权，如专供领主狩猎的森林、拥有能饲养一两百头鸽子的鸽舍等。1547年亨利二世的情妇——普瓦捷的迪亚娜获得了在舍农索城堡领地，该领地就有两块养兔林，一块3阿庞，一块6阿庞，专供迪亚娜狩猎，另有15阿庞的园圃。后来为美化城堡领，迪亚娜又修建了一座2公顷的，种植各种鲜花、水果和蔬菜的小花园。[①]

在庄园中，领主的地位是最高的，但这仅限于庄园范围之内。实际上，在中世纪层层分封的封建制度之下，领主也受到其他领主的限制。领主得到上级领主的庇护，同时也给予上级领主回报。回报包括提供一定数量的军事服务，随同上级领主作战；在紧急时刻如领主被俘、领主长女出嫁等时刻为领主提供经济上的帮助；为领主出谋划策，提供意见等。

二 农民——庄园居民主体

作为庄园中主要生产活动的承担者，农民是庄园的基本人群，是西欧农业社会真正的基石。过去学者们曾经认为中世纪西欧农村的主要人口是农奴。然而随着研究的深入，学者们发现中世纪时期西欧农村社会中农民内部存在巨大差异，分化严重。我们很难用一个统一的标准来衡量。目前关于农民的身份、经济状况等问题在学界依然存在很大的争议。根据农民自身经济情况，可将其分为富农、普通农户及贫农。此外，文献中还提及大量的经济状况极为贫困的边缘居民、茅舍人、农业雇工等。而根据其法律身份情况，中世纪西欧农村存在着奴隶、隶农、农奴等各种不同身份的依附农民以及自由民等。"812年的一项寺院调查录里，列举出两千零八十个隶农、两百二十个农奴、三十五个'半自由人'，只有八个自由人。"[②]《庄园敕令》中第52条提及庄园中住的

[①] ［法］伊旺·克卢拉：《文艺复兴时期卢瓦河谷的城堡》，肖红译，上海人民出版社2007年版，第117页。

[②] ［美］汤普逊：《欧洲经济社会史（800—1300年）》（下），耿淡如译，商务印书馆1997年版，第390页。

各种人：农奴、奴隶或自由人。① 总地来看，中世纪前期庄园中的农民主要有四种：奴隶、隶农、农奴以及自由民。

奴隶（servi），即完全没有人身自由权的人，是"会说话的劳动工具"，源自古罗马时期的奴隶制度。在中世纪前期，古罗马的奴隶制度已经衰落但依然有极少数残余保留。572年，圣-伊里埃克斯（Saint-Yrieix）在利穆赞（Limousin）地区的地产上残留32个成年奴隶。② 862年，因戈尔施塔特（Ingolstadt）的皇家庄园占地110英亩，但总共只有22个奴隶在耕地上劳作。③ 这与古罗马帝国时期使用大批奴隶集体劳作的大农庄模式已有很大不同。从身份地位来看，奴隶应该是庄园中地位最低微的群体。在法律上，奴隶仍是属于领主的私有财产，领主对奴隶的人身、劳动及其财产拥有绝对的处理权。法兰克王国的《萨利克法典》第二六项第2条规定：如果有人当着国王的面，因接受银币而把人家的奴隶释放而被揭露，应罚付奴隶的代价给于其主人，另加三十五金币。第三九项第1条规定：如果有人企图诱拐人家奴隶而被揭破，应罚付六百银币，折合十五金币。④ 在一份12世纪的文书中，一个巴夫林武士声称，农奴"阿尔培、贝拉尔和他的兄弟，是属于他的财产"⑤。可见在中世纪前期乃至12世纪，奴隶都是属于领主的私人财产，奴隶依然可能像牲口一样被买卖。中世纪早期的奴隶主要是在领主家中从事家务活动的家庭奴仆，也有极少数在地里从事农业生产活动的奴隶。此时在地里劳作的奴隶也与古罗马帝国盛期时的奴隶有所不同。这些奴隶有一定的自由权，他们同自由人一样可以从领主那里领有一块份地和住宅。他们也可以拥有自己的家庭，在生活上很少受到领主的干预。作为

---

① 耿淡如、黄瑞章译注：《世界中世纪史原始资料选辑》，天津人民出版社1957年版，第17页。
② James Lowth Goldsmith, *Lordship in France, 500–1500*, New York: Peter Lang, 2003, p.49.
③ [英] M. M. 波斯坦主编：《剑桥欧洲经济史：中世纪的农业生活》（第一卷），朗丽华等译，经济科学出版社2002年版，第211页。
④ 《世界著名法典汉译丛书》编委会辑：《萨利克法典》，法律出版社2000年版，第14、22页。
⑤ 耿淡如、黄瑞章译注：《世界中世纪史原始资料选辑》，天津人民出版社1957年版，第22页。

回报，他们需要为领主服劳役，或者缴纳一定租税。尽管在日常生活中，这些耕种土地的奴隶与那些租种领主土地的自由人的生活已经十分相似。但在法律上他们依然是领主的私有财产，没有真正的人身自由权。因为他们的土地和财产都来自领主，因此财产名义上也都属于领主。从《庄园敕令》可以看出中世纪早期他们的社会地位有所提高。他们可以从领主那里领有一块份地、劳动工具及劳动牲畜，在庄园中也能得到领主的保护。有些奴隶也通过赎买或与自由民家庭联姻等方式提高了自身的地位。圣－日耳曼－德－普雷修道院记录中提及，奴隶阿达尔加里乌斯娶了一个自由民的妻子艾尔波尔德；艾尔默诺尔是自由民，他的妻子却是个奴隶。早期，奴隶因为其身份限制，一般需要比其他身份的农民承担更多的劳役和负担。后期，由于奴隶制的衰亡，自由民与奴隶之间的区别渐渐消失。奴隶和自由民所承担的负担不再是根据他们的身份，而是依据他们领有的份地来定。早在古罗马帝国晚期，奴隶与隶农之间的区别就已经很少。查士丁尼曾表示，"很难分清奴隶和附属于土地的隶农两者的境况哪个更好"①。11 世纪以后，奴隶（servi，servus）等词已很少在文献中出现，剩余的奴隶大多是家庭奴仆，类似古希腊罗马时期的生产型奴隶在中世纪后期的法国已极为罕见。

隶农（coloni）是古罗马帝国后期出现的一种具有特殊身份的依附农民。古罗马帝国时期直至中世纪早期，隶农制度曾广泛存在，但后来隶农一词就很少在文献中出现。8 世纪时，奥弗涅的圣－皮埃尔－勒－维弗（Saint-Pierre-le-Vif）修道院的地产记录中列举了 111 个隶农和奴隶。② 由于早期资料匮乏以及词汇使用不精确等因素，有关隶农的形成及其身份地位等问题在学界还存在着巨大的争议。根据马克·布洛赫的观点，隶农（Colonus）一词最初只是耕种者的意思，早先被用来专门描述专为别人耕地的人。大约在 2 世纪，古罗马帝国开始出现隶农制。与奴隶相比，隶农的法律地位略高。他们有一定的人身自由，但他们不

---

① [英] M. M. 波斯坦主编：《剑桥欧洲经济史：中世纪的农业生活》（第一卷），朗丽华等译，经济科学出版社 2002 年版，第 228 页。
② James Lowth Goldsmith, *Lordship in France*, 500–1500, New York: Peter Lang, 2003, p. 49.

第一章　中世纪前期的庄园制度

是完全的自由人，他们附属于土地。"从人身上说，他是自由的，因为他不是任何人的奴隶，摆脱了奴隶身份的公开标志，帝国法律从未将他与'小黑屋'的奴隶混为一谈，但他确实成了奴隶－自己土地的奴隶。"① 他们一般拥有自己的家庭，往往也拥有自己的一小块份地和住宅。份地和住宅名义上由领主授予，因此他们也需要为领主服劳役，或交纳各种租税。但隶农提供的劳役通常不如奴隶的劳役重，一般只在农忙时节提供几周的劳役。他们也可以出席法庭，参加王室军队，享有自由人的政治权力。他们都依附于土地，不能随意迁徙，不能随意买卖土地，也不能从事其他职业。而领主也不能随意驱赶或剥夺他们的土地。康斯坦丁曾规定，生来自由的农民，即隶农必须世代留守农场不得离开，出租土地的人也不得将他们赶走。领主帕尔特奈（Parthenay）根据自己领地内每个人所继承的这块土地的权利，禁止领地内任何人迁移到自己新建的小镇帕尔特奈－勒－弗约（Parthenay-le-Vieux）。② 当土地被转给他人时，隶农也随土地转交给了新的主人。阿洛纳（Allonne）的雷吉纳尔（Reginald）拥有一块 borderia，当这块份地被转给阿布谢（L'Absie）修道院时，雷吉纳尔的领主也换成阿布谢修道院。③ 有关隶农最初的来源也非常多元化。早期，部分隶农可能是古罗马帝国时期的释放奴隶转变而来。也有部分可能是当时的自由民由于家道中落等因素而沦为隶农。因此，隶农内部的分层现象也十分明显。中世纪早期，由于当时社会动荡，一部分自由民为寻求领主庇护，他们也牺牲自己的自由，成为领主的隶农。这部分隶农最初的地位应当比从奴隶转化而来的隶农地位要高，其土地上的赋税负担也相对轻一些。但 10—11 世纪，法国农村各种农民出现融合趋势，并逐渐发展为中世纪盛期的农奴，农奴制盛行。"可以说在 11 到 12 世纪的法国，所有的佃农，或用当时的

---

　① ［英］M. M. 波斯坦主编：《剑桥欧洲经济史：中世纪的农业生活》（第一卷），朗丽华等译，经济科学出版社 2002 年版，第 228 页。
　② George T. Beech, *A Rural Society in Medieval France: the Gâtine of Poitou in the Eleventh and Twelfth Centuries*, Baltimore: the Johns Hopkins Press, 1964, p. 115.
　③ *Cartulaires de l'Absie*, p. 88，转引自 George T. Beech, *A Rural Society in Medieval France: the Gâtine of Poitou in the Eleventh and Twelfth Centuries*, Baltimore: the Johns Hopkins Press, 1964, p. 115.

话讲,所有的维蓝(指在旧名称叫作 villa 的领地内住的居民)不是自由民就是农奴。"①

农奴(serf)是中世纪盛期西欧农村的主要农民群体。大约在9世纪,法国典型的农奴制度基本形成,但11世纪开始,法国农奴制就出现瓦解的趋势,到15世纪法国农奴制基本瓦解,仅有少量残余。因此,真正典型的农奴制度在法国乡村存在的时间并不长。一般认为,农奴是一个半自由的依附农民。他既需要在人身依附关系受领主的束缚,也要依附于土地。如他不能随意迁徙,但领主也不能随意将其从土地上驱赶出去。他在婚姻、财产继承、土地买卖等方面也都要受到领主的限制,接受领主的管理。法国法学家菲利普·德·博马努马尔曾形容,"像这样不自由的""第三等人","某些要如此受领主的支配,以至于领主可夺取他们所拥有的全部东西(无论是活物还是死物),随意监禁他们,除了上帝之外不对任何人负责"②。可见他们在许多方面是不自由的,受到限制的,要依附于领主或土地。但这种依附关系仅仅存在于领主与农奴之间。在日常生活中,农奴与自由民几乎没什么区别。总体而言,农奴的社会地位还是相应要低一些,许多方面受到一定限制。如农奴子女无法参军,有些农奴无法出席领主法庭,农奴的子女不能担任教士等。当然,农奴内部存在的差异性也特别大。同一时期同一地区甚至同一个村庄的农奴在经济状况、身份地位等方面都不一样。

自由民(liberti),与奴隶相对而言,是指身份自由、不受约束的人。自由民的法律地位、经济地位都要高于奴隶。如《萨利克法典》第三十五项第1条规定如果一个奴隶杀死另一个奴隶,由主人之间自己处理凶手;而第5条规定如果一个奴隶或半自由人杀死一个自由人,不仅要将凶手移交给死者亲属,作为一半的补偿,奴隶的主人还要付另一半的补偿。③ 他们普遍拥有自己的一小块自由地,无须向领主提供劳役

---

① [法] 马克·布洛赫:《法国农村史》,余中先等译,商务印书馆2003年版,第99页。
② Philippe de Beaumanoir, *Coutumes de Beauvaisis*, ed. A. Salmon, II (Paris, 970), secs, 1451 – 1453, and Georges Hubrecht, "Commentaire historique et juridique", ibid, III (Paris, 1974), pp. 184 – 186,转引自 [美] 哈罗德·J. 伯尔曼《法律与革命——西方法律传统的形成》,贺卫方等译,中国大百科全书出版社1993年版,第388页。
③ 《世界著名法典汉译丛书》编委会辑:《萨利克法典》,法律出版社2000年版,第19页。

和其他赋税。他们也可以随意迁徙，自由处理自己的财产。但必须指出，在中世纪没有真正的自由民，因为这些自由民也要服从本地领主的司法审判权。领主不是他们依附的对象，而是他们的统治者。《庄园敕令》第4条提及，"但凡住在朕的田庄或庄园内的自由人，如果犯了什么罪的话，应依他们的法律惩治，而他们所缴的罚款不论牲畜或别种东西，概归于朕"[①]。中世纪早期，自由民存在的数量较少，尤其是拥有自己土地的自由民极少。后期，越来越多的依附农民摆脱领主的人身束缚，获得自由民身份，如纳年贡者、分成制佃农、农场主等。这些人中绝大多数仍租种领主的土地，他们在人身关系上不再依附于领主，但在土地关系上他们依然受一定的束缚。他们可以自由组建家庭、自由处理自己的遗产，但必须遵循农村公社的相关规定，也不能随意地迁徙。从经济状况看，自由民的负担一般不如农奴、隶农的负担重。他们一般无须服劳役，也无须交纳人头税、婚姻税等代表着农奴身份的特别赋税。

农民是中世纪人口的主体，也是内部差异最大的一个群体。关于中世纪农民的身份地位可以从完全不自由到完全自由之间列出许多种，各种等级划分体系并没有统一的标准，而且农民的身份地位也常常会变化。因此，要想确定中世纪一个农民的身份地位是件十分困难的事，在生活中人们也很少会在意农民的身份。区分农民的不是他们的身份而是农民应承担的义务。由于农民内部的差异性和多样性，农民与领主之间存在着多种多样的依附关系。农民可能在人身关系依附于领主，也可能只是在土地关系上依附于领主的土地，或在政治上接受领主的统治。有些农民甚至依附于好几个领主，致使领主与农民之间的依附关系更加复杂。如普瓦图地区加蒂纳村的村民加尼耶·奥德贝尔（Garnier Audebert）从罗热·富热勒斯（la Loge Fougereuse）的吉罗（Giraud）那里领有一块1/2块份地，同时接受附近的大家族菲尔克·盖居昂（Fulk Guesguent）和彼得·盖居昂（Peter Guesguent）的保护，并向他

---

① 耿淡如、黄瑞章译注：《世界中世纪史原始资料选辑》，天津人民出版社1957年版，第9—10页。

们交纳表示敬意的费用（commendize）。①

领主与农民之间错综复杂的关系滋生了诸多问题。当出现问题时，他们之间的关系通常是由庄园习惯法调节。庄园习惯法是庄园集体生活的惯例，庄园中每个人都应遵循，领主也不例外。首先，习惯法肯定要保障领主的利益。中世纪庄园法庭是领主们对农民控制的重要工具。当出现农民不按时交纳租税、不服从庄园管家管理、偷盗领主的森林、池塘等情况时，领主都不遗余力地利用庄园法庭审判处理，对农民进行严厉处罚。条件允许时，他们会利用手中的司法审判权为自己谋利，不惜违抗传统。如修道院院长苏格在回忆录中记录他过去曾迫使他一块地产上的农民以货币支付代役租，并为此庆幸。因为过去一直要按收获量的比例交纳代役租，现在换成货币能得到更多好处。② 当然领主也要受到习惯法的制约，不能随意侵犯农民的权益。当农民权利受到领主侵犯时，农民可向本庄园领主的上级领主或王室法庭申诉，保障自身利益。1219年，巴黎附近罗尼（Rosny）村的村民上诉教皇，控告领主圣-热纳维埃夫（Sainte-Geneviève）修道院强迫他们服从农奴的婚姻限制。官司打了47年，双方都花了巨额费用。③ 这说明中世纪的领主也受到法律的限制，不能为所欲为。除了法律手段，农民更多采取消极对抗的方式来对抗领主的权利滥用，如欺瞒、拖延、逃离庄园等。

1789年，大革命政府正式宣布废除古老的庄园制度，但实际上在法国农村庄园制度依然保留。直到1848年，法国历史最悠久的基层机构之一——庄园才真正消失于历史长河之中。在漫长的一千多年历史中，庄园经历了从萌芽到诞生到拓展直至最后灭亡的整个过程，影响了一代又一代的法国人。直到今天，领主的住宅——城堡仍屹立在法国的土地上，见证了这个古老的基层社会组织由兴起到昌盛最终走向瓦解的历史进程。

---

① *Cartulaires de l'Absie*, pp. 95, 97, 转引自 George T. Beech, *A Rural Society in Medieval France: the Gâtine of Poitou in the Eleventh and Twelfth Centuries*, Baltimore: the Johns Hopkins Press, 1964, p. 114.

② Suger, De Rebus, ed. Lecoy de la Marche, c. X., p. 167, 转引自［法］马克·布洛赫《封建社会》（上），张绪山译，商务印书馆2007年版，第399页。

③ Constance H. M. Archibald, "The Serfs of Sainte-Geneviève", *The English Historical Review*, Vol. 25, No. 97, 1910, pp. 1 – 25.

第二章　庄园制度的发展与解体

勃艮第乡村史学家皮埃尔·德·圣-雅各布（Pierre de Saint-Jacob）曾说过：旧制度时期是法国乡村变革的关键时期，也是法国社会充满各种矛盾的时期……确实，16—18世纪，法国社会风起云涌，变化莫测。到18世纪末，整个法国社会都经历了一场巨变。正是在这样一个时代，法国乡村也发生了一场静悄悄的变革：古老的庄园制度由发展逐渐走向没落，在农村新的经济模式萌芽。

第一节　农业经济的发展

从15世纪末到18世纪，英国农村发生了翻天覆地的变化，被后人称为农业革命。圈地运动的发展极大地推动了英国农村资本主义农业的迅速发展，继而推动英国向资本主义社会转型。而反观同时代的法国农村，在这漫长的几百年内，农村看起来几乎没有发生变化：农民依然沿用中世纪传统的耕作技术和方法，农村的田园牧歌景象也依旧日复一日。近代早期法国农业经济当真是长期处于"停滞状态"吗？真实情况又是怎样的？近些年的深入研究发现，16世纪以后法国乡村景象已经悄悄发生变化。也许跟英国相比，这一时期法国农业经济的发展还谈不上农业革命，但至少农业在这一时期处于一相对繁荣时期且推动了城市的发展。"18世纪带来了更多的发展：农村生活变得更容易、更难忍受，广大民众不再像过去那样遭受饥馑等巨大苦难。……而现在农民变得更富裕了——普通承租农户拥有30公顷土地，大面积耕种的耕农和相当规模的小地主——他们有可能参与商贸活动，经常（而非偶尔地）

在集市上进行交易，做买卖；短工们至少能养家糊口。法国乡村市场对城镇商品开放，这是促进生产的巨大动力，长期供不应求的局面促使城市发展生产……"①

一 农业中的新气象

如果说16世纪法国乡村变化还令人难以觉察，到18世纪法国乡村已经发生了明显变化。"人们在1730年左右才开始感觉到缓慢演变的结果，而促成变化的某些原因仍不太清楚。"② 尤其是18世纪中叶以后，受英国农业资本主义发展和本国重农主义的影响，法国人爆发了对乡村生活的无限热情。各地纷纷成立农业协会，在法国农村研究推广新技术和新方法，极大地推动法国农业科学技术研究的推广和发展。少数贵族还效仿英国地主，深入田间地头进行技术改革试验。1782年，一个叫德尔波特的革新家学习英国模式，准备在滨海布洛涅开办一个牧羊场。为此，他特地在当地选定了一块林地，亲自开荒，并通过大量施放泥灰石改良土壤。③ 政府也采取奖励措施试图推动农业的发展，例如设立皇家农业奖等。农业方面的书籍越来越畅销。据1810年巴黎出版的一份书录，16世纪出版了100种农艺方面的书籍，17世纪出版了130多种；18世纪总共出版了1200多种。④ 农业、农村越来越受到人们的重视。正是由于这一时期法国各界的积极投入，法国农业发展也出现一些新气象：农业技术革新并得到推广，新作物不断涌入。"在长达300年的绝对君主制时期，一种缓慢的、不稳定的、断断续续的进步的确发生了。"⑤

---

① [法]乔治·杜比、罗贝尔·芒德鲁：《法国文明史Ⅱ——从17世纪到20世纪》，傅先俊译，东方出版中心2019年版，第467—468页。
② [法]乔治·杜比、罗贝尔·芒德鲁：《法国文明史Ⅱ——从17世纪到20世纪》，傅先俊译，东方出版中心2019年版，第469页。
③ A. Bourde, op. cit, pp. 1645 sq, 转引自[法]费尔南·布罗代尔《15至18世纪的物质文明、经济和资本主义》（第二卷），顾良译，生活·读书·新知三联书店2002年版，第260页。
④ [法]乔治·杜比、罗贝尔·芒德鲁：《法国文明史Ⅱ——从17世纪到20世纪》，傅先俊译，东方出版中心2019年版，第471页。
⑤ [法]G. 勒纳尔、G. 乌勒西：《近代欧洲的生活与劳作（从15—18世纪）》，杨军译，上海三联书店2008年版，第182页。

第二章 庄园制度的发展与解体

第一，农业技术革新。如果单纯从生产工具来看，此时法国农村的耕地工具与中世纪时期的工具相比并无太大变化，部分工具在细节部分有些改动，如在摆杆步犁上装上犁壁等。新的农业工具已经出现，如旧制度末期，碎土机、播种机都已被引入法国，但当时使用的人还比较少。旧工具如锄头、犁、耙等依然是农民使用的主要生产工具，但在形式上也有一些改进。15世纪，法兰西岛一些富裕农户开始使用双轮制"全铁制"的新犁。从16世纪开始，肥料问题逐渐得到人们的重视，出现许多新的施肥方法：如使用泥灰或石灰施肥，使用河边或海边的淤泥，使用沤制的绿色肥料等。1618年，政府颁布命令，允许人们从海边取泥沙。1731年，由于使用海草和巨藻的农民太多，造成巨大浪费。政府特意颁布法令引导农民规范利用。18世纪中期，列奥米尔将英国早就使用的混合肥料和科学施肥法引入法国。[①] "1748年，一些农民把蕨类植物和苔藓植物混合沤制绿肥，送往勒芒的集市出售。"[②] 新的施肥方法的推广也推动农业的发展，提高了单位面积产量。"费托瓦地区从17世纪起通过追施石灰改良土壤，使产量增加三分之一。"[③]

传统的轮耕制在这一时期也有了新的变化，休耕地开始种植人工草场作物如萝卜、苜蓿、驴食草等。这类作物既能用作牲畜饲料又能给土壤提供肥料，所以深受农民的欢迎。被阿瑟·杨视为法国农业耻辱的传统休耕制度被打破。最初农民只是在休耕地偷偷种一点驴食草、豌豆、苜蓿等牧草和豆类植物。17、18世纪，受到英国畜牧业发展的影响，王室政府、重农学派、少数贵族开始大力宣传推广人工牧草的种植。1786年，吉尔伯特（Gilbert）一篇关于饲料作物的文章还获得了巴黎农业协会的最高奖金。在某些地方人工牧草已成为轮作制的新作物品种之一，开始大批量种植。1660年，索赛（Saussaye）的修士们允许其佃户将

---

① ［法］G. 勒纳尔、G. 乌勒西：《近代欧洲的生活与劳作（从15—18世纪）》，杨军译，上海三联书店2008年版，第192页。

② J. -P. Poussou, Bordeaux et le Sud-Ouest..., op. cit., pp. 411–414, 转引自［法］费尔南·布罗代尔《法兰西的特性：人与物》（下），顾良、张泽乾译，商务印书馆1997年版，第25页。

③ J. -P. Poussou, Bordeaux et le Sud-Ouest..., op. cit., pp. 411–414, 转引自［法］费尔南·布罗代尔《法兰西的特性：人与物》（下），顾良、张泽乾译，商务印书馆1997年版，第25页。

1/5 的土地种驴食草。① 庞特子爵夫人（Vicomtesse du Pont）在其临近埃尔芒翁维尔（Ermenonville）的领地上种了不少于 125 公顷的苜蓿。② 1693 年，皮埃尔·珀蒂（Pierre Petit）在自家农场只种了 3 阿庞的驴食草；到 1713 年，他种了 48 阿庞的驴食草和苜蓿，占农场总面积的 17.8%。③ 18 世纪，诺曼底（Normandie）和布列塔尼（Bretagne）开始广泛种植苜蓿和驴食草，并成为一种定期轮种的作物。直到 1861 年，两地苜蓿、三叶草、驴食草的种植面积达到 250 万公顷，相当于两地天然草场面积的一半。④ 布罗代尔指出人工牧场是近代西欧农业革命的原动力，因为它的出现改变过去公共放牧方式和轮作制度。随着人工牧场的发展，势必出现圈地运动，资本主义大农场式的畜牧业开始发展。只不过这个过程在法国的开展不如英国顺利。

第二，新作物的引进。15 世纪以后，伴随着新旧大陆交流的增加，一些来自远方的新作物开始在法国定居，并改变了法国人民的饮食生活习惯。如查理八世时期从意大利带回的香瓜，16 世纪从小亚细亚传入法国的荞麦，1556 年从美洲远渡重洋而来的烟草和四季豆，此外还有草莓、向日葵、甜菜、西红柿、油菜等。其中最值得一提的是作为粮食补充的玉米和土豆。

玉米最早由西班牙人从美洲引进，16 世纪末越过比利牛斯山进入法国，因此最初法国农民将其称为"西班牙小米"。刚开始，玉米只是在农民菜园里进行小规模耕作试验，试验成功后才进入农田，而且最初只是穷人的食物。17 世纪早期，由于图卢兹（Toulouse）地区菘蓝市场的崩溃，图卢兹的农民开始改种玉米。1674 年左右，玉米在图卢兹站稳脚跟。图卢兹地区的农民将玉米留下来自己食用和饲养牲畜，而将小麦拿去市

---

① Geroges Duby et Armand Wallon dir., *Histoire de la France rurale*（Tome Ⅱ）, Paris: le Seuil, 1975, p. 226.
② [法] G. 勒纳尔、G. 乌勒西：《近代欧洲的生活与劳作（从 15—18 世纪）》，杨军译，上海三联书店 2008 年版，第 230 页。
③ Jean-Marc Moriceau, *L'élevage sous l'Ancien Régime: les fondements agraires de la France Moderne XVIe - XVIIIe siècles*, Paris: SEDES, 1999, p. 126.
④ [法] 费尔南·布罗代尔：《法兰西的特性：人与物》（下），顾良、张泽乾译，商务印书馆 1997 年版，第 53 页。

场出售，推动了图卢兹粮食贸易的发展，弥补了当地菘蓝市场崩溃带来的恶果。玉米的产量高且用途多，曾帮助法国南方农民解决饥荒问题。英国农学家阿瑟·杨就对法国玉米种植大加赞赏，甚至认为种植玉米的分界线正是将农业经济较好的地区与农业经济较次的地区分开的分界线。到18世纪，经过改良的玉米一路北上，深入萨瓦（Savoie）、弗朗什-孔泰（Franche-Comté）等地。当然，这一时期玉米的发展毕竟是有限的。1815—1840年图卢兹地区玉米只占乡村中各种面包作物总量的5%左右。[①] 16世纪末，土豆也从美洲来到了欧洲，并很快在英国、弗兰德、德国等地传播，之后才进入法国东部靠近德国的地区，如洛林（Lorraine）、阿尔萨斯（Alsace）、弗朗什-孔泰等地。最初，土豆被认为是对人身体有害的作物，只有牲畜和穷人才会食用。18世纪为解决饥荒问题，一些有识之士开始大力推广土豆种植，杜尔阁（Durgo）就曾在利穆赞地区大力推广土豆种植。1788年帕芒蒂埃（Parmentier）发表论文证明土豆适合人们食用，引起人们的关注。此外他还组织以土豆食品为主的晚宴，建立土豆种植场。帕芒蒂埃的推广活动得到了路易十六的支持。1791年，让-雅克·默努雷表示自己的土地上已经种植上土豆，给他带来许多好处，"土豆用途众多，可端上主人、佣工和仆人的餐桌，可充当猪、火鸡及其他家禽的饲料，此外还可赈济贫民，在市场出售，等等。产量之高令人欣喜！"[②] 在各方支持下，土豆种植在法国有所发展，但直到19世纪土豆才真正成为法国人餐桌上的主要食物。

二 农业商品化程度提高

近代早期，西欧资本主义蓬勃发展，法国国内商品经济发展，城市出现繁荣景象。城市的发展也推动农村经济的发展。由于城市人口的增长和需求，农业生产出现商品化倾向。农民生产不再仅仅为了满足自身需求，越来越多的是为了满足市场的需求。经济作物成为农民谷物种植

[①] Emmanuel Le Roy Ladurie, *The French Peasantry 1450 – 1660*, Trans. Alan Sheridan, Aldershot: Scolar Press, 1987, p. 315.

[②] A. N., F¹¹ 3059, 转引自［法］费尔南·布罗代尔《法兰西的特性：人与物》（下），顾良、张泽乾译，商务印书馆1997年版，第45页。

的重要补充，其种植面积不断扩大，为国内外市场提供重要的原材料。畜牧业也有所发展，为城市人口提供必要的粮食补充。乡村手工业蓬勃发展，为此后法国手工工厂的发展打下基础。而农民也越来越多地被卷入城市的商业循环之中，即使是小农户也开始涉足市场，如去小酒店喝一杯，或者买一些农具、家具、布料等。而在以前农民都是尽可能地减少购物需求。16—18世纪，农村商品化程度大大提高。

首先，经济作物种植的推广。16—17世纪，法国乡村手工业迅速发展，其中发展最快且最繁荣的是乡村纺织工业。由于纺织业等手工业的需求增长，法国农民开始大量种植大麻、亚麻等纺织作物材料和菘蓝、靛蓝等染料作物。纺织作物等经济作物成为农民土地上重要的经济补充，且种植面积不断扩大。1475—1510年，为满足西班牙纺织业发展的需求，阿基坦（Aquitaine）、弗兰德尔（Flanders）和图卢兹等地大量种植菘蓝并取得极大成功。尤其是在图卢兹地区，1530—1560年当地的菘蓝种植盛极一时，并出口到西班牙、德国、英国和比利时等国，给当地居民带来巨大收入。1550年左右，尼姆－阿莱斯（Nîme-Alès）教区有15%的土地种了菘蓝；在于泽（Uzès）教区，12.1%的土地种了菘蓝。[①] 17—18世纪，由于靛青的盛行，图卢兹等地的菘蓝贸易市场逐渐衰落，为靛青种植所取代。16世纪末，来自中国的桑树也在法国南部普罗旺斯（Provence）、朗格多克（Languedoc）等地区安家，并得到政府的大力支持和推广。随着桑树种植的推广，在枫丹白露的马德里堡及图瓦勒里（Tuileries）开始建立丝纺、丝织工厂。[②]

而在所有的经济作物中，葡萄种植绝对是法国农村经济作物种植业的无冕之王。早在公元前600年，罗马人将葡萄植株带到了高卢。罗马灭亡后，社会动荡不安，葡萄种植业也受到影响。12世纪左右，法国葡萄种植业再次走上了飞速发展的道路。巴黎成为当时西方世界葡萄产地的中心城市。农民也因此从中得益，积极投身葡萄种植业。1245年，

---

① Emmanuel Le Roy Ladurie, *The French Peasantry 1450 – 1660*, trans. Alan Sheridan, Aldershot: Scolar Press, 1987, p.127.
② [法] G. 勒纳尔、G. 乌勒西：《近代欧洲的生活与劳作（从15—18世纪）》，杨军译，上海三联书店2008年版，第195页。

方济各会的萨兰本就指出,在奥塞尔教区的"山冈上、坡地上、平原上、田野上……都是葡萄园。这个地方的人们不播种、不收割、不囤粮。他们只要通过附近一条通往巴黎的河流把葡萄酒运到那里就够了。出售葡萄酒能给他们带来不菲的收入,足够他们吃穿所费"①。16世纪由于法国国内城市人口增加和荷兰、英国等国外市场的扩大,葡萄酒市场更加繁荣。以巴黎为例,16世纪巴黎人每年的葡萄酒消费超过2500万升,平均每人消耗100—150升(人数包括了妇女和孩子)。② 而据2010年法国农业部的统计数据,2009—2010年法国14岁以上的人士人均一年仅消费56.5升,还不及当时巴黎人均消费。荷兰、英国等国对法国葡萄酒消费也是成倍增长。当时几乎整个法国都在种植葡萄,无论当地气候地理自然条件是否适合。16世纪巴黎以南一块大地产上,农田占总面积的91.2%,葡萄园占8.8%,牧场仅占0.4%。③ 葡萄种植业远远超过了畜牧业,是农业经济中第二支柱产业。17世纪,勃艮地(Bourgogne)、香槟(Champagne)和波尔多(Bordeaux)、朗格多克等著名葡萄酒产区早已是声名鹊起、名扬海外,这些地区的葡萄种植面积扩大,葡萄酒产量逐年提高。1627年,葡萄园占朗格多克山谷土地的20%或25%,甚至高达40%。④ 地处大西洋沿岸的勃艮地、波尔多地区,凭借其优越的地理位置和自然环境,葡萄酒业发展更为迅速,完全走上了商业化发展的道路。17世纪,白兰地酒的发明进一步推动了波尔多地区葡萄酒业的发展。1550年左右,波尔多每年平均出口2万—3万桶葡萄酒,当地大桶每桶约为850升。当地每年仅葡萄酒出口量就达到2120万升。到1637—1640年,每年平均出口6万桶葡萄酒,共计约5100万升。此外,1640年当地还出口了3000桶白兰地,按每桶2.4百

---

① [法]乔治·杜比主编:《法国史》(上卷),吕一民等译,商务印书馆2010年版,第407页。

② Michel Puzelat, *La vie rurale en France XVIe – XVIIIe siècle*, Paris: SEDES, 1999, pp. 58 – 59.

③ [意]卡洛·M. 奇波拉主编:《欧洲经济史:十六和十七世纪》(第二卷),贝昱、张菁译,商务印书馆1988年版,第282页。

④ Emmanuel Le Roy Ladurie, *The French Peasantry 1450 – 1660*, Trans. Alan Sheridan, Aldershot: Scolar Press, 1987, p. 316.

升（hectolitre）①算，约合7200百升白兰地即72万升。而这72万升白兰地是从580万升葡萄酒中提炼出来的，故1640年出口总量应为5680万升，比1550年多出3560万升。1700年，波尔多出口葡萄酒7万多桶，约7500万升；另出口1680万升白兰地，相当于13440万升葡萄酒。故1700年波尔多葡萄酒出口量为20940万升，远远超出16世纪中叶的生产水平。②据估算17世纪全国葡萄酒生产总量最高可达23亿升，约合49.6亿升，而2011年法国葡萄酒总产量也仅为496330万升，约合49.6亿升，17世纪时法国葡萄酒产量已达到今日法国葡萄酒产量的一半。葡萄种植业的迅速发展曾让当权者担忧其会侵占麦类作物种植面积，并于1731年颁布法令限制葡萄种植，不过该法令并没有发挥作用。应当说，葡萄种植是当时法国最流行也是最赚钱的经济作物，同样面积的土地上种植葡萄的收益可能是小麦的2—3倍。大革命前游历法国的阿瑟·杨指出葡萄农的家庭经济状况是法国小农家庭中经济状况最好的。

葡萄酒业的发展也引起了贵族和资产阶级的注意。勃艮第的葡萄园大多落入第戎高等法院富有的参议员们手中，波尔多的葡萄园多被当地高等法院的穿袍贵族所控制。由于葡萄种植是一项对种植技术要求比较高的农业生产方式，需要大量有丰富园艺技术的劳动力。因此大地主们通常将土地分成小块租佃给当地葡萄种植农。从事葡萄种植业虽然负担沉重但利润偏高，持有小块土地的农民基本能保障自家生活只是剩余资本不多，因此葡萄种植农沦为无地农民或上升为大农场主的现象都不多。因此，在葡萄种植区，小规模经营方式比较集中，如法国西部和西南地区。在法国，最重要的副业——葡萄种植业的资本主义化没有改变法国土地结构，反而进一步强化了小土地经营模式。

其次，畜牧业的发展。20世纪之前，畜牧业在法国农村一直是一项副业，有时甚至还不如葡萄种植业。1558年，在尼姆（Nîmes）主教区，畜牧业仅占用13%的土地，63%的土地用于种植小麦等谷物，15.7%用于种植葡萄。农民对畜牧业投入不多，主要采取放养的饲养方

---

① Hectolitre，百升，1百升（hectolitre）=100升（litre）缩写：hl。
② Emmanuel Le Roy Ladurie, *The French Peasantry 1450 – 1660*, Trans. Alan Sheridan, Aldershot: Scolar Press, 1987, pp. 319, 323.

第二章　庄园制度的发展与解体

法。16 世纪诺曼底的勒曼尼尔庄园是一座以饲养牲畜为主的庄园，但领主古贝维尔将大多数牲畜都赶进森林中放养，有时与邻居的牲畜相混杂。① 可见当时畜牧业仍是一种古老的粗放型经营方式，牲畜的饲料来自天然牧场和森林。但这一时期畜牧业也出现一些新气象。

随着近代早期法国城市的兴起，受益于城市经济的发展和城市人口对肉、奶等需求的增加，畜牧业有所发展，尤其是在城市周边畜牧业发展迅速。1637 年，巴黎有 412 万居民，每年平均消耗约 4 万头牛。1700 年左右，巴黎人口已超出 50 万人；到旧制度末年，巴黎人口达到 65 万人以上。而在 17 世纪末年均消费已超过 5 万头牛，1750 年的年均消费 6 万头，1780 年达到 7 万头牛。同一时期，巴黎地区的母牛决不少于 1 万头，最高达 2.5 万头；小牛数量长期稳定在 10 万—12 万头，仅在 18 世纪下半叶稍有下降。巴黎市场的发展甚至辐射到诺曼底。1737 年，诺曼底的普瓦希（Poissy）和索（Sceaux）两大畜牧市场共出售了 10.5 万头牛，其中大部分进了巴黎市场。② 受英国畜牧业蓬勃发展的影响，法国西部一些地区也转向畜牧业生产。1650—1750 年，萨瓦（Savoy）、汝拉（Jura）、勃艮第、科坦登（Cotentin）半岛、泊桑（Bessin）等地都出现种植业向畜牧业转换的现象。当然也有部分地区由畜牧业转向种植业，总体来看全国畜牧业生产水平有所提高。据拉·瓦西（La Voisier）估计，1791 年法国全国约有 170 万匹马、700 万头牛、2000 万头羊和 400 万只猪。在部分地区，畜牧业也成为农民生活的重要经济来源之一。如在 17 世纪下缅因（Bas-Maine）地区，畜牧业收入占农业经营收入的 25%—35% 左右。一个中等规模的分成制佃农可拥有 17 头牛、4 匹马、23 头羊和 4 只猪。③ 18 世纪下半叶，政府也极力推动畜牧业的发展，尤其重视选育良种。杜尔阁曾购买了 200 只西班牙羊——美利奴羊（merino）。1786 年，路易十六从西班牙马德里王

---

① ［法］费尔南·布罗代尔：《法兰西的特性：人与物》（下），顾良、张泽乾译，商务印书馆 1997 年版，第 67 页。
② Jean-Marc Moriceau, *L'élevage sous l'Ancien Régime: les fondements agraires de la France Moderne XVIe – XVIIIe siècle*, Paris: SEDES, 1999, pp. 68–69.
③ Michel Puzelat, *La vie rurale en France XVIe – XVIIIe siècle*, Paris: SEDES, 1999, p. 57.

室得到这种著名的羊,并将它们安置在朗布依埃的羊圈中(Bergerie de Rambouillet),用于培育良种。科尔伯鼓励养殖户饲养瑞士公牛,并为他们提供瑞士公牛。科尔伯还试图控制全国的种马,要求全国马匹交易统一由皇家马厩总管指导管理,以保证纯种马的优良,不过收效不大。

最后,乡村手工业出现繁荣景象。和畜牧业一样,手工业长期以来都是法国农民生活中不可缺少的部分。每个村庄都会有几个手艺人,如铁匠、马蹄匠、裁缝、木匠等,妇女们应当算是村中最常见的手工业者。当时手工业者的生产主要是为了满足村庄内部需求,只有少量剩余产品才会拿去市场销售。手工业从业者基本上都拥有自己的土地、住房,他们既是手工业者也是农民。15世纪以后,由于人口的增长和国际市场的发展等因素,法国乡村手工业尤其是乡村纺织业迅速发展,专业化的手工工场出现。在当时几乎所有种类的手工工场都能在乡村找到,如制革厂、铝厂、制瓦厂、采石场、玻璃厂等,其中发展最快且最繁荣的是乡村纺织业。

15世纪,在经历了黑死病和百年战争的破坏后,法国人口迅速增长。在洛林(Lorriane)地区,1500—1560年间当地人口增长了70%—80%。[1] 到1560年左右,全国人口达到了约2000万人,大革命前夕法国人口估计有2800万人左右。人口增长过快,而耕地面积有限,人口相对过剩,因此一些农民投身乡村手工业。最初,他们基本上都是村中少地或无地的农民,由于贫穷而接受一些额外工作。他们有自己的住宅、土地和家庭,也拥有自己的工具,工作场地一般在自己家中。每隔一段时期,包买商将原材料送到村庄,支付报酬并收取成品或半成品。在皮卡迪(Picarde)的格朗德维勒尔(Grandvillers),流动商贩夏尔·福雷斯捷(Charles Forestier)将线分给村中10个工人制哔叽,工人在完成自己的工作后,将半成品交给福雷斯捷,继而寄给大商人潘格雷·达米安(Pingré d'Amien)销售。布罗代尔将这种"工厂"称为分散的"制造厂",它是近代密集型大工业的雏形、基础。在当时,这种分散

---

[1] Emmanuel Le Roy Ladurie, *The French Peasantry 1450 – 1660*, Trans. Alan Sheridan, Aldershot: Scolar Press, 1987, p. 95.

的"制造厂"几乎遍布整个法国,或者说整个欧洲。如17世纪花边制造业分布在整个法国,朗格多克和香槟地区的呢绒十分出名,皮卡迪生产全国近40%的羊毛织物。随着乡村纺织工业的发展,法国农村所生产的产品不仅能满足本地需求,还能大量出口。15世纪时,诺曼底、布列塔尼、普瓦图、香槟等地的纺织业已经是专门为出口而生产的。巴黎的纺织业不仅在国内成为时尚的象征,在整个西欧世界都日渐风行。乡村手工业的发展也吸引越来越多的人投身其中,专职从事手工业生产。18世纪早期,鲁昂(Rouen)约有18万人为当地工业服务。1722年,鲁昂议会表示担忧工业的发展会与农业抢夺劳动力,因为当地农民为了纺线和梳理棉毛而放弃土地。[①] 16—17世纪,布列塔尼地区的纺织业有了显著发展,一跃成为法国棉麻纺织业的领头羊。17世纪末,其生产的产品大量出口到英国、西班牙和美洲等地。仅布列塔尼向美洲出口的纺织品就占整个欧洲向美洲出口纺织品的12.5%[②],足见当时布列塔尼地区纺织工业十分繁荣。近代早期,乡村手工业的繁荣为法国农村大量无地或少地的农民提供额外收入贴补家用,保障了农村贫民的生活而不至于破产流浪。

此外,到近代早期法国农作物种植业也逐渐呈现专门化趋势,部分地区根据本地情况专门种植不同的农作物,形成农业种植专门化区域。如16—17世纪,皮卡迪、诺曼底等地区广泛种植菘蓝、大麻等经济作物,但当地的葡萄种植业逐渐衰落,因为这些地区并不适合种植葡萄。"只是在法国的其他一些地区人们才专业种植高质量的葡萄。"[③] 17世纪末,由于葡萄酒外贸业的发展,法国部分地区农民开始专业化种植某些品种的葡萄。如蒙济比拉克地区的葡萄被人们称为荷兰葡萄,因为这个地区的葡萄是专为满足国外移民市场需求而生产的葡萄。

[①] Henri Seé, *The Economic and Social Condition in France During the Eighteenth Century*, Trans. Edwin H. Zeydel, New York: F. S Crofts & CO. 1935, p. 52.

[②] Michel Puzelat, *La vie rurale en France XVIe – XVIIIe siècle*, Paris: SEDES, 1999, p. 64.

[③] [意]卡洛·M. 齐波拉主编:《欧洲经济史:十六和十七世纪》(第二卷),贝昱、张菁译,商务印书馆1988年版,第284页。

16世纪以后，随着法国城市的发展，农业生产不再单纯是为了满足生计的需求。在市场的推动下，农业种植专门化程度提高，诸如葡萄、大麻等经济作物种植大量增加，畜牧业也有所发展。此外，城市的发展也推动了乡村手工业的发展。近代早期的法国农村早已被卷入商品经济之中。

三 农业生产率的提高

要想了解一个地区农业经济发展状况，粮食收益率无疑是了解其经济状况最重要的指标。近些年，法国史学家从不同角度、以不同方法来探究不同时期法国粮食收益率，并得出大量数据，大致反映了不同时期法国农业的发展状况。

法国国土面积相对比较大，内部自然地理环境差异巨大，因而各地生产率有很大不同。在北部平原地区，由于当地土地肥沃，自然条件好，生产率一般比较高。1530—1560年，艾诺地区（Hainaut）平均每公顷土地可生产18.7百升（hectolitre）谷物，约为13公担[①]（quintal）。17世纪中叶，皮卡迪的粮食收益率为6∶1或8∶1，相当于每公顷生产12—15公担。1713—1721年，塞纳-马恩省（Saine-et-Marne）巴尔博（Barbeaux）修道院的土地平均每公顷可产出17百升粮食。17世纪初，维勒朱伊夫（VilleJuif）高原最肥沃的河谷中，每公顷可生产20百升。[②] 1680年，位于大巴黎区莫城地区一户农场主拥有67公顷土地，当年收获1266百升小麦，生产率达到了每公顷19百升（13—15公担），产量较高。[③] 而在中部和南部等土地贫瘠地区，生产率与北方平原地区差距十分大。1677年，索洛涅地区一户分成制佃农家庭种了约10公顷的黑麦，次年1月收获35赛提埃（setier）（约31.5公担）粮食，其中12赛提埃还要留下来作种子。这户农民的平均收成约为每公顷3公担，收益

[①] Quintal，公担，等于100公斤；或指担，相当于100法斤。

[②] Geroges Duby et Armand Wallon dir., *Histoire de la France rurale* (Tome Ⅱ), Paris: le Seuil, 1975, pp. 237-239.

[③] Michel Puzelat, *La vie rurale en France XVIe – XVIIIe siècle*, Paris: SEDES, 1999, p. 43.

率为3∶1，其收益率很低。① 诺堡（Neubourg）平原上纪尧姆·德·尚维涅（Guillaume de Chauvigny）家的土地在16世纪末时每年每公顷平均可生产10.8公担小麦、7公担大麦和5公担燕麦。17世纪末普瓦图地区加蒂纳的生产率平均不超过每公顷12百升。在贫瘠的奥弗涅山区，收益率降到3∶1。② 拉杜里根据莫里诺（Morineau）对生产率的研究将法国分成两大片：从朗格多克到萨布勒－多隆（les Sables-d'olonne）延长线以北是生产率较高的地区，平均达到每公顷12百升（hl），南部和中部地区是低生产率地区，每公顷不足10百升。历史学家们不仅关注不同地区生产率的不同，他们也试图考察不同时期的生产率。不过由于中世纪时资料较少，史学家对生产率的考察相对困难。斯利歇尔·范·巴斯（Slicher Van Bath）曾试图对不同时期法国粮食生产率进行纵向比较研究。根据巴斯的研究，9世纪只有一个例子，当地粮食收益率为2.7∶1，10—11世纪缺乏资料，到12世纪仅有勃艮第有少量资料，其中有三个地方的粮食收益率为2∶1或2.5∶1，其他地方能达到4∶1或5∶1。14世纪以后生产率有所上升，在北方平原粮食收益率能达到8∶1、10∶1甚至12∶1，南方的普罗旺斯地区收益率基本达到4∶1或5∶1甚至更高。在这之后收益率变化不大，南方地区的收益率长期维持在4∶1或5∶1。根据巴特的估算1500—1700年全国平均粮食收益率在6.9∶1和6.8∶1。③ 皮泽拉（Puzelat）通过对17世纪法国不同地区几户家庭的粮食收益进行对比考察，估算在巴黎盆地等条件较为良好的地区，收益率能达到8∶1到12∶1，即每公顷可生产1800—2200升（相当于15—16公担）；在中等收益地区，粮食收益率约为5∶1到6∶1，即每公顷可生产约10百升（相当于7—8公担）；而在条件最差的奥弗涅、索洛涅等地区，收益率仅为3∶1，即每公顷最多可生产7百升粮食（相当于4—5公担）。17世纪法国谷物粮食收益率约为每公顷8

---

① Michel Puzelat, *La vie rurale en France XVI*ᵉ *– XVIII*ᵉ *siècle*, Paris: SEDES, 1999, p. 43.
② Geroges Duby et Armand Wallon dir., *Histoire de la France rurale* (Tome Ⅱ), Paris: le Seuil, 1975, pp. 237–239.
③ Emmanuel Le Roy Ladurie, *The French Peasantry 1450–1660*, Trans. Alan Sheridan, Aldershot: Scolar Press, 1987, pp. 110–113.

公担。① 这一数据与巴斯的估算差不多。

拉杜里和约瑟夫·古瓦（Joseph Goy）曾提出以各个时期什一税征收额来推算当时的农业生产率。依据这个理论，约瑟夫·古瓦计算了17—18世纪阿尔勒（d'Arles）地区小麦的生产率。1621—1787年，当地收益率最低仅为1.65∶1，即1赛提埃（setier）的种子可获得1.65赛提埃的收成；最高为10.26∶1，但仅有1年达到10∶1以上。可见当地生产率变化比较大，但总体上收益率保持中等水平。在这一百多年内，生产率超过9∶1的仅有两年，分别为1646年的10.26∶1和1729年的9.37∶1；超过8∶1的有15年；不足5∶1的达到34年。1685—1689年，连续五年生产率不超过5∶1，长期徘徊在4∶1—6∶1的比率。② 这一数据与克里德特的研究结果十分相近。根据克里德特的研究，1500—1549年，法国小麦、黑麦、大麦种子平均收益率为6.7∶1；到1750—1799年为7.0∶1。从以上数据可以看出，16—18世纪法国农业生产率较为稳定，变化不大。平均粮食收益率大致保持在6∶1—7∶1的水平并逐年上升。对比同一时期的英国，法国的粮食收益率确实是落后。但对比西欧其他地区，法国的粮食收益率明显要高，到18世纪至少饥荒问题已很少让法国人民感到困扰。"……除了个别地区以外，各地的乡村生活明显地摆脱了过去数百年业已成规律的长期贫困现象。"到18世纪，小麦商贩和二手贩子的人数、所涉及的官司及冲突和暴力都比以前少了。"这说明在城乡之间倒卖小麦、谷物和食盐等投机——造成物价飞涨和小麦突然断市而引发饥荒的重要原因——不像以前那么厉害了。"③ 从这个侧面也可以看出此时法国农业生产率是有明显提高的，农民生活水平也有提高，至少解决了饥荒问题。因此可以说在近代早期，法国农业是有所发展的，在整个欧洲地区都是居于前列，只是不如英国农业发展那么迅猛。

---

① Michel Puzelat, *La vie rurale en France XVIe – XVIIIe siècle*, Paris：SEDES, 1999, p. 43.
② 数据参考 Joseph Goy et Emmanuel le Roy Ladurie, *Les fluctuations du produit de la dîme：conjuncture décimale et domaniale de la Fin du Moyen Âge du XVIIIe siècle*, Paris et La Haye：Mouton & Co, 1972, pp. 250 – 253.
③ [法]乔治·杜比、罗贝尔·芒德鲁：《法国文明史Ⅱ——从17世纪到20世纪》，傅先俊译，东方出版中心2019年版，第473页。

表 2-1　　　　　　小麦、裸麦和大麦共同的平均收益率①

时间（年）	英国、低地国家 收益率	法国、西班牙、意大利 收益率	德国、瑞士、斯堪的纳维亚 收益率
1500—1549	7.4	6.7	4.0
1550—1599	7.3	—	4.4
1600—1649	6.7	—	4.5
1650—1699	9.3	6.2	4.1
1700—1749	—	6.3	4.1
1750—1799	10.1	7.0	5.1

从以上分析来看，16—18世纪法国农业经济有所发展，农业技术水平也有提高，新技术、新物种开始为人采用。农业商品化程度提高，为满足市场的需求，各地畜牧业、经济作物种植业和乡村纺织工业都有所发展，尤其是葡萄种植业和乡村纺织业发展十分迅速。谷物生产率的发展速度虽不如英国，但依然保持稳步增长的势头，在欧洲地区依然居于前列。"由于市场的扩展、资金的增加、技术的改进等多种因素的影响，法国农业有了显著的进步。"② 法国农业经济发展速度虽不如英国那么快，但也一直保持着滚雪球似的小进步，直至大革命后依然如此。这或许是法国农业发展的特点之一。当然近代早期法国农业的发展并不是一直顺利的。总体而言，16—18世纪法国农业发展保持较快的速度，农民生活水平也有所提高。直到1770年左右，法国农村经济依然保持较快的发展趋势。如1720—1740年，农业生产率渐趋于超过5∶1；到1770年，生产率已达到6∶1—7∶1。③ 直到大革命前，农村经济发展才逐渐放缓，农业危机爆发。可为什么18世纪长期被视为"悲惨的"世纪呢？原因是多方面的，如人口增长过快、农业生产率增长速度却跟不上

---

①　数据参考［英］M. M. 波斯坦主编《剑桥欧洲经济史：近代早期的欧洲经济组织》（第五卷），郎丽华等译，经济科学出版社2002年版，第77页。
②　［法］G. 勒纳尔、G. 乌勒西：《近代欧洲的生活与劳作（从15—18世纪）》，杨军译，上海三联书店2008年版，第200页。
③　［法］乔治·杜比主编：《法国史》（中卷），吕一民等译，商务印书馆2010年版，第750页。

人口增长的速度、农民负担过于沉重、通货膨胀等因素。到大革命前，法国农民生活水平明显下降，农村贫困问题变得越来越严峻。农业危机的爆发也进一步加剧社会危机，最终导致大革命的爆发。

从农业结构上看，旧制度时期的法国依然是以麦类种植业为主，葡萄种植、畜牧业、菘蓝等经济作物种植业所占比例不大。在英国曾推动农业变革的畜牧业在法国农业经济结构中所占比例明显偏低，甚至低于葡萄种植业。而麦类种植和葡萄种植业更加适合精耕细作的小规模经营方式，在当时并不适合大规模生产。因此，近代早期法国土地经营规模偏小，英国畜牧业发展所推动的大农场经营模式在当时的法国并不非常适合。这或许也是近代早期法国农业发展的特点之一。

第二节　农民的负担

法国大革命时期，税负问题是农民在陈情书中反应的一个核心问题。波旁王朝统治下的法国农民税负负担沉重是一个不争的事实。沃邦在《王国的什一税》一书中也坚信种种苛捐杂税是农民贫困最主要的原因，坚信农民会因此揭竿而起，以长枪或长柄叉等抗击征税者来进行自卫。[①] 农民税负负担沉重不仅仅由于这一时期王国税负的增长，还有一个重要因素就是法国特殊的税收体制。在法国，由于第一、第二等级都享有免税特权，因此第三等级尤其是占人口绝大多数的农民成为国家纳税主体，基本负担起国家及教会的一切赋税徭役。在近代早期，农民的赋税徭役负担主要来自三个方面：教会、国家和领主。有时乡村共同体也会征收一些费用用于公共项目，但多是临时的费用且数目不多。

一　教会的什一税

教会的财富惊人历来是不争的事实，其收入一向来源多且繁杂，其中最重要且最稳定的收入同时也是对农民影响最大的收入就是教会的什一税（tithe，法文 dîme）。教会征收什一税的历史是十分悠久的，8世纪

[①]　[法]乔治·杜比、罗贝尔·芒德鲁：《法国文明史Ⅰ——从中世纪到16世纪》，傅先俊译，东方出版中心2019年版，第271页。

时的《庄园敕令》中第六条就提及管理人应当给予庄园内教会全部收获的1/10，由教会僧侣掌管。最初，教会征收什一税是为了维持教会正常运转、保障教会人士的生活，并用于救助穷人。随着教会的发展，人民发现大部分钱都进入高级教士们的口袋，低级教士只有维持生活的工资，救助穷人大多依然是农民自己的事情。

什一税针对土地上所产出的一切成果征收，譬如粮食、牲畜、水果、亚麻和大麻等经济作物……可以说农民所生产的一切产品基本上都可以纳入什一税的征收范围，只有少量项目如树木、煤矿、猎物等才没有被列入。天然牧场不需要缴纳什一税，但近代早期出现的人工牧场也属于什一税缴纳范围。什一税主要有两种：大什一税和小什一税。大什一税（grosse dîme）主要针对谷物类产品征收，如燕麦、小麦等；小什一税（menue dîme）主要针对其他农产品征收，如水果、亚麻、牲畜等。什一税的征收方式也有两种：第一种是每一年丰收时由教士或教会代表直接征收；第二种就是由一个或多个的包税商代为征收。包税商与教会签订合同，合约期限2—9年不等。包税商负责征收该地区什一税并将合同所规定的数额上交教会，多出部分作为包税商的报酬。所以为了提高自己的收入，包税商尽可能地榨取农民并采取种种手段强迫农民服从，加重了农民的负担。什一税可用实物缴纳，也可用货币缴纳。若是实物缴纳，包税商还需要负责将征收上来的实物拿去市场贩卖。理论上，什一税征收比例是收成的1/10。实际上各地征收标准都不同，甚至每个郡县每个村庄都不一样。有些地方什一税比例高达13%或14%，有些地方比较低，仅有2.5%或3%，在法国北部地区一般在7%—8%左右。大小什一税的征收标准也不一样，一般情况下大什一税的征收比例要比小什一税的征收比例高。每种产品的什一税征收比率都不同，在诺曼底，对小麦、燕麦、大麦、黑麦等粮食作物征收什一税的比率为1/11，约为9%，对亚麻、大麻、三叶草等经济作物和牛羊等牲畜征收的什一税比率则为1/13，即7.69%。[①] 各地虽然标准不同，但征收比率

---

① Philippe Goujard, L'abolition de la 'Féodalité' dans le Pays Bray (1789 – 1793), Paris: Bibliothèque nationale, 1979, p. 44, 转引自 James Lowth Goldsmith, *Lordship in France*, *1500 – 1789*, New York: Peter Lang, 2005, p. 62.

一旦确定就基本固定下来。所有项目中,最重要的是大什一税即对小麦、大麦、燕麦、黑麦四种粮食作物征收的什一税。每年收获完成之后,农民必须按规定将小麦扎成捆等待征税人员的到来,由征收人员首先挑选。征税人员按当地比例从中收取,如果比例为 1/10 就从扎成 10 束一捆的谷物中抽取 1 束,如果比率为 1/3 就从 3 束扎成一捆的谷物中抽出 1 束。有时候征税人员迟迟不来,农民只能在家焦急等待,耽误了农民劳作时间,造成巨大浪费。

教会地产和什一税是教会两个最重要的收入来源。在经济较为落后的南部地区,什一税占当地教会收入的 75%—90%。在诺曼底地区,埃夫勒大教堂分会(Evreux Cathedral chapters)68444 利弗尔的总收入中有 75% 来自当地征收的什一税,即 51333 利弗尔。利雪(Lisieux)大教堂分会 76662 利弗尔收入中,什一税占 84%,即 64396.08 利弗尔。巴约(Bayeux)大教堂分会有 89726 利弗尔收入,其中 91% 约 81650.66 利弗尔来自什一税。[1] 1789 年,全国教会什一税总额达到 1.2 亿利弗尔。[2] 这些费用基本上都是由农民缴纳的,成为农民每年承担的一笔巨大费用。科坦登省农民缴纳的什一税几乎占到农民上交总费用的一半,即其他所有费用加起来与什一税相当。波尔多(Bordelais)地区,什一税比率占农民收入的 14%,领主征收的各项庄园费用仅占 11%。[3] 教会对农民的疯狂搜刮早已引起农民的不满,因什一税引发的纠纷和冲突从中世纪一致延续到法国大革命。宗教战争时期,1/3 的外省尤其是南方地区几乎全部都拒绝支付什一税。在 1789 年之前,什一税一直是农民最厌恶的税收种类之一。

二 国家赋税负担

中世纪西欧社会历来信奉一个原则:国王要靠自己生活。法国国王

---

[1] Bernard Bodinier, *Les biens des chapitres Normands et la Révolution*, *chapitres et cathédrale en Normandie*, Caen: Musée de Normandie, 1997, pp. 29 – 31, 转引自 James Lowth Goldsmith, *Lordship in France, 1500 – 1789*, New York: Peter Lang, 2005, p. 66.

[2] [法] 乔治·勒费弗尔:《法国大革命的降临》,洪庆明译,格致出版社、上海人民出版社 2010 年版,第 90 页。

[3] Henri Seé, *The Economic and Social Condition in France during the Eighteenth Century*, Trans. Edwin H. Zeydel, New York: F. S Crofts & CO, 1935, p. 23.

在中世纪也主要依靠自身领地维持生计。但从13世纪起,随着王权的发展,国王领地的收入已经无法维持国家机构的运转,国王不得不开始向国民征税。在这种情况下发展起来的法国的国家税收体系因此一度十分混乱。近代早期的法国根本没有统一的国家税收体系(或者说王室税收体系),也没有专业的征税人员,甚至税收种类在全国都不一样。在这种混乱的税收体系中,我们大致可以将其分为三类:直接税、间接税和额外税。其中与农民直接相关的主要是直接税和间接税体系中的一些税收类别,如直接税中的达伊税(taille)[①]、人头税(capitation),间接税中的盐税(gabelle)和附加税(aides)等。

直接税是直接对纳税者征收税收种类,主要依据纳税者财产多寡征收,包括达伊税、人头税、给养税(subsistances)等,其中占主要地位的是达伊税。达伊税早期是王室在战争时临时征收的税收种类,后期逐渐常态化,15世纪以后才成为常规税种。1202—1203年,整个王室收入约为19.4万利弗尔,其中1/3的收入约6.1万利弗尔来自以军事征用的形式征收的临时税即达伊税。而当年王室的常规收入只有2.05万利弗尔,另有5.31万利弗尔的非常规收入来自王室领地。[②] 这表明在中世纪后期达伊税已经成为王室的重要税收来源且逐渐成为常态化。由于教会、贵族、政府官员都享有免税特权,所以达伊税的主要征收对象是第三等级。自由城市的普通市民也无须缴纳达伊税,故"确切地说军役税只是一种由农村居民负担的直接税"[③]。达伊税是当时法国王室最重要的财政来源之一,其征收额每年都比较高。而如此高的赋税几乎完全由农民来承担,也大大加重了农民的负担。农民对此也是怨声载道。达伊税的征收是按配额进行,一般是集体征收。首先由政府确定当年征税总额,分配到各个财税区。各财税区根据自身情况制订计划,将数额摊派到各个教区直到各个乡村共同体。乡村共同体集体支付上级定

---

① taille 在国内有多种译法:有学者将其译为"人头税",因其最初是按人头征收,但后来出现真正的人头税;也有学者译为"军役税",因为该税收最初主要是在战时征收,用于维持国王常备军;也有学者根据读音译为"达伊税",本书采纳音译方法称为"达伊税"。

② Magnou-Nortier," Une resource fiscale", VII, 1995, 13, 51,转引自 James Lowth Goldsmith, *Lordship in France, 500–1500*, New York: Peter Lang, 2003, p. 126.

③ M. Mario, Dicionnaire des institutions de la France, p. 528,转引自黄艳红《法国旧制度末期的税收、特权和政治》,社会科学文献出版社2016年版,第53页。

下的纳税额，通常是开会讨论并拟定纳税名单。穷人支付的最少，乞丐、寡妇等穷人通常只需要象征性地缴纳1/4个苏，境况稍好点的缴纳3—4利弗尔；一般的佃户（fermier）多付一些，约20利弗尔；富农、真正的大农场主给的最多，可能达到100—300利弗尔，占村中达伊税税额的一半以上。[①] 1663年，莫旺（Morvan）地区4个村庄共有82户农民家庭，其中缴纳1—4利弗尔的最多，为45户，纳税最多的只有4户，纳税额不超过34利弗尔。到1740年，当地共有85户人家，其中缴纳最低税额（1—4利弗尔）的仅11户，有24户纳税5—9利弗尔，纳税额达到40利弗尔以上的共有6户，其中有3户纳税额达到50利弗尔以上。[②] 当然，作为村中的头面人物，这些富有的大农场主也会想尽办法转嫁赋税负担，让普通农户承担更多的赋税负担。除了最古老且最重要的达伊税，17世纪王室也开始以各种理由征收各种名目的直接税，如人头税。路易十四在位时期，由于国家连年征战，财政问题变得十分严峻。为解决财政问题，路易十四于1695年提出征收人头税。1701年，该税收正式确立。与达伊税有所不同，人头税完全是按人头征收，且针对所有人征收，不论其是特权阶层还是普通平民。征收的标准是依据个人的财务状况，有能力者多交，穷人少交。最初，政府将征税对象分成22个等级，后进一步细化，分成569类。征收比率最初为1/10（dixieme），后改为1/20（vingtieme）。这样的征收方式看似平等，但实际上教会和大多数贵族都想尽办法转嫁税收负担，人头税最终主要还是落在农民头上，即使是无产者也要缴纳人头税。如大革命前在巴黎，无论是什么人，只要有住所就需要缴纳人头税，每人3利弗尔10个苏。在图卢兹的圣-皮埃尔·德·巴茹维尔，每天只赚10个苏的贫困短工，其人头税的定额为8、9利弗尔或10利弗尔。[③] 此外，政府还要收取十

[①] Pierre Goubert, *The French Peasantry in the Seventeenth Century*, Trans. Ian Patterson, Cambridge-Paris: Cambridge University Press-Éditions de la Maison des Sciences de l'Homme, 1986, p. 198.

[②] Jacques Houdaille, "Quatre villages du Morvan: 1610 – 1870", *Population (French Edition)*, 42e Année, No. 4/5, 1987, pp. 649 – 670.

[③] ［法］伊波利特·泰纳：《现代法国的起源：旧制度》，黄艳红译，吉林出版集团有限责任公司2017年版，第364页。

分之一税、二十分之一税、道路捐税等。仅仅直接税这一项就构成农民的沉重负担。"在香槟地区，每100利弗尔的收入中，纳税人通常要缴纳54利弗尔15个苏，有几个教区需要缴纳71利弗尔13个苏。"①

间接税是对消费品征收的税收，附加于商品和服务中，可对一切购买消费品的人士征收。间接税主要采取包税方式征收，由包税商与政府签订契约。包税商根据契约提前预交一笔包税费用，取得一定区域内某项间接税垄断权。包税商收入的多少取决于自己的商业能力，所以他们都极力提高征税额度，进一步加剧农民本已十分沉重的赋税负担。近代早期法国的间接税主要有盐税（gabelle）、附加税（aides，尤其是酒类产品的附加税）和贩运税（traites），其中最重要的就是盐税。对农民来说，酒可以不喝、东西可以不拿去贩运，唯独盐不能不买，所以说盐税是农民生活中最常见也是最重要的一种间接税。盐税各地标准不同，在产盐区盐价稍便宜，而大盐税区（pays de grande gabelle）的盐价可能是产盐区的十几二十倍。例如，1780年在大盐税区，平均盐价高达每米洛②（minot）58利弗尔，但在免盐税区购买一米洛盐仅需5利弗尔左右。③ 中间差价几乎全被政府拿走，由此可见政府盐税之高。"在大盐税地区，如法兰西岛，曼恩，安茹，都兰，奥尔良，贝里，波旁，勃艮第，香槟，佩尔什，诺曼底，皮卡迪，盐每斤13利弗尔，是今天的4倍，如果考虑到货币价值，则为8倍。"④17世纪末，法国大部分地区的盐价高达每米洛30苏。1678年，以每米洛30苏的价格包税商共卖出46.6万米洛的盐，总价值达70万利弗尔。⑤ 由于日常消费不可能

---

① ［法］伊波利特·泰纳：《现代法国的起源：旧制度》，黄艳红译，吉林出版集团有限责任公司2017年版，第362页。

② 米洛，法文minot，法国旧容量单位，合1/2mine或39升，主要用于量谷物等。

③ P. M. Jones, Reform and Revolution in France, p. 93，转引自黄艳红《法国旧制度末期的税收、特权和政治》，社会科学文献出版社2016年版，第60页。

④ Letrosne (1779). De l'administration provinvial et de la réforme de l'impôt, pp. 39 – 262, et 138. -Archives nationales, H, 138 (1782). Chhier du Bugey，转引自［法］伊波利特·泰纳《现代法国的起源：旧制度》，黄艳红译，吉林出版集团有限责任公司2017年版，第369页。

⑤ Emmanuel Le Roy Ladurie, *The French Peasantry 1450 – 1660*, Trans. Alan Sheridan, Aldershot: Scolar Press, 1987, pp. 292 – 293.

没有盐,昂贵的盐价也给农民带来沉重负担。"根据1680年的法规,每个7岁以上的法国人必须每年购买7斤盐;对一个四口之家来说,这意味着每年需要开支18法郎以上,或19个劳动日的价值:这是一种类似于军役税的新的直接税,税务机构把手伸进了纳税人的口袋……"① "在我们这些非常穷苦的人中,一家人如果除丈夫和妻子外,还有一个十八岁的姑娘和一个十岁至十二岁的男孩,则每天的食盐消耗为四分之一斤,即三个半苏,一年就是七八十利弗尔。"②

近代早期尤其是17—18世纪,由于军事需求、贵族消费等多方面原因,王室政府一直面临着巨大财政压力,迫切需要金钱,政府想方设法增加税收,导致国家赋税年年上涨,加重了农民的负担。根据杜尔阁的说法,在路易十五末期的利穆赞,国王一人"拿走的收益几乎跟地产主一样多"③。在杜尔这样的税区,国王征收了56.5%的粮食,留给其他人的只剩下43.5%,因此"大量田地被抛荒"④。1620年,国家赋税收入达到3100万利弗尔,1639年是8500万利弗尔,1641年为1.18亿利弗尔。在所有国家税收种类中,达伊税所占比重最大,从1610年的1700万利弗尔上涨到1635年的3900万利弗尔,到1642年已经达到4400万利弗尔。⑤ 短短32年时间达伊税上涨了约2.6倍,共2700万利弗尔。菲利普·霍夫曼(Philip T. Hoffman)统计了1560—1779年法国的人均王室税负,见表2-2。⑥

---

① [法]伊波利特·泰纳:《现代法国的起源:旧制度》,黄艳红译,吉林出版集团有限责任公司2017年版,第369页。
② [法]让·饶勒斯:《社会主义史·法国革命:第一卷 制宪会议》(上),陈祚敏译,商务印书馆1989年版,第258页。
③ Collection des Economistes, I, 551, 562, 转引自[法]伊波利特·泰纳《现代法国的起源:旧制度》,黄艳红译,吉林出版集团有限责任公司2017年版,第362页。
④ [法]伊波利特·泰纳:《现代法国的起源:旧制度》,黄艳红译,吉林出版集团有限责任公司2017年版,第362页。
⑤ Geroges Duby et Armand Wallon dir., *Histoire de la France rurale* (Tome II), Paris: le Seuil, 1975, pp. 202 - 203.
⑥ Philip T. Hoffman, "Taxes and Agrarian Life in Early Modern France: Land Sales, 1550 - 1730", *The Journal of Economic History*, Vol. 46, No. 1, 1986, pp. 37 - 55.

表 2-2　　　　　　　　　　人均王室税负

时间（年）	年均税收（百万图尔利弗尔）	每年人均税收（图尔利弗尔）	谷物等价物（小麦，单位蒲式耳 bushel）	实际人均税收指数
1560—1769	10.22	0.6	0.38	100
1570—1779	23.12	1.36	0.67	174
1580—1789	30.39	1.79	0.78	204
1590—1799	24.80	1.46	0.44	114
1600—1709	24.90	1.44	0.65	169
1610—1719	30.37	1.71	0.73	191
1620—1729	43.47	2.39	0.79	207
1630—1739	92.16	4.91	1.59	414
1640—1749	114.64	5.95	1.64	428
1650—1759	126.79	6.42	1.49	388
1660—1769	91.72	4.49	1.23	321
1670—1779	108.95	5.20	1.83	477
1680—1789	119.28	5.59	1.85	482
1690—1799	145.83	6.78	1.66	434
1700—1709	117.99	5.74	1.52	398
1710—1719	130.82	6.23	1.39	362
1720—1729	198.00	9.21	1.95	509
1730—1739	211.00	9.34	2.56	669
1740—1749	223.00	9.61	2.19	572
1750—1759	230.00	9.80	2.25	587
1760—1769	319.00	12.97	2.69	703
1770—1779	362.00	14.03	2.35	612

从表中可以看出，1550—1559 年平均每年人均国家税负仅 0.6 图尔利弗尔，到 1770—1779 年每年每人的平均税负达到 14.03 图尔利弗尔，上涨了近 4 倍多。这些逐年上升的赋税最后几乎完全都落到农民头

上。17世纪以后,国家赋税代替什一税成为农民最厌恶的税收种类,各地抗税运动此起彼伏。

国家税收和教会的什一税构成农民最沉重的赋税负担,这也严重影响到农业的发展和农民收入的提高。在当时的农业条件下,如果土地面积足够大,什一税征收入和国王要拿走一半的净产值。如果面积局促,则全部被他们拿走。皮卡迪某地主有一块产值为3600利弗尔的大地产,所有者向国王缴纳1800利弗尔,向什一税征收者交纳1311利弗尔;苏瓦松一地主有一块年租金为4500利弗尔的地产,地主须向国家缴纳2200利弗尔的税收,另向教会缴纳超过1000埃居的什一税。内维尔附近的一块分成制地产,佃户每年平均向国库缴纳138利弗尔,向教会缴纳121利弗尔,向地产主缴纳114利弗尔。在普瓦图的一块分成制地产上,税务机关拿走348利弗尔,地主的收入仅为238利弗尔。总的来说,在大地产地区,如果耕地情况良好的话,地主在每阿庞土地上可获得10利弗尔的收入,如果耕地状况一般则为3利弗尔。在小地产和分成制地产地区,地主每阿庞收入为15苏、8苏或者6苏。这意味着几乎所有净收入都交给了教会和国库。[①] 泰纳的这个估算可能比较高,但也反应这一时期农民赋税负担过于沉重。除此之外,佃农还需向领主交纳地租等费用,进一步加剧农民的负担。

三 庄园费用

与上交给国家和教会的费用相比,农民交给领主的各项费用是最少的但也是收费名目最多的一项。在发达地区,农民缴纳的庄园费用少些;在经济相对落后的地区领主凭借特权常常会有许多额外收入,农民缴纳的费用相对较多。庄园费用项目较多,但大致可以将其分成两种:第一种,因为租佃土地所缴纳的土地租税;第二种,因为领主封建特权所缴纳的各种费用。

第一种,因为租佃土地所缴纳的土地租税。由于农民基本上没有完全的土地所有权,需要租佃地主土地,因此农民基本上都需要缴纳各种

[①] [法]伊波利特·泰纳:《现代法国的起源:旧制度》,黄艳红译,吉林出版集团有限责任公司2017年版,第361页。

地租费用。中世纪早期农奴的主要地租方式是劳役（corvée），从12—13世纪开始劳役逐渐被货币或实物代替。农民一年最多只需要提供几天的劳役，主要是公共服务如修路、维护领主城堡、帮领主运送物品等。近代早期，农民的主要租税是地租或年贡。年贡最早于12—13世纪垦荒运动时出现。在新垦区农民每年向领主缴纳一笔年贡（cens）来代替劳役，此后其他地区的领主也随之取消已不合时宜的劳役，代之以年贡。交纳年贡的农民即称为纳年贡者（censitaire），他们耕种的土地被称为纳年贡的土地（censive）。年贡可用实物也可用货币缴纳，缴纳的比例通常是固定的。因此如果年贡按规定以货币方式支付，几个世纪之后当初确定的年贡货币价值已经大大贬值，最终是有利于农民。当然也有不少饱受金钱问题困扰的贵族因为急需现金，所以他们尽管知道货币方式的弊端仍同意以货币方式支付。此外，农民有时还需要缴纳一些土地税，相当于庄园的什一税。在北方人们一般称为尚帕尔（champart）或泰拉热（terrage），在南方称为阿格里埃（agrier）或泰斯克（tasque），勃艮地人称为蒂耶斯（tierce）。土地税一般是按比例征收，每个地方征收比率不同，最常见的是1/12或1/13，约7%—8%。在凯尔西（Quercy）和鲁埃尔格（Rouergue），许多地方土地税占去农民土地收入的20%—25%[1]，税收比率偏高。因此当地不少农民不种粮食作物而改种水果来逃避土地税。除了纳年贡的土地，领主还将领主自留地耕地分割出租给定额佃农和分成制佃农。租佃人与领主签订合同，早期多会签订长期租约，后来多是短期租约，仅3年、6年、9年。根据租约，租佃人每年上交规定的地租数额，可是实物也可是货币，但可以免除庄园内其他杂费和什一税。租金数额由领主和租佃人商议决定。1448年，一个占地50公顷的农场的租金为每公顷50升谷物，相当于总产量的1/30。1511年租金上涨到每公顷200升，相当于产量的1/7或1/8；1646年租金为每公顷300升。[2] 不同地区地租水平也不一致，土地较为

---

[1] P. M. Jones, *Politics and Rural Society: the Southern Massif Central c. 1750 – 1880*, Cambridge: Cambridge University Press, 1985, p. 162.

[2] Emmanuel Le Roy Ladurie, *The French Peasantry 1450 – 1660*, Trans. Alan Sheridan, Aldershot: Scolar Press, 1987, p. 60.

肥沃的地区其租金自然也比较高。如16世纪中叶康布雷西（Cambrésis）的地租达到每公顷400—600升，租金水平非常高。而同一时期，位于巴黎以南的于尔普白克斯（Le Hurepoix）的地租约为250升每公顷，其中最低仅为170升每公顷，最高时可达500升每公顷。[1] 分成租佃制下，领主根据所提供的土地、资金和工具情况可以分到收成的1/2、1/3、1/4、1/8、1/16不等，农民所剩不多。

中世纪时领主凭借自身特权，尤其是司法权力控制着农村社会，强迫农民缴纳各种不合理的费用，获取利润。到近代早期，领主权力虽然已经衰落，但各种特权依旧存在。尤其到了18世纪后半叶，饱受金钱问题困扰的领主们更是紧紧抓住封建时代各种领主特权，重新征收多种许多年前已经停付的费用，加重了农民的负担。这方面的费用多且杂乱，如外来者进入农庄时要缴纳入场费（droit d'entrée），土地出售或转让时的土地转让金（lods et ventes），使用磨坊、烤炉、榨酒器时缴纳的费用，使用公地、鱼池、公共牧场、森林所缴纳的费用、司法费用以及市场费、道路通行费、过桥费等。有时这些封建费用总数甚至超过地租。早期，领主大多要求农民以实物方式交纳各种封建费用。如之前提到的圣-日耳曼-德-普雷修道院领地上，一个叫阿克塔尔的自由依附农每年"为牧猪权需交付2缪依酒，为森林使用需交付4德尼埃，为大车运输，要交一块林地，50头骡子。……他还需如数承担人们所要求的牲口和劳力的徭役。还要提供3只母鸡，15枚鸡蛋……"阿达尔加里乌斯及阿德乌两家共占有一处自由农庄。他们两家"为牧猪权要交付3缪依酒，1塞提埃芥末、50棵柳树、3只母鸡和15枚鸡蛋。依要求提供劳役。妻子要用领主的羊毛织呢，依主人的要求数喂养家禽"[2]。中世纪中后期，这些封建费用大多改为货币方式交付。如1774年，朗格多克地区的图尔内弗耶（Tournefeuille）男爵将靠近图卢兹的一小块葡萄园租给了一户新佃户，要求他每年提供6德尼埃的年贡，同时得到

---

[1] Geroges Duby et Armand Wallon dir., *Histoire de la France rurale* (Tome II), Paris: le Seuil, 1975, p.126.

[2] [法]乔治·杜比主编：《法国史》（上卷），吕一民等译，商务印书馆2010年版，第259—260页。

第二章 庄园制度的发展与解体

2100利弗尔的入场费。① 1784—1786年，巴黎城最大的地主——巴黎大主教每年的土地转让金平均为35万利弗尔，1787年上升至47.5万利弗尔。② 这些封建费用可由领主自己亲自征收，也可由领主代理人代收，有时领主会将这些领主特权出租给他人。18世纪都兰的塞纳维耶尔子爵领里，年贡为每阿庞4德尼埃。在部分土地上，子爵征收比率为1/12即8.34%的土地税（terrage）。此外，领地上的农民每年还要提供3天的劳役，以及每次转让土地时的土地转让金，比率为所转让的土地价值的1/12。由于之前已经将村庄内的磨坊等出租给他人，所以子爵没有直接收取使用磨坊、烤炉的费用。③

综上可见，向教会、王室和领主缴纳的费用构成农民负担的主要内容。那么对一个农民来说，这些负担究竟有多沉重呢？沃邦（Vauban）在游历全国时曾遇见一户少地农民家庭。家庭收入总共约为120利弗尔，其中税收占其总收入的12%—15%，即14.4—18利弗尔，主要是达伊税和盐税等国家税负。因为他没有土地，所以交给教会和领主的费用都比较少。④ 从数字上看似乎并不多，但考虑到当时人们的生活状况，负担并不轻。乔治·杜比估计16世纪时，农民交纳的什一税和领主征收的各种税项合在一起占农民收成的25%—30%左右，另外农民还要预留全部收成的1/4作为下一年的谷种。余下的才是农民赖以活命的口粮。实际上乔治·杜比还没有将国家征收的赋税纳入其中，如若将这笔费用纳入其中，农民能留下的口粮更少。此外，15世纪以后在法国农村，农民多以现金方式交纳各种租税。而16世纪的通货膨胀使现金地租严重贬值，这些都进一步加剧了农民的负担。所以乔治·杜比表

---

① Jean Bastier, *La féodalité au siècle des Lumières dans la région de Toulouse (1730 – 1790)*, Paris：Bibliothèque National, 1975, p. 213. 转引自 James Lowth Goldsmith, *Lordship in France, 1500 – 1789*, New York：Peter Lang, 2005, p. 11.

② Jean Nagle, "Un aspect de la propriété seigneuriale à Paris aux XVIIe et XVIIIe siècles, les lods et ventes", *Revue d'Histoire Moderne et Contemporaine*, 24, 1977, pp. 570 – 581.

③ Michel Puzelat, *La vie rurale en France XVIe – XVIIIe siècle*, Paris：SEDES, 1999, p. 25.

④ Pierre Goubert, *The French Peasantry in the Seventeenth Century*, Trans. Ian Patterson, Cambridge-Paris：Cambridge University Press-Editions de la Maison des Sciences de l'Homme, 1986, pp. 203 – 204.

示"16 世纪的农民基本上无任何余粮可售"①。弗朗索瓦·安德里厄（François Andrieu）是 17 世纪法国博韦地区（Beauvais）数一数二的大富农。在当地他拥有 32.4 公顷的耕地、2.5 公顷的矮树林、3 公顷的圈围牧场和 3 栋住宅，另有 4 匹马、3 头牛、2 头小牝犊、1 匹小马、2 头小牛犊、7 头猪和 23 只羊。在当地很少有拥有超过 30 公顷可耕地的富裕农民，且这些土地全部都属于安德里厄家族。应当说凭借着安德里厄的资产，他基本上可以算是当地最富有的农民之一，但实际上由于税负沉重安德里厄只能基本保证自己的经济独立地位，剩余不多。依据三年轮作制，其 32.4 公顷的可耕地每年大约有 11 公顷土地可供耕种。在坏年景，投入 22 公升的种子，一年大概可收获 66 公升粮食。扣除为下一年预留的种子 22 公升，还有 44 公升粮食剩余。再扣除达伊税 106 利弗尔，约合 10 公升粮食，剩余 34 公升。扣除 8% 的什一税约 5 公升和盐税等其他税收和各项庄园费用共 5 公升左右，最后留给安德里厄的只有 25 公升粮食。按 5 个成人每人每天消费 4 公斤粮食的食量计算，一年约消耗 20 公升粮食。此外他还有欠款 2900 利弗尔，每年需还款 145 利弗尔。②若再算上向临时工人支付的工资若干，实际上这户富裕的农民家庭最后基本没有剩余，更谈不上财富积累和投资。至于其他小农，其生活状况如何就可想而知了。若再遇上战争时期、收成不好的时期或出现家庭变故，农民家庭收入减少但除了什一税稍减外其他税收支出基本不变，他们生活就更加艰难了。沃邦在《王国的什一税》这本书中强调了苇兹莱地区长期贫困的例子，"普通百姓……很少喝酒，一年才吃三次肉，用少量的盐……如此营养不良的百姓体弱乏力是不足为奇的事。再加上他们衣不蔽体，四分之三的人冬夏只穿破烂的单衣，衣衫褴褛，脚上一双木屐……贫弱的不健康的百姓"③。大部分农民只能勉强糊口，他们需要依靠一些额外收入贴补家用，保障生活，如从事乡村手

---

① ［法］乔治·杜比、罗贝尔·芒德鲁：《法国文明史Ⅰ——从中世纪到 16 世纪》，傅先俊译，东方出版中心 2019 年版，第 270—271 页。
② Pierre Goubert, Cent mille provinciaux au XVIIe siècle：Beauvais et le beauvaisis de 1600 à 1730, Paris：Flammarion, 1968, pp. 201 – 202.
③ ［法］沃邦：《王国什一税》，第 279 页，转引自［法］乔治·杜比、罗贝尔·芒德鲁《法国文明史Ⅰ——从中世纪到 16 世纪》，傅先俊译，东方出版中心 2019 年版，第 272 页。

工业、酿葡萄酒等。

农民沉重的租税负担给法国农业经济的发展带来一系列负面影响。首先，由于法国税收制度的不平等，富有的特权阶层享有免税权，承担赋税负担的基本上是平民，且主要是由农民负担。因此在近代早期，相比其他国家，法国农民的负担更加沉重，农民生活水平低，负债累累。为了维持生计，不少农民不得不将土地出售，自身则沦为无产阶级。到18世纪，贵族们受到资本主义的冲击，收入减少，因而加重了对农民的剥削。农民生活日渐困难，对教会、贵族的不满不断积累，致使当时法国社会动荡不安。其次，由于税负沉重，农民生活都无法维持，自然无法增加对土地的投入，更加谈不上采用新技术和新方法，农业生产率长期得不到提高，影响农业经济的发展。古贝尔指出正是因为税负过于沉重致使农民长期无法突破"小农"的局限。近代英国农业发展的一个重要特征就是富裕农民阶层的兴起，富裕农民经济的扩张过程就是资本主义或半资本主义的农场经济发展的过程。在法国，富裕农民阶层虽然已经出现却从来没有在全国形成一股中间力量。绝大多数农民长期无法摆脱贫困的小农状态，资本主义方式的大农场经济难以发展。

第三节 庄园管理体制的演变

中世纪早期的法国由于王权一度衰弱，地方贵族掌握各地实权。领主制统治着广大乡村地区。领主们凭借着他们对土地的占有，独揽乡村行政、司法及经济大权。而他们对庄园的管理主要是通过庄园法庭及庄园管家来实施的。近代早期，随着庄园的瓦解、商品经济的发展和王权的强化，这种管理模式也悄悄发生变化。庄园法庭逐渐被纳入国家司法行政体系，庄园的经营管理方法也逐渐改变。作为地方最高行政司法首脑和庄园土地占有者的领主们慢慢变成马克·布洛赫所说的"土地食利者"。

一 庄园法庭的变化

佩里·安德森说，"司法是政治权力的核心形态……它就是权力的通用名称"[①]。在中世纪的西欧，司法权是领主政治权利的核心，是领主统治的基础。司法权原本属于国家所有，然从墨洛温王朝中叶开始，法兰克王国就一直处于分裂混乱的状态。到加洛林王朝后期，国家再次陷入分裂当中，对地方司法权更是无暇兼顾。领主趁乱篡夺了国家司法和行政权力。起初，国王只授予领主们处理庄园内部一定类型的民事诉讼案件以及判决轻罪的权利，即低级审判权。9世纪以后，国王为了争取地方领主和教会人士的支持，纷纷给予领主们豁免权。地方领主借机进一步扩大自身权力，获得了高级裁判权，即判处死刑，处理重大刑事犯罪案件的权利。这些犯罪包括杀人、抢劫和其他重罪。这种现象在西欧其他地区极为少见，可见中世纪早期的法国贵族权力比较大。各地地方司法和行政大权基本为各地领主所掌握。而领主们控制司法权和行政权的机构正是庄园法庭或称领主法庭。

庄园法庭一般由领主组织召开。只有一两个庄园的小领主可能会亲自出席主持，中等或大庄园的领主很少出席，通常是由领主代表——庄园管家出席并主持，另设陪审员数人。《庄园敕令》第56条明确提及，"各管理人在其地区内，应时常开庭审判，并宣布判决，监视朕的臣民是否遵守法律"[②]。由此可见，组织召开庄园法庭是领主及其管理人的重要职责。到中世纪晚期，较大的庄园法庭还设有专职法官、庭警，以及纪录案件审判的书记员。庄园法庭并不是常年开放，各庄园根据自身情况决定开庭时间。有些庄园开庭次数比较频繁，有些庄园可能一年仅开庭三四次。开庭地点也十分随意，有时就在村里的一棵大树下，有时在领主的住宅厅堂内，有时会选在教堂内举行，有时在村中的小酒馆中举行。

原则上，庄园内所有成年男子都必须出席法庭，包括自由人和农奴。他们都是法官、陪审员，被称为诉讼参与人。庄园法庭每次开庭前会有人通知参与人按时到会。如有特殊情况，参与人可提前请假，无故

---

① [英] 佩里·安德森：《从古代到封建主义的过渡》，郭方、刘健译，上海人民出版社2001年版，第156页。

② 耿淡如、黄瑞章译注：《世界中世纪史原始资料选辑》，天津人民出版社1957年版，第17页。

第二章　庄园制度的发展与解体

拒绝出席者将受到惩罚。1339 年在阿尔萨斯（Alsace）的阿斯拉（Haslach），如果参与人拒绝出席领主的法庭，该参与人要被拉去接受审判，且领主有权进入该参与人的房子取走除犁和床以外的任何一样东西，并将该参与人捆在马上，带到法庭。① 实际上，绝大部分农民认为参加庭审浪费干农活的时间，大多不愿参加，缺席现象十分普遍。法庭中，领主或管家只是主持人，可以参加审判裁决，但他不是唯一的裁决人。所有参加庭审的村民都有权裁决，推行集体裁决的原则。即使参加庭审的人员对案件仍持有不同意见，最后仍是以集体名义下达判决。裁决的主要依据是庄园的习惯法。

　　法庭负责处理的案件大致可以分为三种：1. 庄园内部纠纷，大多是一些邻里之间发生的小争执，如上告邻居家的驴穿过自家田地且吃掉它"舌头长度的"作物，或为邻居家的树枝伸进自家围墙而争吵，或条田里相邻的两家为条田的分界线正确位置而产生的纠纷，诸如此类。领主与庄园内农民之间的纠纷也上交庄园法庭审理，如某个农民偷了领主鱼塘的鱼、私自砍伐领主树林里的树，拖欠领主的地租等。这一类案件是庄园法庭审理的主要案件，数量上占绝对多数。2. 庄园内部公共事务，包括乡村共同体的工作以及共同体内部家庭事务等，如村庄中庄稼收割的时间，公共牧场开放的时间，为未成年人指定监护人，家庭内部财产继承安排等。3. 刑事案件，如盗窃、斗殴等。有时也处理大的刑事案件，如杀人、放火。不过这种大的刑事案件极少会出现，而且由于审理及监禁的花费昂贵，领主也不太乐意接收此类案件。

　　15 世纪奥弗涅地区一本庄园法庭登记簿记录了法庭在当地六个庄园巡回审判的情况。当时主要是由同一个法官在几个庄园定期巡回审判，平均每月巡回审判一次。根据记录，领主本人从来没有在法庭上出现，通常派庄园的一位财政代理人（procureur fiscal）作为领主的法律代表。每个庄园法庭一年内可处理 30—67 件案件，六个庄园一年共审理约 600 件案子，大多是一些内部事务。其中关于私人债务纠纷的占

---

① G. G Coulton, *The Middle Village*, New York: Dover Publications. INC., 1989, p. 68.

30%；关于庄园共同事务的，如违反共同体规定或不交纳年贡的，占30%；动物引起的破坏及其他财产纠纷的案件占20%；暴力、口头侮辱事件占10%；最后是一些关于财产继承及指定监护人的案件，占10%。刑事案件极其少，最常见的就是一些小偷小摸，不足1%。法庭也处理涉及领主利益的案件，数量相对比较少。在总共600个案件中只有90个，占15%，其中51件是关于农民不交地租的。在这类案件中，法庭首先要完全维护领主的利益，至少要尽最大可能地维护领主的利益。15世纪末，皮诺萨（Pionsat）的领主与庄园居民之间就居民的劳役有所争执。领主宣称庄园中所有居民均要服从永久管业（mainmorte）[①]，并要求他们一年提供52天劳役，居民拒不认同，领主因此上诉至法庭。最终，双方于1492年在仲裁人调解下达成一致意见，规定家中有马等能参加劳动的动物的农民家庭每年提供两天劳役，没有马的贫苦农民提供三天，并规定土地转让费占土地财产的1/3，但居民免除永久管业。[②] 庄园法庭不仅是维护领主利益的机构，也是为领主们创造利益的部门。按当时的规定，败诉者需要上交罚金，所有罚款都归给领主。争辩双方如果私下达成协议而不经法庭审判，双方都要交纳罚金。为了获利，一些领主将庄园法庭出租，租佃人主持庄园法庭并获得法庭所有罚款，故有语"司法获大利"。这句话虽不一定准确，却也反映了中世纪庄园法庭的商业特征。这种商业化的庄园法庭，其公正性也就可想而知了。尼古拉·德·克莱芒热（Nicolas de Clémanges）无情地批判说，地狱里都比法国要公正。[③]

中世纪庄园法庭的这种混乱和随意在多个方面均有体现，诸如开庭时间的不确定性，开庭地点的随意性等。参加审判的人员人数不确定，而且无论是负责主持的领主或代理人还是参加审判的人员都没有任何法律知识。审判的标准很多时候就依据村中长者的记忆，审判程序也十分简易。通常法庭只是要求提出告诉的双方当事人口头宣誓，没有证人举

[①] 永久管业，又称死手权，"死于一人之手"，法国农奴特有的一种遗产继承方式。
[②] James Lowth Goldsmith, *Lordship in France*, *500–1500*, New York: Peter Lang, 2003, pp. 310–311.
[③] Opera, ff.49 a, 52 b, 转引自 G. G Coulton, *The Middle Village*, New York: Dover Publications. INC., 1989, p. 187.

证更没有律师的帮助。法庭正式审理的案件并不多,很多都在主持人的干预下达成和解。15世纪早期的米罗尔(Murol)庄园法庭,137个案件中只有35件得到判决。①

中世纪中叶,这种混乱局面逐渐得到改善。13世纪起,随着王权的强化,国王开始有意识地干涉地方司法事务,蚕食领主的裁判权。13世纪以前,王室法庭基本只能审理自己领地内的各种案件,地方领主都有自己的司法体系。几乎每个有封地的领主都有自己的庄园法庭。因此,在这一时期王室法院审理的案件都非常少。1137—1180年间,王室法院总共只受理了85起案件,平均每年不到2起。这些案件大多是针对大封建主提起的,或是自由城市公社之间争议的案件等。② 13世纪,路易九世上台后立即进行司法改革,规定王室法院有权受理任何庄园法庭已判决的上诉案件,并规定一些重大政治案件和刑事案件只能由王室法庭审理。与此同时,教会和城市的司法权力也受到一定限制。此后,国王又建立了巴黎巴列门(即巴黎高等法院)以及各地方巴列门(Parlement,意为"说话""讨论",后专指最高法院、议会),专职管理地方及中央司法事务。③ 腓力四世在位时期还设立了监察官,代表国王对地方当局实行监督,进一步强化对地方行政和司法权的控制。在13世纪末的特鲁瓦耶(Troyers)地区,除司法官吏以外(prérôté)国王新设立13个王室市镇政府长官(mairies)以处理不断增加的地方司法事务。当地领主多次表示抗议王室剥夺其司法权力,但抗议活动并没有改变此种局面。与此同时,随着这一时期法学的发展,法官阶层也呈现职业化趋势。一些受过专业法学训练的法律人士进入法官队伍。职业人士加入法官队伍不仅提高地方司法水平,也犹如良币驱逐劣币,压缩传统地方庄园法庭管理人员的生存空间。14—15世纪,百年战争及黑死病给法国农村带来毁灭性的打击。在这近百年之中,不少旧领主家族

---

① James Lowth Goldsmith, *Lordship in France, 500 – 1500*, New York: Peter Lang, 2003, p. 310.

② Olivier-Martin, Histore, p. 225, 转引自[美]哈罗德·J. 伯尔曼《法律与革命——西方法律传统的形成》,贺卫方译,中国大百科全书出版社1993年版,第563页。

③ James Lowth Goldsmith, *Lordship in France, 500 – 1500*, New York: Peter Lang, 2003, p. 308.

由于战乱和疾病等原因走向衰落。同时，在战争中也有一批新领主成长起来。但这些领主多与他的农民关系疏远。"因为他是新来的，在农民中间没有根基，跟他们也没有多少联系，只是靠绑票发财的冒险家，靠战争发家的贵族，是某个征服者安插的外来户，要不就是作为贵族的债主的资产者。由于他们失去了与土地和村庄的所有实际联系，领主把地产的经营业务交给租佃者，领地和农民负担的捐税由商人去征收，条件是这些承租人须向他缴纳议定的收益，并将其送到自己在城里的宅第中。战争和经济变迁破坏了原有的依附关系。'一切都在瓦解，不知原因何在'。"①到16世纪，由于司法制度更加复杂，领主们不得不聘请更多职业法官主持庄园法庭，有时也将法官职位出租。此外，庄园法庭还设有陪审员、书记员甚至是负责治安的庭警。法官们受过少许专业法律培训，一般会担任好几个庄园的法官，在几个庄园中定期巡回审判。16世纪中叶，舍农索城堡领地的首席法官——布列塔尼的勒内每年在此开庭四次，参加庭审的还有一名领主审判所检察员和一名负责记录的书记员，此外领地内还有三个乡村警察。②所有人的工资和招待法官食住的费用全部由领主迪亚娜支付，这变成领主一笔相当沉重的负担。17世纪，勃艮第一位贵族说"罚金、无主财产和没收钱物的收入不够支付法官们的工资"③。1750年在勃艮第的热莫，庄园领地的总收益为8156利弗尔，而诉讼费和罚款仅占132利弗尔。④"司法获大利"的原则不再通行，领主对庄园法庭也逐渐失去兴趣。此外，这些庄园法庭的法官大多也在王室法庭任职，保证了基层地区法庭审判的一致性，也让王室加强对地方庄园的控制和影响。旧制度时期，昂热（Angers）省的300个庄园法庭雇用了40位王室法庭工作人员。⑤ 16世纪，王室颁布一系

---

① ［法］乔治·杜比主编：《法国史》（上卷），吕一民等译，商务印书馆2010年版，第528页。

② ［法］伊旺·克卢拉：《文艺复兴时期卢瓦河谷的城堡》，肖红译，上海人民出版社2007年版，第113页。

③ ［法］马克·布洛赫：《法国农村史》，余中先等译，商务印书馆2003年版，第120页。

④ Y. Bézare, op. cit., p. 32, 转引自［法］费尔南·布罗代尔《15至18世纪的物质文明、经济和资本主义》（第二卷），顾良译，生活·读书·新知三联书店2002年版，第267页。

⑤ Soleil, le mantien des justices seigneuriales, pp. 89 – 91, 转引自 James Lowth Goldsmith, *Lordship in France*, *1500 – 1789*, New York：Peter Lang, 2005, p. 53.

列法令对古老的庄园法庭审判进行改革,并借机加强对庄园法庭的控制。过去由庄园法庭审理的一些案件越来越多地转交由王室法庭审理。1670年,王室法庭规定了归王室法庭审理的案件,包括叛国罪、渎圣行为、叛乱、公众煽动反政府言论和公共暴动、异教徒以及绑架和强奸等。[1] 地方有时还会派一两个检察官监督审查庄园法庭的审理,加强对基层组织的控制。从这一点来看,中世纪后期的庄园法庭开始从古老的带有原始公社性质的集会逐渐转变为由王室控制的司法机构。领主统治的基础,政治权利的核心——司法权被逐渐剥夺,国王成为国家民族的唯一代表。"15世纪末的法国乡村……这种领主权力支配下的居民共同体已不复存在。面对时而出现的国王代理人、税收官和驻军,农民们不再有真正的中间人、担保人。因为当过去的地方格局被打破后,只剩下国王权力构架了。"[2] 王国现在只属于国王,领主大部分的军事和司法权都已被王权剥夺,他蜕变成一个"土地食利者"。

二 庄园的经营管理

庄园不仅是一个基本的地方行政司法机构,也是一个基本的赋税单位和基本的经济单位。由于庄园辐射范围通常比较大,尤其是在中世纪早期大庄园制盛行的时期,仅凭一人之力是很难管理庄园的。再加上早期战争频繁,领主多要随军出征,无暇管理自家庄园。因而从罗马帝国晚期至中世纪早期开始,领主大多都依靠自家附庸或代理人来管理庄园。大贵族通常有出身贵族的总管负责管理家族所有庄园,总管之下还设有专门管理单个庄园的管家、庄头及其他工作人员。中小贵族通常依靠几个管理人员帮忙管理自家的庄园。这些管理人员最初大多是世袭的,他们实际负责的工作内容非常多,几乎涉及庄园内方方面面的事物,包括征收赋税、安排生产等。著名的《庄园敕令》就是王室颁给王室庄园管理人的规则,或者说是王室管理人员的工作手册。从敕令来

---

[1] L. Despois, Histoire de l'autorité royale dans le comté de Nivernais, Paris: Giard et Brière, 1912, p. 426, 转引自 James Lowth Goldsmith, *Lordship in France, 1500–1789*, New York: Peter Lang, 2005, p. 49.

[2] [法]乔治·杜比、罗贝尔·芒德鲁:《法国文明史Ⅰ——从中世纪到16世纪》,傅先俊译,东方出版中心2019年版,第244页。

看，管理人一般出身于自由民，需要服军役或其他国家职务，总管庄园一切事务，权力非常大。管理人首先应管理好庄园的一切生产活动，他应当安排播种或耕耘，收集庄稼、干草或葡萄，应安排组织庄园的劳动力，要组织专人管理畜牧业生产，照看好庄园的葡萄园、树林、果园、鱼池、磨坊等，要清点庄园生产的产品，并将收入上报，领主到来时要为领主提供在庄园生活所需要的一切食物和日常用品。管理人还要负责一些行政管理方面的工作，如开设庄园法庭，监管民众不法行为，为新增奴隶分配土地和工作。管理人下设庄头，协助管理人处理一些庄园内的具体事务。庄头是本地人，对庄园情况比较了解，但庄头势力不能过于强大，"而应从小康而可靠的人中选拔"。他所管理的范围不超过他一天内能够周巡视察的范围。庄头之下还有一些工作人员，如工头、收税员、仓库管理人、管林人和马夫等；有各类手工匠，如铁匠、金银匠、啤酒工、农业生产者、渔夫等。这些人基本上都出身于农奴或奴隶，在领主庄园内领有一块份地耕作，并为这块份地缴纳租税，虽然只是象征性地缴纳一头小猪。庄头和工作人员都不领工资，将这些管理工作当作替代的手工劳动，且职位基本都是世袭的。

庄园管理人和庄头拥有巨大权力，可以说是领主在庄园的全权代表。而职位世袭的传统也进一步加强了庄园管理人员手中的权力。凭借着世袭权力，不少庄园管理人趁机谋夺了大量财富，继而赎买了自己的身份，提高自身社会地位。有些管理人甚至购买到骑士职位，为日后子女进入贵族阶层打下基础。由于领主常年不驻扎在庄园，对庄园情况缺乏了解。庄园管理人和庄头们偷偷侵占领主的权益，如私吞部分税款，甚至侵占领主的土地。12世纪，福塞（Foussais）的埃莫贝尔·沙桑（Emobert Chassan）是一个本地庄头。他在庄园中权势非常大，甚至凌驾于领主之上，侵占了领主的利益。领主因此撤销了埃莫贝尔·沙桑管理者的（prévôt）职位。但埃莫贝尔·沙桑反诉，认为管理者之位是世袭的，领主不能撤换他。此案件先上诉至领主的上级——图尔（Tours）大主教布尔盖伊的博德里（Baudry of Bourgueil），后上诉至普瓦图伯爵威廉（William）。虽然最后埃莫贝尔·沙桑放弃了上诉，但此事之后领主制定了一个新规，即每位管理者上任之前都必须手扶圣坛宣

第二章　庄园制度的发展与解体

誓他必须在领主同意下开展工作并且不会将职位变成他的遗产。① 因此，从 10—12 世纪，领主们就逐渐淘汰了这种世袭管理者，以其他方式来管理庄园，如聘请外来的专业管理人管理庄园、出租管理人职位或将自留地出租给农民。1202—1203 年，路易六世将其在埃唐普（Etampes）新的定居区上所有的主要庄园管理者职位（prévôté）都租给了包税商。②

第一种，聘请外来专业管理人员来管理庄园。12—13 世纪，有些大领主就开始依靠聘请的外来管理人管理庄园，并在大庄园内建立起一系列的管理制度。处于首位的是领主的总管，负责审查监督领主下属所有财产并安排领主的生活。总管之下，设有总财务官、地区税务员巡视监督领主产业经营。每个庄园都设有一个管家具体管理，另有一位当地官员协助具体工作。管家们多出身贵族，从领主处领有一份工资作为报酬，但职位不能世袭。1547 年，亨利二世的情妇普瓦捷的迪亚娜获得了舍农索城堡及附近领地。当年，迪亚娜聘请自己的财政代理人安德烈·贝罗担任领地管家，兼任领地税务员，年薪 60 利弗尔。他每年要向迪亚娜的总管尼古拉·蒂贝和迪亚娜的财务官西蒙·戈耶汇报工作，接受审理。③ 18 世纪，图卢兹地区地方最高法院的法官大多雇用领薪水的职业管家来管理自己的庄园。波尔多地区地方最高法院的法官及勃艮第地区地方最高法院的法官也大多采用这种方式来管理庄园。18 世纪 70 年代，萨德侯爵（Marquis de Sade）每年给自己位于博旺斯（Bovence）一处庄园的管家的薪水约为 400 利弗尔。④

第二种，将自留地分割出租给农民。11 世纪，传统的依靠农奴来耕作领主自留地的经营方式已经难以维系。随着社会经济的发展，庄园

---

① George T. Beech, *A Rural Society in Medieval France: the Gâtine of Poitou in the Eleventh and Twelfth Centuries*, Baltimore: the Johns Hopkins Press, 1964, p. 119.

② James Lowth Goldsmith, *Lordship in France, 500 – 1500*, New York: Peter Lang, 2003, p. 170.

③ ［法］伊旺·克卢拉：《文艺复兴时期卢瓦河谷的城堡》，肖红译，上海人民出版社 2007 年版，第 112 页。

④ James Lowth Goldsmith, *Lordship in France, 500 – 1500*, New York: Peter Lang, 2005, pp. 42, 44.

经济的复杂化和消费生活方式的变迁，领主们开始大量削减领主自留地的份额，将土地部分或者全部出租给农民耕种。领主本人不再依靠农奴或者雇用工人耕种土地，而主要是收取租金。部分中小领主即使仍然自己管理经营庄园，但他们大多也是将领主的自留地部分分割成小块土地出租或者完全出租。从11世纪到14世纪，这是法国各个地方的领主自留地选用的主要经营方式。大部分庄园的自留地减少到20—50公顷。① 与中世纪早期动辄几百公顷的大庄园相比，到这一时期领主们的自留地已经大大减少。诺堡子爵的领地范围超过1000公顷，但其自留地仅仅只有103公顷。拉古埃（Largouet）庄园领主甚至只留下一座磨坊，广大的林地及荒地，没有自留耕地。② 13世纪，圣德尼（Saint-Denis）修道院在特伦布莱（Tremblay）的庄园整个面积达到1360公顷，其中以各种方式出租给农民的土地达到952公顷，另有257公顷为林地，修道院的自留地仅有约151公顷。③ 到13世纪80年代，圣德尼修道院所有的庄园及庄园领地都采取签订短期租约的方式租给了他人耕种。④ 到14—15世纪，领主们缩减自留地或者放弃自留地的现象更为盛行。1315年，附属于法兰西岛下里斯西多会修道院的沃尔伦庄园周边地块都被分成小份纳年贡的土地出租给农民耕种。庄园自留地主要部分则出租给他人，为期9年。承租者缴纳沉重但固定的货币和实物地租。图尔内的圣马丁本笃会修道院将85%的地产出租出去，自营地部分仅剩25%。⑤ 1526年，鲁昂（Rouen）大主教在整个阿利尔蒙（Aliermont）地区仅有25公顷自留地和少量林地。在东诺曼底的圣母教区，佃户租佃的土地占所有土地的94%，即1300公顷土地中仅有40公顷不属于

---

① James Lowth Goldsmith, *Lordship in France*, *500 – 1500*, New York: Peter Lang, 2003, p. 129.

② George T. Beech, *A Rural Society in Medieval France: the Gâtine of Poitou in the Eleventh and Twelfth Centuries*, Baltimore: the Johns Hopkins Press, 1964, p. 27.

③ James Lowth Goldsmith, *Lordship in France*, *500 – 1500*, New York: Peter Lang, 2003, p. 215.

④ James Lowth Goldsmith, *Lordship in France*, *500 – 1500*, New York: Peter Lang, 2003, p. 217.

⑤ [法]乔治·杜比主编：《法国史》（上卷），吕一民等译，商务印书馆2010年版，第468页。

佃户们。① 18世纪70年代，领主贝勒丰（Bellefonds）自己管理位于都兰（Touraine）的领地塞纳维耶尔。她要求所有采邑持有者向她宣誓效忠，并亲自监督管理8块分成制租佃田和6块1/2份份地，组织征收什一税，地租和劳役。② 但资料中没有提及其保留部分自留地自己耕作。

第三种，将庄园管理职位出租给他人或将整个庄园或部分庄园出租给他人经营。少数领主不仅放弃了直接经营，他们甚至将庄园分成几部分全部租给他人经营，或者将庄园职位出租给他人。有时这种租约不仅包括庄园的土地，还包括领主凭借领主统治权所得到的一切收入，如庄园什一税、使用磨坊、压榨机和炉灶等公共物品的收入、使用林地、草场等公共领地的收入等。1246年，本笃会一家位于苏瓦松（Soissons）的修道院出租了一个庄园。这份租约不仅包括领地自营地，使用干草地的费用，庄园什一税，所有的庄园贡赋，以及使用磨坊、压榨机和炉灶时征收的费用和劳役等。③ 实际上，该修道院已放弃自我经营的方式，将庄园完全租给了他人管理经营，自己则成为彻底的土地食利者。最初，租赁者大多就是以前的庄园管理人员或一些政府职员、小资产阶级。16世纪60年代，舍农索城堡领的佃农多是些经济条件相对较好的人员。如租佃者弗朗索瓦兹·德·布瓦泽是贵族皮埃尔·奥勒弗伊的母亲和监护人，享有亡夫的遗产。奥诺拉·勒格朗是国王的膳食总管兼面包总管。伊莱尔·莱斯皮尔是昂布瓦兹教会圣母小教堂和圣-让-巴蒂斯特小教堂的常任神甫。④ 纪尧姆·佩恩（Guillaume Paen）是东诺曼底圣尼古拉教区一个颇有资产的普通农民。1430年，他与领主签约租佃领主的自留地6年。1447年，他的儿子让（Jehan）也做了同样的事。

---

① Guy Bois, *The Crisis of Feudalism: Economy and Society in Eastern Normandy c. 1300 – 1550*, Cambridge and Paris: Cambridge University Press and Editions de la Maison des Sciences de l'Homme, 1984, pp. 148 – 149.

② Brigitte Maillard, *Les compagnes de Touraine au XVIIIe siècle. structures agraires et économie rurale*, Rennes: Presseé universitaires de Rennes, p. 111，转引自 James Lowth Goldsmith, *Lordship in France, 1500 – 1789*, New York: Peter Lang, 2005, p. 42.

③ James Lowth Goldsmith, *Lordship in France, 500 – 1500*, New York: Peter Lang, 2003, pp. 217 – 218.

④ ［法］伊旺·克卢拉：《文艺复兴时期卢瓦河谷的城堡》，肖红译，上海人民出版社2007年版，第189页。

尼古拉·索尼耶（Nicolas Saunier）原本只是一个普通的兽医和锁匠。他在1532年以每年300图尔利弗尔（livre tournois）①的租金租佃了领主的磨坊。磨坊租约到期后，他又租佃了领主的整个庄园9年。② 后来，不少像包税商、银行家一样的大资本家也加入租赁庄园的队伍。他们大多资金雄厚，可以租赁管理一个或数个领主庄园，每年提前向领主支付庄园总收入的25%—40%的租金，达到数千乃至上万利弗尔。偶尔他们还向欠债的领主们提供贷款。1579年，王太后凯瑟琳·德·美第奇的宫廷夫人克洛德·罗贝尔泰以王太后的名义与图尔商人拉乌尔·儒伊斯签订一份7年的租约，将舍农索城堡领土地出租。除了城堡、楼阁、后院、花园、禁猎区，一座用作缫丝厂的莱乌德庄园，以及磨坊和葡萄种植园外，城堡领地内几乎所有土地都出租。承租人不仅要管理庄园生产，还要组织庄园法庭，为领地内所有官员提供膳食，要为舍农索城堡和昂布瓦兹城堡任何人提供诉讼费用，并且有义务将罪犯押往巴黎或其他地方，且要负担相关费用。1580年，美第奇王太后同意这项租约。在这7年间，平均每年拉乌尔可从领地获利1200埃居（écu）。③该领地包括60阿庞领主自营地，61阿庞果园和领地以及9块分成制租田。④每阿庞约为20—50公亩，即使按最低每阿庞20公亩算，仅领主自营地和果园等就达到2420公亩，约合24.2公顷。拉乌尔能租下领地绝大部分土地，足见其财力是比较雄厚的。16世纪初，这种能将整个领主地产租佃下来的资本家还是比较少。但是到17—18世纪，这种人群已经变得越来越多，尤其是在经济比较发达的地区，如法兰西岛。由于越来越多的大资本家加入庄园租赁者的队伍，领主们从主要依靠雇用管家来管理地产逐渐转为将庄园全部出租给资本家们。中世纪庄园经营

---

① l. t, livre tournois（图尔利弗尔）的缩写，法国一种古老的货币，源于图尔城约相当于20苏（sous）。

② Guy Bois, *The Crisis of Feudalism: Economy and Society in Eastern Normandy c. 1300 – 1550*, Cambridge and Paris: Cambridge University Press and Editions de la Maison des Sciences de l'Homme, 1984, pp. 154 – 155.

③ 埃居（écu），法国古钱币。

④ [法] 伊旺·克卢拉：《文艺复兴时期卢瓦河谷的城堡》，肖红译，上海人民出版社2007年版，第190页。

管理的模式正逐渐让位给带有资本主义性质的经营管理模式。

第四节　农奴制的瓦解

农奴是西欧中世纪农民的重要分支,是庄园中重要的农业生产者。过去史学家曾认为奴隶制瓦解后西欧社会的农民不是自由民就是农奴,且基本上都属于农奴阶层。近些年,不少史学家虽然对过去的观点提出怀疑,但并没有否认农奴在中世纪农村社会的重要性。农奴制仍是西欧中世纪史研究中不可或缺的部分。

一　中世纪的农奴

法语中 serf 是从拉丁文奴隶一词 servi 变化而来,中文翻译为农奴,法语俗语常将其称为 homme de corps。homme 即指人,也可指部下、属下、封建时代的家臣；de 在法语中表示所属关系；corps 含义非常广,可指人的身体、躯体,也可指代个人或一个团体,还可指主体等。从字义上看,homme de corps 应当是指属于某个人或某个团体的人,强调其人身附属于主人、依附于主人,即人身依附关系。所以维泽雷修道院院长这样说一位农奴:"他从头到脚都归我所有",强调农奴身体是属于主人的,沿用古罗马奴隶制的概念。可见早期农奴制依然带有古罗马奴隶制的残余,农奴地位低下,命运多舛。11 世纪安茹的一份农奴家谱中记载一个叫尼韦(Nive)的农奴被主人维亚尔(Vial)割断喉咙。[①] 农奴似乎并不比奴隶好多少。有些学者则强调农奴对土地的依附关系。如佩里·安德森指出农奴(拉丁文 glebae adscripti)是"受束缚于土地的人"[②],强调农奴与土地之间的依附关系。农奴不允许自由流动,不允许与土地分开,不过领主也不能随意将他们驱赶出去。在汤普逊看来,农奴起源于古罗马的隶农和日耳曼的半自由人。他们在人身上是自

[①] [法]马克·布洛赫:《封建社会》(上卷),张绪山译,商务印书馆 2007 年版,第 418 页。

[②] [英]佩里·安德森:《从古代到封建主义的过渡》,郭方、刘建译,上海人民出版社 2001 年版,第 151 页。

由人,在经济上是一个不自由的人。他们不得离开土地被出售,是"土地上的不可分离部分"①。马克·布洛赫认为农奴身份具有两重性,既有人身依附关系,也要依附于土地。他在《封建社会》中强调依附于土地不是农奴的特点,农奴更加突出的特征是农奴对主人的严格依附,这种依附关系无论他走到那里都不会改变,并且将世代相传。1077年,加尔朗老爷表示:"我把诺东维尔德全部男女农奴都送给圣马丹,无论他们的后代中有谁又迁往他处,不管他们是男是女,不管迁往地远近,使乡村、村镇、市镇或是城市,因他的农奴身份,他们同样隶属于圣马丹的僧侣们。"② 不过,到后来人们越来越多地将农奴视为与土地捆绑在一起的人,强调农奴的土地依附关系。

那么到底什么人才算是农奴呢?如何区别农奴和自由人?在中世纪,这或许是最难解决的一个问题。因为当时的法国农村对农奴的界定缺乏统一的标准,每个地区、每个庄园都有自己的标准,几乎找不到两个完全一样的标准。中世纪末的法学家曾将达伊税(taille)、永久管业(mainmorte)和婚姻税(formariage)作为农奴的标志,马克·布洛赫沿用此说法。英国法学家波拉克勃将劳役的不确定性作为农奴的标志,即"今天晚上还不知道明天早上干什么,那他就肯定是一个农奴"③。应当说这些都算得上农奴的特征。伯尔曼在《法律与革命》一书中列举了农奴的八大特征:1. 不为一个主人所拥有,也不得买卖;2. 能够结婚;3. 能够衣食自给;4. 对房屋、土地和财务享有某些权利;5. 受束缚于土地,不能随意离开,随土地一起转移;6. 为领主自留地提供劳役;7. 缴纳实物或货币租税;8. 使用和处分土地的权利受到严格限制,死亡时财产归领主所有。④

从这些描述中可见,农奴的状况大致如下:他们是直接农业生产者,领有一块土地和房屋,拥有自己的家庭,有一定财产权利。但他们

---

① [美]汤普逊:《中世纪经济社会史(800—1300年)》(下册),耿淡如译,商务印书馆1997年版,第381—382页。
② E. Mabille, *Cartulaire de Marmoutier pour le Dunois*, 1874, n。XXXIX (1077).
③ 马克尧:《西欧封建经济形态》,中国大百科全书出版社2009年版,第213页。
④ [美]哈罗德·J. 伯尔曼:《法律与革命——西方法律传统的形成》,贺卫方等译,中国大百科全书出版社1993年版,第387页。

第二章　庄园制度的发展与解体

必须依附于土地，不能随意迁徙，当土地转让时要随同土地一起转让。他们没有完整的土地所有权，不过领主也不能将他们赶离土地，土地可世袭。作为领有份地的回报，农奴要向领主提供不确定的劳役，缴纳各种贡赋，如实物租、达伊税、使用村中磨坊、烤炉、压酒器的费用等。圣－日耳曼－德－普雷修道院的庄园中，撒克逊·安罗屈持有一块9公顷31.64公亩的份地，第一年提供3苏，第二年提供1苏的现金，3只小鸡（poulet）和15个鸡蛋以及常规的劳役服务。① 他们法律地位略高于奴隶，不能被随意买卖但可以交换。1172年，巴黎附近圣·热纳维埃夫修道院用一个女农奴与同一教区的圣法龙（Sainte-Faron）修道院交换了一个带着三个孩子的母亲。② 在生活中他们受到歧视，不允许出庭作证，不允许参加国王的军队，不允许参加圣事仪式等。因为他们身体是属于主人的，是非自由人。农奴的主要标志有：首先，农奴可以合法婚配，但若没有领主的允许，他们禁止同不同身份的人或庄园外的人结婚，称为formariage。830年，艾因哈德（Einhard）的妻子为一个农奴向其领主求情。这个农奴叫韦尼洛（Wenilo），来自莫斯巴赫（Mosbach），在没有得到领主允许的情况下他与一个自由人女子结婚。他们害怕领主追究，不得不请求艾因哈德妻子的帮助。③ 由于庄园地域范围小，很多农奴都不得不去庄园外寻求婚配对象。为解决这些问题，早期领主曾采取交换农奴的方法。巴黎主教摩里基就曾与圣泽门寺院交换了一个女农奴。因为这个女农奴伊萨伯尔嫁给了圣泽门寺院的鲁伯特。作为交换，圣泽门寺院也交出一个女农奴爱美琳给巴黎主教，因为她嫁给了属于巴黎主教的人哈林。④ 但这种交换方式十分烦琐且常常无法对等交换，因此后来领主们通常采取收费的方式。这种收取的费用也称之为formariage，即违反婚姻税。1386年在巴黎马里希（Marisy）村，

---

① M. B. Guérard, Polyptyque de l'abbé Irminon ou denomnrement des manses, des serfs et des revenus de l'abbaye de Saint-Germain-des-Prés sous le règne de Charlemange, t. I, Paris, 1844, p. 154.

② Constance H. M. Archibald, "The Serfs of Sainte-Geneviève", The English Historical Review, Vol. 25, No. 97, 1910, pp. 1–25.

③ G. G Coulton, The Middle Village, New York: Dover Publications. INC., 1989, p. 107.

④ 耿淡如、黄瑞章译注：《世界中世纪史原始资料选辑》，天津人民出版社1957年版，第23页。

违反婚姻税达到个人财产的 1/3。① 其次，农奴可以继承父母的遗产，但需要先缴纳一笔费用。法国主要存在着两种不同的继承方式：第一种规定领主在农奴死后可以从农奴家取走一小部分遗产，如最好的家具、最好的牲畜等，这种方式在西欧许多国家都出现过；第二种继承方式是法国特有的，也是法国最流行的方式，称为 mainmorte，直译为死手权，即死于一人之手，但通常译为永久管业。按照永久管业的规定，有子女的农奴，只有与父母同住的子女在父母去世后可以继承遗产；农奴死后若无子或即使有子女但不与父母同住，遗产应全部由领主继承。旁系亲属一律没有继承权，因此法国有句格言："Le serf mort, saisit le vif son seigneur"，即农奴死了，遗产归生者——他的领主。若昂·特韦诺（Johan Theveneau）出身于农奴，但是与一个自由人女子结婚。他在奥尔维利耶（Orvilliers）当了30多年的主管人员，还是一位木匠，家境殷实。他一辈子积累了一块中等大小的土地，并且为子女购买了自由人身份。但就是因为子女的自由人身份，在1473年特韦诺去世后子女不能继承他价值 333 利弗尔的遗产。② 最后，农奴要交纳人头税（capitation），税收数目虽不多，但代表着农奴对领主的服从关系。《庄园敕令》中就规定庄园中的公职人员要象征性地缴纳一头小猪。圣·热纳维埃尔修道院的人头税是每人4德尼埃。③ 总地来说，农奴地位略高于奴隶但低于自由人。中世纪末，随着社会经济的发展，农奴与非自由人的界限也日渐模糊。

二 走向解体的农奴制

农奴身份可以世袭，不会随着时间和地点的变化而转变，除非得到领主的同意才能获得解放。有时候，领主们为了奖励某个工作认真负责的庄园管家会主动解放其农奴身份。农奴也可以向领主主动赎买自由人身份。当然早期，农奴解放事件还是比较零散的个人行为，没有对农奴

---

① Arch. Nat. L. 885, Nos. 93, 94., 转引自 Constance H. M. Archibald, "The Serfs of Sainte-Geneviève", *The English Historical Review*, Vol. 25, No. 97, 1910, pp. 1 – 25.

② James Lowth Goldsmith, *Lordship in France, 500 – 1500*, New York: Peter Lang, 2003, p. 318.

③ Constance H. M. Archibald, "The Serfs of Sainte-Geneviève", *The English Historical Review*, Vol. 25, No. 97, 1910, pp. 1 – 25.

制造成冲击。大规模农奴解放运动大约在 12—13 世纪出现,一直持续到 16 世纪中叶。在这个过程中,12—13 世纪的垦荒运动发挥了先锋作用。

早在 10 世纪,法国部分地区就出现了大规模垦荒运动,如诺曼底和缅因地区,但很快因为阿拉伯人的入侵而被迫中断。11—12 世纪,法国国内经济发展,人口迅速增加。为解决这些人口问题,教会、贵族开始组织人们开垦荒地,大规模垦荒运动在法国全境开展。垦荒运动的先驱是大修道院的修士们,如本笃会的修士们(bénédictin)开垦了鲁西荣(Roussillonnais)的森林和荒地、缅因的森林等;西多会的修士们(cistercien)为诺曼底的清林造田做出重要贡献。在教会人士的带动下,大小贵族纷纷加入这场声势浩大的垦荒运动。12 世纪,法兰西王室也积极支持垦荒,并多次在塞纳河(Seine)和卢瓦河(Loire)之间的地段开垦荒地。最初的垦荒基本上是修道院修士们自己劳动,或依靠修会皈依者和附庸的帮助。随着垦荒运动的发展,农民成为开垦荒地的主力军。这些垦荒者被称为 hôte,原意为宾客、客人,说明他们最初都是从远方迁徙而来的外来人士。利穆赞的农民就参与了克勒斯(creuse)河下游左岸森林的清林工作。为了吸引这些远道而来的宾客们,领主们为他们提供了十分优厚的条件。1108—1134 年,路易六世给埃当普附近托尔富的垦荒者们颁布了宪章,让"他们享有一又四分之一阿庞的土地。但他们每年应缴纳 6 德尼埃、2 只母鸡 2 赛提埃的燕麦作为租金。他们免除所有行业性捐税、军役税以及兵役和巡查义务,除非是普遍性的征调;他们不服役,且'只由朕特设的代表负责审判事务'"。[①] 由此可见,这些"宾客"向领主领有一块土地,只需要交纳少量现金或实物,即年贡,且一年中除了几天的公共劳役之外不需要提供其他劳役。他们不需要交纳人头税、可以出席王室法庭、可以自由结婚、自由迁徙、也可以自由支配自己的财产,简单来说这些"宾客"大多已经摆脱了农奴身份,成为自由人。15 世纪,在经历百年战争和黑死病的打击后,法国经济遭受重创,人口减少。为了将人们留在自己的土地上,领主们对农奴变得异常"友善",主动提出解放奴隶。1439 年,勃艮第

---

① [法]乔治·杜比主编:《法国史》(上卷),吕一民等译,商务印书馆 2010 年版,第 354—355 页。

比尔骑士团封地的修士们解放了图尔西村的村民，因为"过了一些时候，所有的住房和谷仓或大部分图尔西村的建筑被焚毁和拆除……同时也由于强迫的死手权作祟，没有任何别的人愿住到指定的城市……因而大家都逃亡，仍然留在有自由的地方"①。

中世纪末农奴自己也采取多种方法尽力争取获得自由人身份：1. 农奴可以将劳役折算成实物货币租，或采取赎买的方式获得自由人身份。劳役折算为实物或货币租是生产关系的重大变革。由于法国庄园土地碎化严重，一个庄园的土地可能分布于好几个村庄，且彼此相距甚远，管理人员不方便管理，也不便组织他们参与领主自营地的劳动。因此，一些偏远地方的小块份地持有者常常就免除了劳役或将劳役换成实物或货币租。12世纪，新开垦的地区绝大多数都采取收取实物或货币租的方式来代替劳役。再加上农奴在为领主提供劳役工作中常有偷懒耍滑的行为，领主也认为货币或实物租更为有利。12世纪以后，实物或货币租代替劳役成为农奴的主要负担。如12世纪早期，法兰西王室颁布特许状授权给王室庄园洛里（Lorris），取消庄园各种旧习惯费用、达伊税、军事服务、各种劳役征用以及城堡的警卫工作等，但是居民们要每年支付6德尼埃的住房租金和每阿庞6德尼埃的土地租金。② 摆脱劳役负担的农奴有更多时间精力忙于自家土地的经营。他们在此过程中积累了财富，自然希望摆脱农奴身份的限制。最初赎买身份的农奴多是村中有钱有势的头面人物——庄园管理人员，随后越来越的普通农奴家庭也渴望获得自由人身份，甚至出现了整个村庄将公共土地出售来获得自由身份的事件。1249年，圣·热纳维埃尔修道院的农奴兰吉（Rungy）的约翰（John）将1阿庞的土地卖给了修道院，获得60苏和自己与四个儿子的自由人身份。同年，于贝尔·德·普罗什泰尔（Hubert de Procheterre）和妻子也将自己在兰吉3/4的土地出售给修道院，得到43苏和夫妻俩及儿子的自由。③ 也有些农奴一项项地购买自己的自由权

---

① ［法］马克·布洛赫：《法国农村史》，余中先等译，商务印书馆2003年版，第126页。
② James Lowth Goldsmith, *Lordship in France*, 500 – 1500, New York: Peter Lang, 2003, p. 113.
③ Arch. Nat., S. 1575, no. 16, 转引自 Constance H. M. Archibald, "The Serfs of Sainte-Geneviève", *The English Historical Review*, Vol. 25, No. 97, 1910, pp. 1 – 25.

利，如购买自由婚姻的权利（formariage）、为子女购买日后自由继承的权利（mainmorte）等。1245年，巴黎附近的格朗西（Glancy）和弗勒内尔（Frennel），有13个农奴以每年半桑利斯（senlis）磅的蜡，共支付15年的代价让自己摆脱了达伊税、永久管业和婚姻税的束缚。① 领主也会主动提出解放农奴，但农奴们必须付出一笔费用。13世纪初的法兰西岛，五个居民中就有一个农奴。他们像其他农民一样准备为自由而斗争或花钱赎买，以摆脱这种已经难以忍受的低下身份。② 12—13世纪法兰西王室就曾为赎金大批解放了王室土地上的农奴。2. 农奴们可采取法庭斗争、集体逃离或反抗斗争来摆脱农奴制。庄园法庭实行集体审判制度，依照习惯法来判决，虽然在判决时常会偏向领主，但领主也要服从庄园法庭的审判，不能独断专行。因而农奴有时也依靠司法体系与领主斗争，争取自身权益。1179年，巴黎附近罗尼村的村民同领主圣·热纳维埃夫修道院打起官司。修道院宣称罗纳村的村民都是自己的农奴，但村民不承认。案件上诉至王室法庭，国王也很难判断。15年后，全体村民最终取得胜利，获得解放。③ 1250—1251年，奥利的农奴团结了2000名农民，共同抵抗巴黎圣母院的议事司铎。④ 除了法庭斗争，农奴们采取多种方式逃避领主的劳役和压榨，如欺瞒、逃避等。胆大的农奴也会冒险逃离庄园，甚至出现整个庄园集体逃离的现象。12世纪法国德雷岛全体居民因为不堪忍受领主的残暴而集体逃离。更激进的农奴被迫走上农民起义斗争的道路，如1358年的扎克雷起义。农奴的反抗斗争迫使领主不得不让步。不少领主废除了庄园居民农奴身份，减轻农民负担，试图缓和社会矛盾。

农奴解放运动发展较快，尤其是在经济较为发达的地区。1245年后，巴黎地区的农奴解放运动十分频繁，以致农奴制在不到30年的时

---

① Arch. Nat., S. 1546, 转引自 Constance H. M. Archibald, "The Serfs of Sainte-Geneviève", *The English Historical Review*, Vol. 25, No. 97, 1910, pp. 1–25.

② [法] 乔治·杜比主编：《法国史》（上卷），吕一民等译，商务印书馆2010年版，第408页。

③ Constance H. M. Archibald, "The Serfs of Sainte-Geneviève", *The English Historical Review*, Vol. 25, No. 97, 1910, pp. 1–25.

④ [法] 乔治·杜比主编：《法国史》（上卷），吕一民等译，商务印书馆2010年版，第408页。

间内就几乎消失了。到 15 世纪左右，法国大规模农奴解放运动基本结束。这一时期，法国农民多数已不是农奴，变成自由人。根据 1427—1440 年勃艮第的圣文森特山（Mont-Saint-Vincent）城堡领地籍册的记载，当地 359 个居民只有 86 个是农奴。[1] 他们在人身关系上和经济关系上都不再依附于领主，可以自由迁徙，婚姻不受限制，没有劳役、人头税等农奴身份的标志，不受领主管制。16 世纪中叶，图卢兹的阿尔蒂加村已经有 100 多年没有领主统治。村民们不需要交纳采邑税、不需要提供劳役，对土地有完全的所有权。村中所有行政事务由国王代表里厄镇法官、图卢兹的司法总管（sénéchal）和图卢兹最高法院处理。

三 农奴制的残余

经济滞后，人口减少时，领主们为了留住农民，提供诸多优惠条件。一旦条件好转，人口增加，领主们自然不会那么慈善。尤其是 16 世纪中叶以后领主收入减少，为了尽可能维护自己利益，领主变得更加保守，紧紧守护着过去的特权利益。农奴解放运动遭遇阻碍，留下不少农奴制残余。据亨利·塞估计，1789 年大革命前法国约有 100 万的农奴或更多[2]，主要分布于经济不发达地区，如东北部的弗朗什-孔泰和洛林地区，以及中部的贝里（Berry）、尼韦内（Nivernais）、奥弗涅地区。除了这些农奴，农民仍部分地受限于过去农奴身份，如受到永久管业的限制。

永久管业（mainmorte）是法国特有的一种继承方式，从字义上看，由 main（手）和 morte（死亡）两词组成，也有译为死手权，即死于一人之手。实际上，服从永久管业的农民根本没有财产所有权，所有的财产都是属于领主的，因此农奴的财产不能转让、更改。子女可以继承遗产，但继承人必须与父母同住并满足相关条件，否则财产全部归领主所

---

[1] Nathalie Zborowksi, Origine, *description et confection d'un terrier : celui de la châtellenie de Mont-Saint-Vincent, première moitié du XVe siècle*, Bailliage de Charolles, Revue de physiophilie, 66, 1990, 11–28. 转引自 James Lowth Goldsmith, *Lordship in France, 500–1500*, New York: Peter Lang, 2003, p. 315.

[2] ［法］施亨利：《十八九世纪欧洲土地制度史纲》，郭汉鸣译，正中书局 1935 年版，第 1 页。

第二章 庄园制度的发展与解体

有。如果农民试图迁徙就必须放弃自己所有的财产和权利。为了收回财产，领主可动用追索权（right of suit）要求获得农奴的全部遗产。到了近代，永久管业及追索权依然延续甚至得到巴黎高等法院的支持。1738年，勃艮第的蒙塔尔（Montal）伯爵上诉高等法院要求追回农奴让－纪尧姆·莫罗（Jean-Guillaume Moreau）的所有财产。莫罗原本是蒙塔尔伯爵家的农奴，年轻时逃至巴黎并在巴黎生活了 50 年。莫罗在巴黎成为一位成功的商人，死后无子嗣，他将自己价值至少 15 万利弗尔的财产留给了巴黎的一家慈善机构。案件上诉至高等法院，巴黎市长代表巴黎的慈善机构提出莫罗已经在巴黎生活了 50 多年，是巴黎的一位资产阶级。伯爵得到勃艮第最高法院的支持，认为莫罗没有依照勃艮第地区习惯购买自由人身份，也没有放弃在当地的土地和财产，因此他还依然要服从永久管业和追索权。最终巴黎最高法院裁定蒙塔尔伯爵胜诉，支持永久管业及追索权。[①] 永久管业的残存意味着农民随时都有可能失去自己祖辈的遗产，农民自然不愿也不敢在土地上投入过多，也不愿引进新技术、新方法、新物种，影响了农民生产积极性，阻碍了农村经济的发展。它完全是古代奴隶制的残余，伏尔泰称其是一种野蛮的制度。

对永久管业的残留，当时已有不少有识之士提出批判意见，并要求废除永久管业、追索权及其他封建特权。18 世纪六七十年代，启蒙思想家积极参与此次批判运动，关于永久管业、农奴制等问题的争议达到白热化的地步。1765 年，律师达穆尔（Damours）出版一本反对农奴制的小册子《关于在法国完全废除奴役的论文》（*Mémoire pour l'entière abolition de la servitude en France*）。论文发表后，达穆尔立即遭到报复，不仅论文被镇压，律师本人也被迫停业三个月，客人大量流失。伏尔泰也曾出版一本抨击弗朗什－孔泰地区圣－克洛德（Saint-Claude）大主教区教会农奴制的小册子。教会十分恼怒，上诉至多个法庭控告伏尔泰，包括王室理事会（royal conseil）。最终教会虽然胜诉，但伏尔泰得到民众的支持。18 世纪 60 年代，巴黎高等法院再次受理与莫罗同样的案件。这次的主角名皮埃尔·特吕绍（Pierre Truchot），是一个来自

---

① James Lowth Goldsmith, *Lordship in France, 1500－1789*, New York: Peter Lang, 2005, p. 41.

尼韦内省的逃亡农奴和一个自由人女子的儿子。他出生于巴黎，并在巴黎度过了自己的一生，死后将自己1.8万利弗尔的遗产留给自己的旁系亲属。尽管特吕绍家族在尼韦内省已经没有任何财产和亲属，皮埃尔·特吕绍父亲的领主拉图尔内尔（La Tournelle）声称依据追索权和永久管业要求获得皮埃尔·特吕绍的财产。案件起初是由巴黎的王室夏特勒法院（royal Châtelet）审理，夏特勒法院（Châtele）根据不到庭而败诉的原则支持特吕绍的旁系亲属。领主不服，上诉至巴黎高等法院。这时，该案件已经引起众人关注。巴黎一些有影响力的律师甚至出版小册子宣扬自己的观点，支持特吕绍的旁系亲属，批判所谓的追索权。他们提出皮埃尔·特吕绍已经是一位自由人，不应该受永久管业的限制，而且尼韦内地区的永久管业规定只适用当地，不能在巴黎使用。1760年，以少量优势选票巴黎最高法院最终判决遗产留给特吕绍家族但仍然保留追索权和永久管业的法律体系。[①] 直到1779年，内克（Necker）才颁布法令废除王室土地上所有农民的永久管业和全国领主们的追索权。这就意味着领主的永久管业和追索权只局限于庄园之内，在废除追索权和永久管业的自由地区领主不能再实施该权利。农民在自由地区的财产权获得保护，他们也可以通过定居在自由地区获得个人自由。内克本想通过这项法令推动领主们解放农奴，但收效甚微。教会在这方面表现得更为保守，不仅没有继续解放农奴反而加强了对农奴的控制。1684—1716年，耶稣会会士们在法国积极推动追索权的实施，追缴逃亡农奴的财产，并获得巨大成功。圣-克洛德大主教堂在1779年法令颁布不久后同意让该教堂1.2万的农奴摆脱永久管业，但农奴们必须以分期付款的方式共支付每人10利弗尔以上的赎金，期限为十年以上。[②] 真正追随内克脚步的贵族少之又少。直到1789年法国大革命时期，政府才正式废除永久管业。

除了永久管业、追索权，法国还残留着不少过去农奴制的残余标志，如达伊税、土地转让金等。这些制度的残留也体现了近代早期法国

[①] James Lowth Goldsmith, *Lordship in France, 1500–1789*, New York: Peter Lang, 2005, pp. 211–213.

[②] James Lowth Goldsmith, *Lordship in France, 1500–1789*, New York: Peter Lang, 2005, p. 214.

社会的顽固和保守，不利于提高农民生产积极性，不利于法国社会经济的转型，这也是导致法国农村经济长期落后的因素之一。

在中世纪晚期至近代早期的社会大变革时代，表面看来毫无变化的法国农村已悄悄地改变。社会经济有所发展，不合理的农奴制度开始瓦解，古老的庄园管理体系和司法体系逐渐被王室政府所代替，中世纪的庄园制度和生产方式走向没落，部分地区出现了新兴的资本主义经济方式。只不过对比英国，法国农业经济发展缓慢，农业结构变化不大，农民收入有限而负担沉重，导致农民长期无法摆脱小农状态。在庄园制度瓦解中，法国的变革带有极大保守性，保留诸多封建残余，也限制了农业资本主义的发展。因此，在法国虽然也存在着圈地运动，但无论在规模还是在程度上都无法与英国相比。

第三章 近代早期的圈地运动

近代英国农业发展史上，圈地运动是其农业经济发展的重要一环，是英国资本主义农业发展的基础。但这种现象不是英国所独有的，荷兰、德国等西欧其他国家也都出现过类似现象。英国的近邻——法国在近代早期也曾存在着圈地运动，当然无论在规模还是影响力方面都不能与英国相提并论。

第一节 早期的圈地运动

圈地运动的兴盛是近代西欧出现的独特现象，但圈地并不是近代才出现。实际上，圈地与敞地一样是法国中世纪时期就已存在的两种不同的农田形态。

一 敞地与圈地

敞地（openfiled）[①] 是中世纪早期直至 20 世纪欧洲大陆上最常见的一种农田形态，曾在西欧国家如英国、法国、德国、比利时乃至俄罗斯等国长期存在。直到今天，在法国农村仍然残留着古老的敞地制农田的痕迹。

敞地，顾名思义，即指敞开的、开放的田地。在这种农田形态下，村民住宅通常位于村庄中心，四周围绕着呈长条状分布的农田，即条田。村庄中每块条田的形状几乎完全一样，但长度并不对称，一般是长

---

① 敞地，法文：openfiled，同英文的 open field。国内关于敞地有多种译法，敞田制、开田制、露地等。

而窄的狭长形。条田与条田之间几乎没有树木、篱笆等明显的障碍物，各家田地之间最多只是一条犁沟，且绝大多数情况下只是些想象的分界线。由于田地之间没有明显的障碍，农民站在自家门口一眼就能看见在自家田地所发生的一切事情。"没有树木，甚至见不到篱笆。'季节'随着圆的扇面逐个转换，村庄作为圆心既是终点，又是起点，肉眼根据扇面的不同颜色即可分辨季节。耕地呈长条状延伸，使人想起镶木地板的条木。这肯定是我最熟悉的景观。无疑也是为大家公认的，最明白不过的景观。"[1] 这段所描述的正是法国农村最常见的长形敞地，主要分布于法国西北部和东北部地区。除了这种规则的长形敞地，在南部罗讷河（le Rhône）地区、朗格多克地区、加龙河（Garonne）地区，普瓦图地区、贝里部分地区还存在着一种地块形状不规则、分布不规律，像"地图的拼图游戏"一样分布的敞地，马克·布洛赫将之称为不规则形敞地。

中世纪在实行敞地制地区，所有农田的耕作都必须服从共同体的统一安排，实行强制性轮作制和强制性公共牧场，即共同耕作、共享公地的公共地役制。村中所有的农田根据三年轮作或两年轮作的模式可分成三块区域或两大区域，依据季节进行轮作周期循环，即"季节随着圆的扇面转换"。田地里耕作的作物种类、耕作时间都由乡村共同体统一安排。作物收割后的休耕地成为公地，向村中所有牲畜开放，供公共放牧。可以说敞田制下的田地只有在农作物生长期间才属于农民自己，作物一旦收获后就不是农民个人财产而是公共用地。路易十四时期一位学者说"土地只在庄稼生长时才得到保护。一旦收获后，从一种人权角度看，土地成为所有人的共同财富，不管他是富人还是穷人"[2]。而且即使是庄稼种植和收割等也不是完全由农民自己做主。直到18世纪，各地高等法院还强调，农民在播种地收获时只许使用短柄镰刀，因为这样留茬比较高，能保证粮食收割后牲畜在休耕地上也能吃到茎秆。此外，村中的森林、沼泽、荒野等也都属于公地，向村中所有人开放，供

---

[1] ［法］费尔南·布罗代尔：《法兰西的特性：人与物》（下），顾良、张泽乾译，商务印书馆1997年版，第113页。

[2] Commentaire sur les Institutes de Loysel，Ⅱ，Ⅱ，15. 转引自［法］马克·布洛赫《法国农村史》，余中先等译，商务印书馆1991年版，第62页。

他们放牧、砍伐树木。因此，公地在村庄土地面积中占极大比例，也是村民维系生活的重要资源，在乡村经济中占有重要位置。公地牧场为村民牲畜提供饲料；公地森林为村民提供牲畜食用的橡果、人们冬季取暖的材料、建房所需的原材料等；沼泽地、荒原等则是村中未来新增人口的储备地。总之，公地是农民生活中必不可少的部分。它的存在对下层贫民的生存来说尤为重要。

在公地上，农民享有诸多公共权力，如使用森林的权力、使用牧场的权利等。其中最重要的权力有拾穗权（glanage），公共放牧权（vaine pâture）和过路权①（droit de parcours），等等。拾穗权是农田里最古老的一种公共权力，也是法国农村最普遍的一种公权形式。561年法国一条王室法令已提及这项权利，强调保护村中贫困农民的生活，这实际上是一种共同体内部的互助行为。一般农作物收获后的两天内，村中老人、幼儿、残疾人和其他一些缺乏劳动能力的人可以捡拾作物收获后遗落的麦穗作为生活补充，仅限于每天日出后和日落前之间的时间。在这两天内，农田的主人不能进入自家农田，农田已经是公地而不是私有土地。除了农田，在葡萄园和牧场贫困农民也有类似的捡拾权利。公共放牧权和过路权两者共同构成共同体最重要的一项权利——公共牧场，只是两者适用范围稍有不同。公共放牧权是指在乡村共同体内部人员可在本村的公地上放牧；过路权是指相邻两个村庄的人可在两个乡村共同体之间的公地上放牧。公共牧场权是共同体最重要的公共权利，为村中所有人尤其是村中一些无地或少地的贫困人群提供生活补助。公共牧场适用于共同体内部所有公地，包括休耕地、第一次干草收割后的天然牧场、荒野、森林等。部分地区，只有村中一些既没有耕地也没有牧场的人才能使用公共牧场，大部分情况下村中所有人无论贫富都能享有这项特权。当然，这种制度也不是绝对平等的。每户家庭放养牲畜的数量依据每户家庭所持有的土地大小和家庭情况来确定。土地越多，他放养的牲畜越多，一般领主能在公

---

① 过路权，droit de parcours，译成英文即 the right of way，过去曾将其译为公共牧场权，但这种译法并不是很准确。因公共牧场权包括公共放牧权和过路权。公共放牧权是指在乡村共同体内部人员可在本村的公地上放牧；过路权是指相邻两个村庄的人可在两个乡村共同体之间的公地上放牧。两种权利适用范围不一致，不能相提并论，故本书将其直译为过路权。

地上放养的牲畜数量最多，其余农民家庭能放养的牲畜的具体数目每个共同体情况都不一样。一般，乡村共同体内部会有专人负责放牧共同体所有牲畜，即专职牧羊人。他的工资由共同体支付，每家依据自家牲畜数量多少支付相应数量的工资。

　　同敞地单词一样，圈地（enclosure）一词最初也来自英国。它是一种与敞地相对应的农田形态，指人们用篱笆、栅栏等明显的障碍物将耕地圈围起来。在圈地一词到达法国前，法国已存在这种圈地农田形态，人们常将这种圈围地地区称为博卡日地区（bocage），主要位于今法国西部和中部地区。圈地的材料一般是树木、小灌木丛，在海边人们使用石块垒墙分隔土地。在圈占地，"地边围着密密层层的各种树木［树木长在地埂上］；中间往往还栽有几株苹果树和梨树，果实用于酿酒，因而整体外观像是一座巨大的森林。地块的面积平均在30—40公顷上下，一些地块要小得多，仅有10—12公顷，人们称之为'小围地'，因为它们各自构成一个小天地"[①]。早期圈地只是临时性的。人们在农作物生长时在大片农田周围竖起篱笆、栅栏圈围农田，以防止牲畜进入农田损坏作物。作物收获后，人们就拆除这些篱笆。这种圈占实质上仍是敞地制。后出现一些长期保留篱笆、栅栏等圈围物的田地，永久性圈占地的圈围物长期保留，将耕地分成一个个小块田地。在圈地内，土地主人不需要服从强制性轮作和强制性公共牧场，即土地主人可自由决定自家耕地内的轮作方式和作物种类，作物收割后也只有土地所有者的牲畜才能进入这块休耕地。所以马克·布洛赫将这种不服从集体控制的农田形态视为农业个人主义（agraire individualism）的标志。但这种圈占只限于耕地，耕地之外的土地不能圈占，牧草地在第一次收割后也要向全体村民开放，因此村庄中依然保留大量公共牧场。可以说这种圈占地地区内既有圈地制也有敞地制，服从集体的公共地役制与农业个人主义并存。

[①] Michel Morineau, Quelques recherches relatives à la balance du commerce extreieur français au XVIIIe siècle: où cette fois un égale deux, in: Aires et structures du commence français au XVIIIe siècle, colloque, Paris, 1973, pp. 1-45, 转引自［法］费尔南·布罗代尔《法兰西的特性：人与物》（下），顾良、张泽乾译，商务印书馆1997年版，第114页。

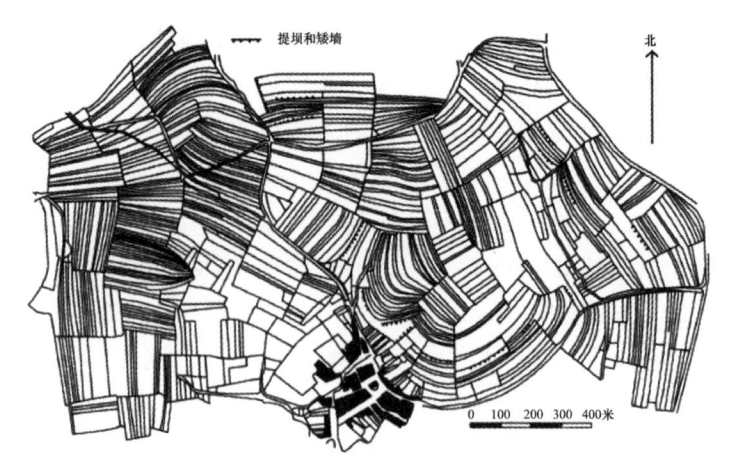

注：住宅集中于村落一角，四周围绕着像镶木地板一样的成片的条形敞地，田地之间几乎没有乡间小道，也完全没有树林。村落附近几块较大的不规则敞地是一个资产阶级土地所有者的地产。该图为洛林地区布莱德（Bleid）一个村庄土地册的平面图。

注：住宅分散于田地间，四周是小块的圈围地，存在大量乡间小道和分散的树林。该图为西部沿海莫尔比昂省（Morbihan）朗吉迪克（Languidic）乡村共同体空中鸟瞰图的一部分。

图 3-1 敞地和圈地平面图[①]

---

① 图片来自 Magali Watteaux, "Sous le bocage, le parcellaire", *Études Rurales*, No. 175/176, Nouveaux chapitres d'histoire du paysage, 2005, pp. 53-79, 上图为敞地地形图，下图为西部 bocage 的圈地地形图。

二 中世纪的圈地活动

圈地作为一种农田形态,中世纪在西欧多个国家都有发现。就法国而言,中世纪的圈地活动分布广但规模小,在很多方面依然受到古老的公共地役制的限制。这一时期圈地的主要活动有:圈围耕地、开垦荒地和限制公共牧场。

圈围耕地的现象在中世纪早期就已出现。1996年由伊万·梅内(Yves Menez)的考古团队在布列塔尼地区阿莫尔滨海省(Côtes-d'Armor)的布瓦桑南(Boisannen)农场发现六种圈围模式的遗迹,包括树木、栅栏、壕沟等。据推断这些圈围物最早可追溯到6世纪。[1] 可见早在6世纪时布列塔尼地区的人们已经学会用树木、栅栏圈占农田。约成书于6世纪的《萨利克法典》中,其第九章的标题为"关于加于谷田或任何圈围地的损害",说明当时谷田已经被圈围。此外根据第九章的规定,打开他人谷田、牧场或葡萄园的篱笆将牲畜放进去的人都应受到惩罚,说明当时圈围主要是为了保护农作物免受牲畜侵袭。[2] 11—12世纪,普瓦图帕尔特纳(Parthenay)的领主允许圣保罗(St. Paul)镇的修士和村民使用领主森林的树木来圈围他们的住处和田地,且强调要将新垦的农田圈围。[3] 这表明在这一时期圈地活动有所发展。当然圈围耕地的现象在中世纪时仍是十分零散的,主要集中在西部和中部一些人口稀少、土壤贫瘠的地区,如除卢瓦河附近的蓬托沙以外的布列塔尼地区;科唐坦及围绕卡昂平原的东部及南部丘陵地区;曼恩,佩尔什,普瓦图与旺代的圈围地;南方的中央高原大部分地区;比热与热克斯地区和西南角的巴斯克地区。[4] 在这些地区,人们拥有的耕地面积小且分散,不便于集体轮作,且当地人少地广,荒地面积大可供放牧。为保护耕地内的作物,农民将农田圈围,形成博卡日(bocage)。不过这种圈围耕地主要是为了保护农作物免受损害,不同于近代英国式的圈地运

---

[1] Magali Watteaux, "Sous le bocage, le parcellaire", *Études Rurales*, No. 175/176, Nouveaux chapitres d'histoire du paysage, 2005, pp. 53–79.
[2] 《世界法典汉译丛书》编委会辑:《萨利克法典》,法律出版社2000年版,第6—7页。
[3] George T. Beech, *A Rural Society in Medieval France: the Gâtine of Poitou in the Eleventh and Twelfth Centuries*, Baltimore: the Johns Hopkins Press, 1964, p. 26.
[4] [法]马克·布洛赫:《法国农村史》,余中先等译,商务印书馆1991年版,第75页。

动。在耕地之外，村民的经济行为依然受到乡村共同体和庄园的管制。敞地地区传统的公共地役制在圈占地区没有发生大的变化，直到近代这些地区的共耕共有思想依然残留。1750年，有人曾建议将公共放牧制引入布列塔尼，至少在村庄中实行。该意见遭到布列塔尼三级会议代表们的拒绝，他们称"不可能设想理智和统一的意识会在同一村人中占优势而使他们将羊聚集成群并由一个牧羊人放养……"①

从远古直到近代早期，人类对这些荒地、林地的开垦从来没有停止过，到近代法国几乎仍有一半的土地属于非耕地。据布罗代尔估计，1700年左右法国全国土地面积约为5000万公顷，扣除当时还没有并入的洛林、科西嘉等地所占的300万公顷土地面积，国土实际面积约为4700万公顷。其中天然草场和荒地等非耕地有2100万公顷，占全国土地面积的44.68%左右；农田、葡萄园等耕地共2600万公顷，占55.31%。② 这些非耕地是中世纪乡村共同体中村民补充生计的重要来源，也是村民圈地的重要对象。查理曼大帝最初并没有对人们开垦林地有任何限制。但到810年，或许是为了防止农民逃避军役，或许是为了保护森林作为领主们狩猎的园地，或许是出于其他原因，查理曼大帝明令限制人们开垦林地。11—12世纪，法国人口激增，增长速度惊人。1120—1150年，皮卡迪地区人口众多的家庭——有8个以上孩子的家庭所占的比例从9%上升到12%，到1180年为33%，1210年上升到42%。③ 为保障新增人口的生活，垦荒运动在各地兴起。最初，人们只是将原定居点附近森林、荒野改造为耕地，减少了公地面积，扩大耕地尤其是自耕地面积。此后，人们开始大举向森林、沼泽和荒地进军。在法国，最著名的例子就是"杜尔沼地"。这块肥沃平原在709年被海水淹没，到12世纪被人们开垦出来。为保护新开垦的土地，人们还修建

---

① Arch. d'Ille-et-Vilaine, C 3243, 转引自［法］马克·布洛赫《法国农村史》，余中先等译，商务印书馆1991年版，第74页。
② ［法］费尔南·布罗代尔：《法兰西的特性：人与物》（下），顾良、张泽乾译，商务印书馆1997年版，第35页。
③ ［法］乔治·杜比主编：《法国史》（上卷），吕一民等译，商务印书馆2010年版，第352页。

了 22 英里的长堤。① 为获得更多收入，领主也热衷于招揽移民开垦荒地并建立新的居民点。中世纪末，仅在纪龙德（Gironde）省伊古纳特（Ch. Higounet）就重建 78 个定居点，新建 60 个定居点。② 今天，波尔多地区不少地名以 sarts、essarts、artigues 结尾的地方就是当年垦荒时所建立的新定居点。1100—1122 年，耶路撒冷圣约翰医院骑士团在图卢兹附近建立了 40 多个保护村，并组织人们将该地区的森林开垦为耕地。③ 过去的荒地、森林被大量开垦，公地面积大大减少。14 世纪末，东诺曼底地区的圣－尼古拉（Saint-Nicolas）教区中，地籍簿上总共有 2303 公顷（hectares）土地，而已开发的土地就有 2012 公顷，即 87% 的土地都是耕地。在圣－阿加特（Saint-Agathe）教区这个比例稍低一点，为 85%。而在圣母（Notre-Dame）教区这个比例上升至 94%。在这些教区仅保留了两块林地：圣尼古拉教区的德芬（Le Défens）林地和克鲁瓦达勒（Croixdalle）林地。④ 这说明在当地绝大多数土地都已经开发，剩余的公共土地并不多。部分地区甚至没有林地、荒地可以开垦，如多菲内地区的河谷。14—15 世纪，由于百年战争和黑死病的恶劣影响，垦荒运动曾一度暂停，甚至出现了耕地缩减的现象。黑死病以后，随着人口的增长和经济的恢复，人们又开始向荒地进军。

公共牧场是中世纪法国农民一项重要的公共权利，几乎盛行于整个西欧地区，尤其是在敞地地区。原则上，村庄中任何人都使用公共牧场。在中世纪的农耕地区，这一习惯是有利于农民的。因为放养在公共牧场的牲畜能为当时缺乏肥料的休耕地提供了大量粪肥。农民在公共牧场放养的牲畜也能改善家中经济状况。对大多数农民而言尤其是少地或无地农民而言，公共牧场的存在能为家庭提供重要的经济补助。因此，

---

① ［美］汤普逊：《欧洲经济社会史（300—1300 年）》（下），耿淡如译，商务印书馆 1997 年版，第 399 页。
② Georges Duby et Armand Wallon dir., *Hisoire de la France rurale*（Tome Ⅰ），Paris：le Seuil, 1975, p. 430.
③ ［法］乔治·杜比主编：《法国史》（上卷），吕一民等译，商务印书馆 2010 年版，第 355 页。
④ Guy Bois, *The Crisis of Feudalism: Economy and Society in Eastern Normandy c. 1300 – 1550*, Cambridge and Paris: Cambridge University Press and Editions de la Maison des Sciences de l'Homme, 1984, p. 142.

农民普遍比较重视公共牧场，早期农民大多十分反对圈占公共牧场。在牧区尤其是高山牧区，天然牧场面积虽然比较大，但过度的放养牲畜也会减少牲畜可获得的饲料。中世纪后期，部分领主们开始限制农民使用公共牧场，如不允许农民的牲畜进入领主放牧区。1322年，塞纳斯的领主禁止村民的畜群去高山牧场的田块，但坚持自己的畜群可以到那去。领主行为得到了法庭的支持，但前提条件是要得到全体村民的同意，强制性的公共放牧受到限制。① 部分牧区出现集体限制公共牧场的现象，如普罗旺斯地区。普罗旺斯是传统的转场放牧区。每年夏天职业牧羊人将牛羊赶去高山牧场，秋天牛羊下山时正值秋收完毕。根据过路权，这些专职放牧人有权在秋天的留茬地放牧牛羊，但这样就损害了本地小耕地者的利益。为了保护自身利益，同时也由于当地广阔的牧场让耕地者们不需要担心牧场不足的问题，小耕地者和大地主们联合起来要求废除公共牧场制。15世纪中叶至16世纪中叶，萨隆、阿维尼翁和里耶兹等地纷纷废除了强制性公共牧场。到1469年，普罗旺斯地区的三级会议提交申请，"请求将一切牧场、葡萄园、禁牧林地和其他一切可以圈围的占有地在整年中圈围起来，若有侵犯，责以重罚，然而在国王属地内实行的相反习惯不受妨害"，法令最终得到批准。② 虽然后期该法令执行不力，但这至少反映了普罗旺斯地区人们的公共土地权利观念的变化。在此之后，普罗旺斯地区各地方政府也先后推出措施限制集体放牧。

第二节　圈地运动的发展

中世纪的圈地主要是针对耕地，圈占公地、限制公共牧场的现象十分少见，且圈地的目的主要是为了保护农作物。到近代，越来越多的牧场、林地等公地逐渐成为主要的圈地对象。从技术角度看，近代英国的圈地运动包含了四种含义："1. 将以往分散于各处的耕地合并在一起，

---

① ［法］马克·布洛赫：《法国农村史》，余中先等译，商务印书馆1991年版，第222页。
② Arch. B.-du-rhône, B49, fol. 301 v. 转引自［法］马克·布洛赫《法国农村史》，余中先等译，商务印书馆1991年版，第220—221页。

变成一个紧凑的大块耕地。将这些耕地通过篱笆、栅栏和大门包围起来。2. 由耕地转为牧场。3. 大的土地所有者将若干农场合并起来以扩大耕地面积，土地上的农舍也随之被拆除。4. 大的土地所有者限制或完全否认其他农民的权力而独占公共土地。"① 如果仅从任意一点来考察可以发现这种现象在欧洲许多国家都存在，但几乎很少有国家像英国一样囊括四种现象。在法国，将耕地转换为牧场，或将分散的耕地或若干农场合并变为大块耕地或大农场的现象在北方少数地区是存在的，但不多见。最常见的圈地活动就是侵占公地，限制或者否认农民在公共土地上的权利。

一　16—17世纪缓慢发展的圈地运动

改革在法国一向是缓慢而艰巨的。近代早期，在英国迅速发展的圈地运动在法国遭遇重重阻碍。从中世纪晚期至近代早期，公共牧场权都是无人敢侵犯的原则，国王也不敢轻言反对或限制。公共牧场是乡村中农民的重要生活补充，侵占公地的行为受到公众的谴责和抵制，甚至将过去的草地改为耕地的行为也遭到人们的阻拦。1625年，希农（Chinon）周边郊区农民反对将本地365亩林地改为草地。因为那样的话，"他们就没有烧炉子用的荆棘了"②。直到18世纪，勃艮第一个大土地所有者曾试图将自己的土地用栅栏围起来。然而这一进程依然遭到当地农民的强烈反对。在这一片反对声中，圈地运动缓慢发展，主要表现为对公地的侵占和公共权利的削弱，在极少数地区也出现英国式的圈地运动。

1. 开垦荒地。开垦荒地是中世纪就已出现的侵占公地的行为。14—15世纪，受到黑死病和百年战争的打击，法国社会一片荒凉迹象：人口减少，经济衰退，中世纪时开垦的大量耕地大多已经荒芜。1450年之后，法国人口突然迅速增长。直到大革命前，法国人口总体呈现增

---

① ［英］M. M. 波斯坦等主编：《剑桥欧洲经济史：近代早期的欧洲经济组织》（第五卷），王春法等译，经济科学出版社2002年版，第106—107页。

② ［法］G. 勒纳尔、G. 乌勒西：《近代欧洲的生活与劳作（从15—18世纪）》，杨军译，上海三联书店2008年版，第190页。

长趋势。到 1700 年左右，全国人口约为 2000 万人。人口的增加再次激起人们开垦荒地的热情。15—16 世纪中叶，垦荒运动遍布全国，农田、葡萄园和牧场再次出现在大地。一些人烟稀少的地方表现更为明显，如朗格多克地区。1500 年，地广人稀的朗格拉德（Langlade）有 306 公顷耕地和 520 公顷荒地。在 1500 年，人们仅开垦将近 3 公顷土地，到 1576 年 44 公顷荒地被开垦出来。① 森林、荆棘地、荒草地等依然是人们垦荒的重要对象，也是农村公共土地的重要组成部分。荒地的开垦也就意味着农村耕地的增加和公地的减少。而庄园中公共土地的大幅缩减也极大地损害了农民的公共利益。由于森林砍伐过多，过去在森林中寻找食物的猪缺少饲料，导致 16—18 世纪猪的数量下降，农民尤其是下层贫民的收入受到影响。1650—1730 年，阿尔萨斯八个村庄中有 50%—90% 的村民都养猪，到 1760—1789 年，养猪的人家只占到总人口的 35%—60%。② 需要指出的是 16 世纪之后垦荒运动的规模不能与中世纪时的垦荒相比较。这次垦荒主要是恢复 14—15 世纪被弃置的耕地和将过去不能利用的土地如沼泽地开发出来，对公共土地和农民公共权益影响不算太大，较少触及农村原有的公共地役制。

2. 公地的侵占。公地一直以来归村民集体使用，是农村传统公共地役制的基础，包括森林、天然牧场、沼泽、池塘等多种土地形式。在土地权力方面，公地的所有权一直存在争议。名义上，领主具有公地的所有权，而依据习惯，村民只需向领主交纳一笔费用就享有一定的使用权且这种使用权不能被随意剥夺。中世纪早期，由于人少地多，侵占公地的现象比较少。16 世纪以后，对公地的侵占现象越来越严重，主要存在着两种方式：一是领主或大农场主通过合法或不合法的方法侵占公地；二是农民团体内部分割或出售公地。

第一种，领主或大农场主凭借权力或地位大量侵占公有地。中世纪后期，领主们就常常凭借封建权利掠夺公地，限制农民对公地的使用。

---

① Emmanuel le Roy Ladurie, *Les paysans de Languedoc* (Tome I), Paris: Mouton, 1966, p. 197.

② Jean-Marc Moriceau, *L'élevage sous l'Ancien Régime: les fondements agraires de la France Moderne XVIe – XVIIIe siècles*, Paris: SEDES, 1999, p. 90.

如严格规定农民使用公地的时间、伐木的数量等；禁止人们捕鱼、狩猎；并设立专门的护林人看护森林。到近代领主凭借特权进一步侵吞大量公地，引起农民的反抗。这一时期冲突的焦点主要集中在森林。由于16世纪人口的增加和城市经济的发展，人们对树木的需求迅速增加，领主突然发现森林成为他们重要的（可能是最重要的）财富来源。1698—1703年，王室每年从林地可获得约220万利弗尔的收入。[①] 为获取更多财富，领主试图限制村民使用林地，甚至不允许村民进入森林，实际侵占了原本供村民使用的公地，损害了农民的利益。从16世纪中叶到大革命前，农民就公地问题起诉领主的案件多不胜数。为加强对王室森林的管理同时也便于处理各种公地纠纷，王室政府于17世纪中叶成立了水与森林办公室（le bureau d'eux et forêt），并在巴黎、图卢兹、鲁昂（Rouen）、波尔多等8个地方设立专门的法庭。起初，政府为了维护农村社会的稳定，反对人们砍伐森林，圈占公地。17世纪60年代以后，政府开始转变态度，有条件的支持领主分割公地。1669年，国王颁布法令明确了三分法的含义和适用原则，其中规定当村民不向领主交纳任何使用森林、公地所产生的费用时，领主有权要求分割公地，并获得其中的1/3。而剩余2/3的公地属于乡村共同体，供村民共同使用。因此，这次分割法令被称为"三分法"（triage）。实际运作过程中，领主凭借政治经济特权获得的公地都超过1/3，甚至达到2/3。此外，领主还时常通过购买、交换、欺骗等方式掠夺了大量公地。

第二种，村民主动出售或分割公有土地。近代早期，尤其是17世纪以后，法国王室赋税收入不断增长，各级领主为维护自身利益不断加重对农民的剥削。农民负担沉重，许多乡村共同体因为欠税、拖欠工资等问题被迫出售公共地产还债。部分地区的农民为了获得人身自由也将公共土地转让。

3. 公共牧场权的衰弱。中世纪限制公共牧场的现象主要集中在高山牧场地区且十分少见。16世纪以后，领主限制农民使用公共牧场的现象进一步发展，出现了常年关闭的私人牧场。当时主要有三种形式的

---

① Michel Devèze, "Les forêt françaises à la veille de la Révolution de 1789", *Revue d'Histoire Moderne et Contemporaine*, T. 13e, No. 4, 1966, pp. 241 – 272.

牧场："第一种常年关闭；第二种数量更多一些，没有永久性圈围物，然而只在第二次刈割牧草后才对畜群开放，称为'结籽牧场'或'再生牧场'；最后第三种数量最多的，在完全严格意义上继续服从于古老的公共地役制。"① 尽管圈围的牧场不多，但越来越多的地方正在逐渐消除古老的公共牧场权。与此同时，公共牧场的土地面积也日渐缩小。中世纪晚期到近代早期，由于垦荒运动的发展和公地侵占现象频频发生，过去的公共牧场地已大大减少。此外，由于越来越多的人偷偷地在休耕地种植作物，一些休耕地不能再用于放牧。在某些地区由于人们掌握比较先进的施肥方法，土地不再需要休耕，导致休耕地减少，进一步削减了公共牧场的土地面积。

4. 圈围耕地。近代早期，法国大部分圈地地区依然延续中世纪的圈地模式，保留古老的公共地役制。唯一的特例出现在临近英国的敞地地区——诺曼底。中世纪时期，诺曼底虽是敞地平原地区，但农田形态并不是规则的条形敞田，而是不规则的敞田，不便于集体耕种。而且诺曼底历来都是法国农业经济最发达的地区。13世纪起，诺曼底人就采用在休耕地上深耕的方法，缩短休耕时间从而减少公共放牧的时间。由于经济发达，当地居民较为富有，有足够的资本进行大规模圈地活动。再加上临近英国，诺曼底在思想和技术方面都受到英国的影响。16世纪以后，诺曼底地区圈地活动获得巨大发展，出现大片圈围地农场。到18世纪，诺曼底已经达到一个新的农业阶段，个人利益受到重视。"在这个地方，不难看到那些无羊的人想方设法禁止有羊的人在公共牧场时期到他们田地来放牧，也不难看到相当好心肠的法官们欢迎一种与公共利益如此作对的制度。"②

当然，跟当时的英国相比，这一时期的法国在圈地运动方面发展稍慢一点，遇到重重阻碍。首先，政府在圈地问题上一直缺乏稳定明确的态度，时而支持领主，时而支持农民。起初，政府对圈地持反对态度。1560年，奥尔良（Orléans）法令剥夺领主在涉及公地诉讼中的最终裁判权，维护农民利益。到1567年4月27日，查理九世（Charles Ⅸ）

---

① ［法］马克·布洛赫：《法国农村史》，余中先等译，商务印书馆1991年版，第234页。
② ［法］马克·布洛赫：《法国农村史》，余中先等译，商务印书馆1991年版，第231页。

颁布法令宣布要将布列塔尼地区人们在荒地和牧场的公共权利恢复到1566年以前的状态。1600年3月，亨利四世（Henri Ⅳ）宣称农民在支付赔偿的情况下可重新获得他们过去因为欠债而出售的公地。1625年1月，路易十三（Louis ⅩⅢ）明确禁止领主篡夺公共土地。1656年，路易十四（Louis ⅩⅣ）颁布法令允许香槟地区乡村共同体再次获得20年前转让的公地的使用权。1667年，在科尔伯（Colbert）的支持下，政府宣布废止1630年之后领主实行的三分分割。但两年以后，政府态度又发生改变。1669年，路易十四宣布有条件的承认公地分配的"三分法"。但到了1677年和1702年，政府先后颁布法令宣称，凡是向国王补交近30年的税收者可继续保有公地。政令的反反复复使农业改革缺乏延续的政策，阻碍圈地活动的开展。其次，农村内部不同群体之间因利益关系而产生不同意见。反对圈地的力量比较强大，严重阻碍了圈地运动的发展。在这个过程中，不仅是中下层的农民，一些领主、富商、大地主都有可能参与其中。

二　大革命前圈地运动的发展

18世纪英国圈地运动获得巨大成功，极大地推动了英国农业经济的发展。受到英国圈地运动的鼓舞，法国国内出现一大批农业改革人士。他们积极推广英国农业发展的经验，批判现行农业体制，号召人们进行农业改革。轮作制、公共牧场等都被视为社会落后的标志，古老的休耕地被改革者称为"耻辱的休耕地"。人工牧场、圈地运动获得他们的推崇。贝桑松（Besançon）学会曾举办一次农业论文竞赛，其中一篇分析圈地运动价值的论文荣获一等奖。这一时期，以魁奈和杜尔阁为首的重农主义学派在推动法国农业改革方面表现得尤为突出。他们出版了大量农业书籍和小册子向法国人介绍新物种，宣传新型农业技术和耕种方法，并积极推动王室立法支持圈地。这一时期的圈地运动主要是在国家机关所颁布法令的推动下进行的，其中影响比较大的是18世纪六七十年代贝尔坦（Bertin）和奥梅松（D'Ormesson）的改革。

1763年，贝尔坦成为负责农业的国务秘书。上任后，贝尔坦在一位受到重农主义影响的好友特律代纳（Trudaine）的帮助下制定了一系列比较温和的农业改革计划。1766年，在贝尔坦等人的努力下，政府颁布法令宣布在私人持有地的1/5的土地上禁止公共放牧。可惜，由于各界反对，这项法令从没有真正执行过。1769年，特律代纳去世后，财政总督奥梅松采取强硬措施继续贝尔坦等人的改革，推动改革进一步发展。1767—1788年，改革派在三个主教辖区、洛林、贝阿恩（Béarn）、弗朗什-孔泰、香槟、巴鲁瓦（Barrois）、勃艮第、马孔（Mâcon）、科西嘉（corse）等13地区进行改革实验。改革首先在洛林公爵领地和巴尔公爵领地（Duchés de Lorraine et de Bar）进行。1767年3月，政府颁布法令允许当地居民圈地。1771年，政府再次颁布法令宣布废除过路权，并允许村民分割公共土地。此后，三个主教辖区、贝阿恩、弗朗什-孔泰、巴鲁瓦、勃艮第、马孔、科西嘉等地先后获得圈地的自由，并废除过路权。总的来说，这些法令主要集中在三个方面：1.允许任何人士以任何方式圈占耕地、草地和牧场。2.所圈占的持有地不能转让。并且，被圈占的土地只能用作牧场。3.废除互惠的过路权。[1] 不过，在弗朗什-孔泰等地，由于反对力量过于强大，有些法令几乎没有真正执行过。随着1774年奥梅松的逝世和贝尔坦的离职，这次改革戛然而止，没能从根本上改变法国农村古老的结构。不过在这一片改革浪潮中，法国的圈地运动总体还是有所发展的。

首先，在政府的鼓励下和社会上层人士的推动下，当时也有少数人开始尝试英国式的"真正的"圈地运动。1768—1771年，拉加莱奇埃（全名：Antoine de Chaumont de la Galaizière，简写：la Galaizière）尝试以英国式的方式改造自己的一块领地——位于南希（Nancy）以南的两个邻近的村庄。由于他本人就是两个村庄的领主，也是村中最大的地主，且他还在王室政府担任高级职务，所以拉加莱奇埃能较为顺利地推动本次改革运动并取得了不错的成绩。在他的努力下，他重新整合了两个村庄中大量的敞开式的小块土地，重新规划了村庄中的道路、小径和犁沟，并成功地将自己的土地大片圈围。18世纪后半叶，两个村庄的地租增幅很大。一个宗教团体发现其位于纳维莱尔（Neuviller）村庄的

---

[1] Alek A. Rozental, "The Enclosure Movement in France", *American Journal of Economics and Sociology*, Vol. 16, No. 1, 1956, pp. 55–71.

土地地租在土地重整完成后提高了55%，几乎涨了一半。即使排除18世纪后半叶物价上涨等因素，对比附近村庄的地租水平，该村庄的地租水平也提高了将近32%。而这两个村庄地租的上涨主要是由于圈地后生产率的提高。根据当时的地租水平和土地价值，地租的增长为领主拉加莱奇埃带来每年每公顷2.4—4.5利弗尔的额外收入，其在两个村庄所有土地价值增长额达到29万—7.6万利弗尔。这也说明英国式圈地运动对农村经济确实有着巨大的推动作用。然而这种圈地运动在当时的法国还是较为少见，且拉加莱奇埃也遇到不少阻碍，其中最大的阻碍是来自村中众人的反对。这不仅包括村中普通村民，也包括村中其他的大土地所有者，如村中第二大土地所有者——盖南（Guenin）先生，且这些大土地所有者才是圈地最主要的反对者。拉加莱奇埃自己也表示为了让大家都同意圈地，他付出最多心血，花费也是最多的。另外，巨额的圈地费用也是其改革过程中遇到的一个难关。这次圈地他总共花费了约32641利弗尔，其中将近2/3的费用用于购买反对者的土地、贿赂村民和地主们，修整道路和犁沟以便使他们同意圈地。① 可见，英国式的圈地运动到了法国确实遇到不少阻碍。

其次，作为公地的荒地持续减少。16世纪中叶，垦荒活动曾被迫中断一段时间，甚至出现大量抛荒现象。18世纪中叶，法国再次进入人口高增长时期，垦荒也再次成为农民生活的重要内容。政府积极鼓励人们垦荒，并提供奖励。1762年和1768年，政府两次颁布法令宣布新垦地于1770年之后可免交王室赋税和自由采邑税（Franc-fief）。1768年布列塔尼地区宣布将免税期延长至20年，并规定人口税最高额为40苏（sol）。政府政策推动了垦荒运动的发展。1725—1785年，布列塔尼地区开垦了1.2万阿庞的森林。② 1768—1789年，朗格多克地区每年开垦荒地约1.9万公顷。③ 1764—1769年，布列塔尼地区开垦了2.5万公

---

① Philip T. Hoffman, *Growth in a Traditional Society: the French Countryside, 1450 – 1815*, Princeton: Princeton University Press, 1996, pp. 28 – 33.

② Michel Devèze, "Les forêt françaises à la veille de la Révolution de 1789", *Revue d'Histoire Moderne et Contemporaine*, T. 13e, No. 4, 1966, pp. 241 – 272.

③ ［法］施亨利：《十八世纪欧洲土地制度史纲》，郭汉鸣译，正中书局1935版，第24—25页。

顷土地。仅 1769 年，整个王国开垦的土地达到 20 万公顷；到 1780 年，全国土地垦荒面积超过 30 万公顷。[1] 垦荒运动的发展大大减少了农民能够使用的公共土地，尤其是林地。

再次，分割公地的现象增加，且出现共同体内部平分公地的现象。18 世纪，森林在领主和农民经济生活中依然占据着重要位置。领主要求瓜分公共土地，尤其是林地的呼声从没有停止过。利用各种合法或不合法的方法，全国大部分林地都落入贵族或大农场主的手中。旧制度末年，法国有森林约 800 万公顷。其中 746851 公顷属于法兰西王室，占林地总面积的 9.3%；12% 属于教会，约 961066 公顷；1022178 公顷林地属于乡村和城镇居民集体所有，占 12.78%；3861194 公顷林地属于各级领主和平民，即归私人所有，占林地总面积的 48% 左右。[2] 大贵族拥有的林地面积一般也比较大，如在香槟地区，教会和高等贵族有 50% 的林地，约占地 9 万公顷。其中，庞蒂耶夫尔（Penthièvre）公爵有 11935 公顷林地，奥尔良公爵拥有 14200 公顷林地，阿图瓦（Artois）伯爵的林地达到 3500 公顷。[3] 在经济发达地区，私人所占的林地面积越大。到 1789 年，公共林地多数只在一些经济落后、人口稀少的地区如中央高原、阿尔卑斯山区、阿尔萨斯、洛林等地存在。有时，领主、资产阶级和大农场主也会购买贫困乡村共同体所售出的公地，进一步扩大自身土地面积。1764 年，勃艮第地区克洛莫（Clomot）村 20 户居民将公地的 2/3 转让给领主，以获取一份让他们摆脱永久管业权的特许状。1782 年，第戎（Dijon）议会领袖尼古拉·德·布吕拉尔（Nicolas de Brûlart）解放了沙梅松（Chamesson）的农奴，获得村庄中一半的林地，共 112 公顷。[4]

---

[1] ［法］G. 勒纳尔、G. 乌勒西：《近代欧洲的生活与劳作（从 15—18 世纪）》，杨军译，上海三联书店 2008 年版，第 201 页。

[2] Michel Devèze, "Les forêt françaises à la veille de la Révolution de 1789", *Revue d'Histoire Moderne et Contemporaine*, T. 13e, No. 4, 1966, pp. 241 - 272.

[3] Jean-Jacques Clère, *Les paysans de la Haute-Marne et la Revolution francaise*, Paris: Comité des Travaux Historique et Scientifiques, 1988, p. 35. 转引自 James Lowth Goldsmith, *Lordship in France, 1500 - 1789*, New York: Peter Lang, 2005, p. 30.

[4] James Lowth Goldsmith, *Lordship in France, 1500 - 1789*, New York: Peter Lang, 2005, p. 29.

第三章 近代早期的圈地运动

此外,部分乡村共同体的村民内部开始分割公共土地。1770—1789年,在阿图瓦地区 326 个有公共财产的乡村共同体中,36 个共同体将公共土地进行分割。这 36 个共同体主要位于阿图瓦东部地区,靠近农业经济发达地区——弗兰德尔。其中有统计资料的共 33 个共同体,涉及居民 4002 户。他们共同分割了 2186.65 公顷土地,平均每户可得到约 0.55 公顷。当然每个乡村共同体内部村民所得公地数量不一。最早分割公地的是阿图瓦的韦特里(Vitry-en-Artois)乡村共同体,始于 1770 年 11 月。当地有 136.67 公顷公地,309 户人家,平均每户得到 0.44 公顷。公地面积最小的是埃勒-迪-洛韦特(Eleu-dit-Leauwette),仅有公地 3.43 公顷。当地 7 户人家平均每家分得 0.49 公顷公地。公地面积最大的是卡万-埃皮努瓦(Carvin-Epinoy),有 246.35 公顷土地,由 755 户人家进行平分,平均每户可得到 0.33 公顷土地。盖马普(Guémappe)有 59 户人家,却只有 5.79 公顷公地,平均每户只有 0.1 公顷,是分割后农户所得土地平均面积最小的一个共同体。平均每户能得到 1 公顷以上公地的共同体有 6 个,分别是比利-贝尔克洛(Billy-Berclau)、杜夫兰(Douvrin)、埃斯克勒比厄的弗莱尔(Flers-en-Escrebieux)、弗勒斯内-勒-蒙托邦(Fresnes-lez-Montauban)、佩尔弗(Pelves)、万格勒(Wingles)。6 个共同体的居民平均每户分别得到 1.08 公顷、1.26 公顷、1.18 公顷、1.27 公顷、1.25 公顷和 1.14 公顷土地。[1] 当然,将共同体公地进行分割的现象在大革命前比较少见,主要集中在一些经济比较发达的地区和易受到英国、弗兰德尔影响的边境地区,如阿图瓦、布列塔尼等地。在广大的南方地区,分割公地遭到人们的强烈抵制。但这种分割公地的方式为大革命时期议会处理公地问题提供了一个范例。不过大革命时期,如何分割公有土地依然是议会的一个大难题。

从以上分析来看,近代早期共同体公地分割主要存在两种倾向:一方面,贵族、资产阶级和大农场主是公地分割的主要受益人。因此他们积极主张分割公地,并通过各种合法与非法的方式获得大量土地,进一

---

[1] Jean-Michel Sallmann, "Le partage des biens communaux en Artois, 1770 – 1789", *Études Rurales*, No. 67, 1977, pp. 71 – 84.

步扩大土地面积，形成大土地所有制。另一方面，共同体内部也将公地进行分割，原本不多的公地被分割得更细，成为小土地的重要组成部分。

最后，公共牧场权继续受到冲击。一方面，垦荒运动和公地瓜分削减了可供农民集体放牧的土地面积；另一方面，随着先进农业技术的推广，休耕地再次减少，致使公共牧场面积进一步缩减。根据三年轮作制原则，一般每年应有1/3的耕地休耕，即休耕地面积占所有耕地面积的33%左右。如中世纪时康布雷（Cambrai）和阿韦讷（D'Avesnes）两个区的休耕地面积占可耕地面积的30%。到18—19世纪，许多地方的休耕地面积已远远低于30%。1804年，诺尔省（Nord）的休耕地面积约占可耕地面积的25%；里尔区（Lille）休耕地更少，仅占可耕地面积的10%；在阿兹布鲁克（Hazebrouck）和杜埃（Douai）区，休耕地面积不超过可耕地面积的20%。[1] 在改革派的推动下，反对公共牧场的呼声越来越高，并且得到权力机关的支持。1682年，政府颁布法令首先在阿尔萨斯取消再生草牧场上的公共放牧制，可惜由于反对势力过于强大而失败。之后，各地不断出台法令号召废除公共牧场。1766年朗格多克三级会议赢得一项判决，规定原则上该省大部分地区禁止实行强制性公共牧场，除非村镇共同反对。鲁昂、鲁西荣也宣布在一些草场上彻底废除公共牧场制。[2] 传统的公共地役制受到越来越多的冲击。

第三节 圈地运动的规模与地权变动

16世纪，托马斯·莫尔在《乌托邦》一书中用"羊吃人"来形容英国圈地运动所带来的恶果。在书中，莫尔揭示了英国圈地运动的本质和圈地最大的受害者——广大的贫苦农民。由于种种原因，法国从来没有形成像英国式的大范围且彻底的圈地运动。虽然近代早期法国也曾试图推行英国式的圈地运动，但这些改革大多以失败告终。在这个过程

---

[1] Jean-Marc Moriceau, *L'élevage sous l'Ancien Régime : les fondements agraires de la France Moderne XVIe – XVIIIe siècle*, Paris : SEDES, 1999, p. 176.

[2] ［法］马克·布洛赫：《法国农村史》，余中先等译，商务印书馆1991年版，第245页。

中，改革所遇到的阻力已远远超出人们的预想。大革命后，圈地依然是法国农业经济发展的一个重大难题。

一 反对者与支持者

传统观点认为，圈地运动主要损害了贫苦农民的利益而领主和大农场主则是圈地运动最主要的受益人。因此，农民是抵制圈地运动的主要力量，领主和大农场主一般都积极支持圈地。随着近些年西方学界对法国圈地运动研究的深入，传统观点逐渐受到质疑。谁是圈地运动的反对者？谁是圈地运动的支持者？在这个问题上需要做进一步的具体分析。

反对和支持的力量可能是来自多方面的，且不一定在只存在于农村。如城里部分肉贩商人和大的运输商们就是圈地活动的积极支持者。因为圈地后牧场的发展能够保证肉贩们稳定的货物供应来源，也为大运输商们不断提供健壮而充足的马匹。有些小运输商坚决反对圈地活动，因为圈地使他们失去了"过路权"，这就意味着运输商的马匹在路途上再也没有免费的草料。在农村，是反对还是支持圈地运动这个问题更加复杂。不同阶层的人们的态度不一致，同一阶层的人在不同问题上也有不同的看法，取决于所处的环境和各自的利益关系。

近代早期，随着社会经济的发展，农民内部已经出现巨大的经济和社会地位差距，可以分为不同阶层。根据农民的经济状况，大致可以将农民分为无地农民、少地农民和农场主，也可将农民分为有耕畜的农民（一般指是否拥有牛）和无耕畜的农民。对无地农民或无耕畜的贫苦农民来说，圈地运动确实会损害他们的利益，如圈围耕地使农村的老幼病残失去拾穗的特权。但有时也能给他们带来一定好处，如公地的分割可使无地农民获得少量贫瘠土地。即使所分公地面积小（可能不足半公顷）且土壤贫瘠，但毕竟分割公地能使他们摆脱无地的状态，而不再完全依赖帮农场主打工来讨生活。农业雇工转变为有一部分土地的人，从而导致农业雇工缺乏。这成为困扰农场主们的首要问题。无耕畜的农民也能从中受益。因为之前没有耕畜，传统的公共放牧权他们其实几乎没有享受过。公地的分割给他们带来了更多土地。因此，村中最贫困的无地农民或无耕畜农民反而是公地分割的支持者。当然，前提条件是公地分割是在保障他们利益的前提下进行的。

对于有耕畜和有少量土地的普通农民来说，圈地几乎没有为他们带来多大的利益。中世纪晚期至近代早期法国小农经济盛行，农民所持有的土地面积一般不多但负担承重，仅仅依靠自家的耕地，多数农民根本无法保障一家人的生活，因此畜牧业成为农民维系生计的重要资源。对普通农民来说，公共牧场在他们的家庭经济生活中占据重要位置。因此，侵占公有地极大地损害了他们的利益，此外圈围耕地所需要的材料和资金也给本来并不富裕的家庭增添了负担。乔治·格朗瑟姆（George W. Grantham）推算19世纪圈地所需费用为每公顷20—30法郎。[①] 对农民来说确实这是一笔不小的开支，且由于农民的土地通常过于碎化，分散于村中田地内各个地方，若每块地都圈起来则花费更多。公地分割虽然给予他们少量土地，但这些土地面积过于狭小，不足以补偿失去公共牧场的损失，因此有少量财产的中等农民坚决反对圈地运动。他们是圈地运动中数量最大、也是最坚决的反对者。

拥有大量耕畜和土地的大农场主通常支持圈围耕地和牧场。一方面，这些大农场主一般拥有广阔的耕地和牧场，基本能够保障牲畜所需的饲料，而且凭借着在自身的经济实力和社会地位，他们有时能推动共同体按牲畜比例分割土地从而能获得更多土地；另一方面，他们的经济实力和所具有的广阔土地使他们不愿再与村中普通农民共享公共牧场。因此，他们主张圈地，限制公共牧场。此外，农场主们雄厚的经济实力也使他们有条件进行农业改革。他们迫切要去改变农村强制性的耕作制度，获取个人自由。

领主是圈地运动最大的受益者，也是最坚定的支持者。公地的分割至少能让领主们获取1/3的土地，包括具有重大商业价值的林地和牧场等。不过，也有不少领主担心圈地会损害他们古老的贵族特权，如狩猎权；或损害少数地区领主特有的公共权利，如在弗朗什-孔泰地区，领主享有在公共牧场无限制放牧牲口的特权。在当地，公共牧场的废除无疑会减少领主牲畜从公共牧场所获得饲料。因此，18世纪70年代，贝

---

① George W. Grantham, "The Persistence of Open-field Farming in Nineteenth-century France", *The Journal of Economic History*, Vol. 40, No. 3, 1980, pp. 515–531.

尔坦在弗朗什－孔泰地区的改革没能得到领主的支持，反而遭遇前所未有的抵制。

1770—1789年，阿图瓦地区卡谢（Cache）河谷和杜勒（Deûle）河谷的村庄对共同财产进行分割，其中有20个共同体坚决反对公地分割。由于两地农业结构不同，两地人民对公地分割的态度也有所差别。杜勒河谷地区有9个乡村共同体，1387户家庭。其中完全没有耕畜的家庭有683户，约占当地户数的49.2%，是村中最贫穷的贫苦农民。富有的大农场主和富农共185户拥有河谷地区3/4的马和差不多半数的牛。其中最初支持分割土地的有96户，仅占总户数的6.70%。因此，当地反对圈地的力量相对比较强大。卡谢河谷地区有11个共同体，599户家庭。其中没有耕畜的贫苦农民工40户，占户口总数的6.7%；富农和农场主家庭共98户，占总数的16%，其中拥有20头以上牲口的大户有12户，占2%；人口最多的是拥有1—3头牲口的中等农民，共344户，占57.43%。在这599户中，只有7户富裕家庭都明确表示支持公地分割，占1.17%，绝大多数人反对分割公地。在奥希－勒－拉巴塞（Auchy-les-la Bassé）村，公地分割的支持者大多是雇工、贫困的农耕者和一些依靠大农场主生活的人。[①] 而在某些村庄支持者形成群体力量，如富基埃尔－勒－朗斯（Fouquières-lez-Lens）村共有51户人家，其中有26户支持者和27户反对者。从总体上看，反对者的数量要多于支持者。

大革命之前，法国各界对圈地运动的态度是千差万别的，其中既有坚定的支持者，也有顽固的反对者。但总的来说，绝大多数农民坚决反对圈地运动的发展。而政府在这个问题上犹豫不决，一直缺乏稳定且明确的政策，不利于圈地活动发展。因此，即使之后经过了法国大革命的洗礼，法国农村依然残留着古老的乡村共同体和公共地役制。一方面，这种残留保护了广大中等阶层农民的利益，保障了他们的生活不至于因为失去公地而被迫四处流浪；另一方面，这种现象也使农村失去改革的动力，传统法国小农经济继续存在并进一步发展。从这一点来看，近代

---

① Jean-Michel Sallmann, "Le partage des biens communaux en Artois, 1770–1789", *Études Rurales*, No. 67, 1977, pp. 71–84.

法国的圈地运动不仅没有彻底改变法国的小农经济，反而进一步强化了传统的小农经济模式。

二 圈地规模与影响

从中世纪到大革命，法国从来不缺少圈地活动。但真正英国式的圈地运动大都只局限于英国隔海相望的诺曼底，其余地方的圈地主要是为了保护农作物免受牲畜的损害，算不上近代意义上"真正"的圈地运动。此外，从圈地运动的规模和影响上看，近代早期法国圈地运动规模小、范围窄。由于近代早期法国圈地运动数据资料缺乏，我们暂时还不能具体衡量近代早期法国圈地运动的规模。但19世纪法国公共地产和敞地制的大量残留也从另一个侧面说明这次圈地运动的不彻底性。

公共地产是乡村共同体中村民们生活的重要补充资源，原则上归领主所有，实际上村庄中人人都享有一定的权力。它本质上是一种乡村共同体体制下的"集体土地所有制"，与现代农业制度中土地归私人所有完全不同。16世纪以后，法国领主们就开始瓜分公地，将公地逐渐转化为归私人所有。17—18世纪，部分地区乡村共同体也曾尝试分割公地，或减少公地面积。到大革命前，法国依然存在着大量公共地产。1738年，萨瓦（Savoie）公爵领地有468790公顷土地归共同体所公有，约占领地总面积的46.54%。[①] 甚至到20世纪，公地在某些地方依然占据着重要地位。根据1863年一次全国土地调查，阿尔代什（Ardèche）省共有土地552713公顷，其中公共土地30994公顷，占土地面积的5.6%；阿韦龙（Aveyron）省的土地面积为874333公顷，其中公地54019，占6.2%；上卢瓦尔省（Haute-Loire）拥有公地35018公顷，占全省总面积的7.1%；洛泽尔（Lozère）省地区，公地面积偏大，约为78871公顷，占全省土地面积的15.2%。[②] 在阿尔卑斯（Alpes）山区，公地面积所占比例更高。上阿尔卑斯省（Hautes-Alpes）的公地面积达

[①] Paul Guichonnet, "Bien communaux et partages revolutionnaires dans l'ancien department du Léman", *Études Rurales*, No. 36, 1968, pp. 7–36.

[②] P. M. Jones, *Politics and Rural Society: the Southern Massif Central c. 1750–1880*, Cambridge: Cambridge University Press, p. 46.

该省土地总面积的51%。萨瓦地区公地面积占总面积的42%，这一数据与1738年萨瓦公爵领的数据相比，没有太大差别。下阿尔卑斯省（Basses-Alpes）为25%；上萨瓦省（Haute Savoie）为24%；伊泽尔省（Isère）为21%。到1929年，全国44332740公顷的土地中仍有3030319公顷土地归乡村共同体所有，占全国土地总面积的6.84%，归私人所有的土地为39235078公顷，占土地总面积的88.5%。所有公地中，非耕地1642513，占土地总面积3.7%；耕地1387806公顷，占土地总面积3.13%。在全国11010368公顷林地中，乡村共同体占有2426247公顷，占林地面积的22%；归私人所有的为7021345公顷，占林地总面积的63%。[①] 19—20世纪，公共地产的大量存在既反映了中世纪晚期至近代早期法国圈地运动的不彻底性，也说明近代早期法国古老的土地制度没有得到改变。

古老的轮作制依旧盛行，休耕地大量存在。从图3-2可以看见，直到19世纪初轮作依旧是农民主要的耕作方式。不需休耕的土地仅仅只在四个地方可以发现：朗德省（Landes）、莫尔比昂（Morbihan）的东南部、汝拉山区（Montagne du Jara）和阿登地区（Montagne du Ardenne）。休耕地大量存在，公共牧场制度也难以废除。1889年11月21日，法国政府才颁布法令正式废除公共放牧权，当时敞地地区1.2万个乡村共同体中超过8000个共同体奋起抗议，甚至要求重新恢复公共牧场。共同体古老的公共地役制残留到20世纪。布罗代尔提及，1914年他曾在东部地区一个村庄看见"所有的畜群等到草场的再生草开镰收割后，立即通过辽阔的林地，涌进引水灌溉的草场"[②]。20世纪初，根深蒂固的公共牧场依然在影响着法国农民。

从16世纪到20世纪，法国整整花了400多年的时间才基本完成圈地运动。法国圈地活动的缓慢和不彻底性是具有法国独特特征的圈地模式。总体上，从16世纪到1789年的圈地活动还处于初始阶段，圈地规

---

① Frederic O. Sargent, "The Persistence of Communal Tenure in French Agriculture", *Agricultural History*, Vol. 32, No. 2, 1958, pp. 100-108.

② [法]费尔南·布罗代尔：《法兰西的特性：人与物》（下），顾良、张泽乾译，商务印书馆1997年版，第54页。

模小、范围窄，因此对法国农村社会影响并不大，也不可能在短时期内彻底改变法国农村社会面貌。

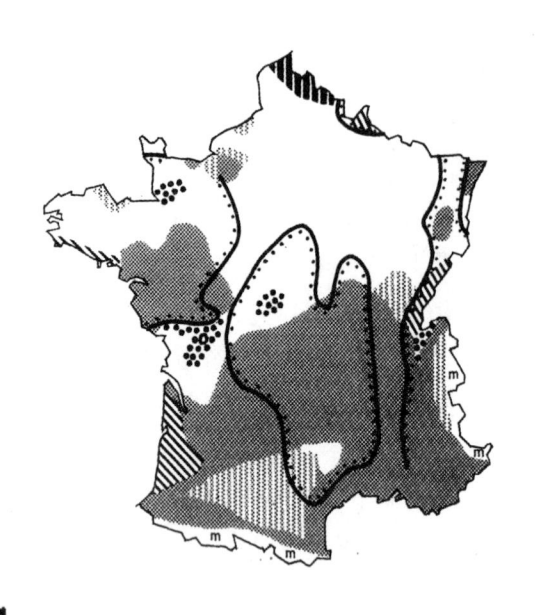

图 3-2 19 世纪初法国的轮作制①

图例：两年轮作、三年轮作、四年轮作、无休耕的轮作、与经济作物和饲料作物轮作、放牧地

在土地制度方面，圈地活动尤其是公地分割呈现出两种趋势：一方面维护大农场主和领主们的利益，扩大了大农场主和贵族们的土地面积，加强大土地所有制；另一方面在一定程度上又保障了农民的权益，将土地平分给农民，巩固了小农的农业经济模式。大革命时期，革命政府又颁布一系列有利于小农的圈地政策，进一步推动了小农经济的发展。因此，在所有制方面，法国的圈地活动没有发挥英国式的圈地活动对大土地所有制的推动作用，而是进一步强化了中世纪晚期以来法国大

---

① François Sigaut, "Pour une cartographie des assolements en France au début du XIXe siècle", *Annales, Histoire, Sciences Sociales*, 31e Année, No. 3, 1976, pp. 631–643.

土地所有制和小土地所有制并存的状态，保护了小农经济的发展。不过对公共地役制不断的批判和改革尤其是对公地的分割也使人们更加明晰了公共财产和私人财产的区别，推动近代土地私有观念的发展。

在经营方式上，带有资本主义性质的大农场经济模式开始出现并逐渐采用一些新的农业技术和方法，推动农村经济的发展，如诺曼底地区在农业技术和经济发展程度上与英国相差无几。在大多数地区，农民依然保留古老小农土地经营模式，沿用古老的农耕方法，依靠1—2公顷土地谋生和公共土地谋生。传统的小农经营和资本主义大农场经营模式并存，但小农经营占主导。

在农业技术和结构方面，轮作制常年保存，休耕地没有减少太多。在农村，大部分地区保留古老的强制性轮作和公共牧场，致使农业技术长期得不到提高，农业经济发展缓慢。在农业结构上，英国圈地活动所形成的大面积牧场在法国也极少出现，种植业依旧占据着农业的主导地位。

从16世纪诺曼底地区首次出现英国式的圈地运动到20世纪公共牧场基本在法国消失，法国花了400多年才完成英国式的圈地运动。近代早期法国的圈地运动的缓慢发展和不彻底性体现了近代法国农业经济发展的缓慢和滞后。圈地活动中人们尤其是农民对圈地的抵制和阻碍反映了法国小农经济的保守性和顽固性，同时也体现了小农在法国社会中的重要地位。大革命后公共地役制的残留保护了小农的利益，巩固了小农经济在法国的地位。法国没能出现英国式的大规模圈地活动，也没有在圈地活动后出现普遍的大土地所有制，而是强化了原本的大土地所有制和小土地所有制并存的局面，保留了小农经济，形成具有法国特色的土地结构。值得注意的是法国的圈地活动主要表现为圈占公地和削弱公共权力，较少侵占农民的可耕地。但通过购买等方式，农民所占有的土地也逐渐被剥夺。

第四章　近代早期地权变革中的土地占有情况

衡量阶级社会中个人社会地位的一个重要标准就是该社会阶层所掌握的社会财富。在农业社会，土地是最重要的社会财富，占有土地的多少就决定该社会阶层在社会上的地位和权力。大革命前的法国是一个森严的封建等级社会。整个社会按照不同的社会职能可分为三大等级：第一等级是教士，负责"祈祷"；第二等级是贵族，负有"保护"职责；第三等级是除教士和贵族以外的所有人，包括商人、工人、农民，等等。他们是社会的基石，负责"劳动"。在旧制度时期，第一、第二等级高高在上，享有种种特权。他们是社会的统治阶级，控制着社会权力机构，掌握社会财富，同时也是最大的土地占有者。第三等级的人们没有任何特权。他们是特权等级的压榨对象，是社会财富的创造者。他们通常只拥有少量土地甚至没有任何土地。随着近代资本主义的迅速发展，第三等级中的资产阶级崛起。他们对土地表现了浓厚的兴趣，开始大规模侵占土地。伴随着近代早期法国社会的变迁，原有的土地占有结构和土地关系都发生变化。

第一节　教会的土地占有情况

在中世纪的法国，教会是最大的封建领主，也是占有土地最多的机构。近代早期，由于宗教战争和路易十四政策的影响，法国教会势力被削弱，教会所占有的土地随之减少。

第四章　近代早期地权变革中的土地占有情况

一　大革命前的教士阶层

法国教会的历史最早可追溯到法兰克王国的创始人克洛维统治时期。496年，克罗维带领士兵受洗成为第一个接受基督教的日耳曼部落。这也使法国的教会在基督教会中具有重要位置，被誉为"天主教会的女儿"。凭借着在精神世界的影响力，天主教会势力逐渐膨胀，在中世纪早期甚至能左右法国王位的继承。近代以来，随着法国王权的强化，法国教会逐步摆脱罗马教皇的控制。到路易十四时期，法国教会基本上成为国王统治下的政治机构、宗教机构。"他使法国教士脱离他们的精神导师，同时让他们保留财富与势力。"[1]

旧制度下的教士团体享有各种特权，如教士们有自己的行政机构和司法机构，即教区公会和宗教裁判所。此外，教士还享有免税特权，无须交纳任何直接税。这种免税特权不仅仅限于教会财产，教士个人财产也可免税。在精神文化领域，教会依然发挥着重要影响力。大革命前教会控制着各级大、中、小学学校的文化教育，专职培养效忠于教会和国王的臣民。此外，教会还积极组织社会救济，参与社会基层管理。如堂区神父负责本堂区所有居民的户籍登记。所有居民的出生、婚嫁以及死亡记录均由堂区神父掌管。在经济上，教会收入也达到惊人的程度。教会的收入主要来自两个方面：什一税和地产收入。理论上，什一税的比例应当为1/10，但具体收税比例各地不一致，一般在7%—8%。宗教改革后，由于教会当时被迫出售了大量地产，什一税成为教会最重要的财富收入。据估计，大革命前教会的什一税收入达到1.2亿利弗尔。依靠多年的积累，教会财产遍及全国各地。无论在城市还是乡村，教会都拥有土地、房屋等各种不动产。大革命前，教会每年仅教产收入就达到1.2亿利弗尔。[2] 总之，大革命前教士阶层依然积极参与国家事务，是精神领域的领导者和支配者。在生活中，教会也享有种种特权，拥有惊人的财富。

---

[1] ［法］托克维尔：《旧制度与大革命》，冯棠译，商务印书馆2012年版，第285页。
[2] ［法］马迪厄：《法国革命史》，杨人楩译注，生活·读书·新知三联书店1958年版，第3页。

作为财富与权力的代表，教士阶层人数不可能太多。但关于旧制度时期法国究竟有多少教会人士，目前学界还没有统一的定论。乔治·勒费弗尔估计当时全国的教士、修道士、修女等全部教会人士应当不超过10万人[①]，教会人士占全国人口的比例不超过1%。而据1789年一份王室调查显示，当时全国共有135个主教区和大主教区，34658个堂区。教士阶层内部可分为不受修道誓约约束的世俗教士（secular priest）和受修道誓约约束的修会教士（修道士和修女）。其中世俗教士共有7.1万人，包括2800名高级教士和大教堂律士（canons of cathedrals），5600名的学院教堂律士（canons of collegiate churches），约3000名无俸律士（ecclesiastics without benefices），以及大约6万人的低级教士。修道院的各种修士和修女们具体数目难以统计，但全国不超过6万人。[②] 按此数据计算当时法国的教士应当不超过131000人，这与勒费弗尔的数据大致相当。

教士阶层内部可分为高级教士和低级教士。高级教士一般由贵族子弟担任。他们一般年满十二岁就可以剃发担任教职。1789年全国143个大主教全部都由贵族担任[③]，大的修道院也基本上落入贵族之手。这些高级教士的生活方式与贵族的生活方式相似。他们一般在巴黎过着贵族式的奢靡生活，很少参与宗教活动，很多人甚至根本不懂如何布道。教区或修道院的管理工作基本上由助手负责。据1764年的一项调查，当时全国共有40位主教在巴黎居住。[④] 虽然他们对工作敷衍了事，但他们坐享教会的财富。高级教士的年收入通常在10万利弗尔以上。韦尔蒙（Vermont）修道院院长仅圣职收入就有8万利弗尔。[⑤] 大主教区尤其是富有的大主教区的收入大部分都落入高级教士们的手中。此外，

---

① [法]乔治·勒费弗尔：《法国大革命的降临》，洪庆明译，格致出版社、上海人民出版社2010年版，第3页。
② Henri Seé, *Economic and Social Conditions in France during the Eighteenth Century*, Trans. Edwin H. Zeydel, New York：F. S. Crofts & CO, 1935, p. 60.
③ [法]马迪厄：《法国革命史》，杨人楩译注，生活·读书·新知三联书店1958年版，第3页。
④ Henri Seé, *Economic and Social Conditions in France during the Eighteenth Century*, Trans. Edwin H. Zeydel, New York：F. S. Crofts & CO, 1935, p. 69.
⑤ Henri Seé, *Economic and Social Conditions in France during the Eighteenth Century*, Trans. Edwin H. Zeydel, New York：F. S. Crofts & CO, 1935, p. 63.

高级教士凭借着特权还常常侵占其他财产。如由主教们代为保管的修道院会给他们带来一笔额外收入。阿尔比（Albi）大主教伯尔尼（Berni）以这种方式得到 10 万利弗尔；第戎大主教因此得到 12 万利弗尔收入；鲁昂大主教获得了 13 万利弗尔。这笔额外收入全国共有约 122.5 万利弗尔，由 15 位大主教和 79 位主教瓜分。① 低级教士主要是指驻扎在地方的本堂神父和辅祭。他们大都出身于城市中等资产阶级家庭或农村富裕农民家庭，且多是本地人。他们的收入主要来自什一税，基本上没有任何资产，收入菲薄。1768 年王室法令规定，本堂神父的薪俸为每年 500 利弗尔，辅祭的收入为 200 利弗尔。到 1786 年，本堂神父的薪俸上涨为每年 700 利弗尔，辅祭的收入为 350 利弗尔。可以说他们的生活与普通农民的生活相差无几。因此勒费弗尔说，教士在当时只是一个职业而不是一个社会阶级。教士内部没有统一的阶层意识，"它的统一性纯粹是精神上的"②。

二 教会财产的出售

宗教改革时期，新教国家曾大量出售教会财产，改变了这些国家的土地分配情况，影响各国土地占有结构。法国虽然最后确立为天主教国家，但是在 16 世纪后半叶也曾出现将教会财产大规模转变为世俗财产的情况，影响近代法国的土地占有结构。

1562—1598 年，法国国内因为宗教问题引发内战。在这 36 年的时间内，内战频仍，血腥屠杀不断。战争不仅给人民带来深重灾难，也加重了政府的负担。为筹集军费，补贴因为连年战争而空虚的国库，查理九世和亨利三世（Henri Ⅲ）曾多次要求教会出售教产。1563 年，在国王查理九世的要求下，法国教会首次出售教产，共获利 5172280 利弗尔。根据 16 世纪 50 年代巴黎地区每公顷土地平均售价为 63 利弗尔的均价计算，这笔款项理论上可购买 82100 公顷好的耕地，即教会相当于

---

① Albert Soboul, *La France à la veille de la Révolution：éconimie et société*, Paris：SEDES, 1974, p.151.

② ［法］乔治·勒费弗尔：《法国大革命的降临》，洪庆明译，格致出版社、上海人民出版社 2010 年版，第 4 页。

出售了82100公顷的耕地。几年后教会获得特许重新购回第一次出售的土地，第一次出售的教产多数又回到教会人士手中。1568年，罗马教皇为抵御新教徒，批准了查理九世再次出售教产的请求。此次教产出售给国王带来了1495000利弗尔的收入。1568—1569年，第三次教产出售获利2474681利弗尔。1574年，第四次教会财产转让涉及教会价值150万利弗尔的产业。两年后，教会再次被迫出售财产，售出价值达到444.4万利弗尔的财产。1586年，亨利三世因为出售教产获得了121.6万埃居（écus），相当于364.8万利弗尔。1587—1588年，国王再次要求教会出售教产，不堪重负的教会设法逃避了国王出售教产的要求。从1563年到1588年教会曾先后七次出售教产。由于第七次教产出售并不成功，而第一次出售的教产基本上都被教士赎回，因此实际上教会只出售五次教产。这五次出售的教产总价值达到约1356.2万利弗尔。以16世纪70年代好的耕地每公顷150利弗尔的均价来计算，这笔收入约相当于90400公顷的好耕地[①]。宗教战争时期教会财产的出售使法国教会损失惨重。亨利·菲尔若（Henri Furgeot）认为这次教产出售可与大革命时期国有财产的出售相比。

当然，教会所出售的教产也不全是耕地。实际上，教会出售的多数是土壤质量差的荒地、林地，此外还包括大量城镇住宅，甚至庄园司法权等各种庄园权利等。伊旺·克卢拉（Ivan Cloulas）对1569年的教产转让做了一次统计。他将教会出售的产业分成五种形式：耕地、荒地、林地和葡萄园等土地，年贡和地租，司法权和庄园权利，建筑以及其他杂项五种形式。具体数据可见表4-1。

从表中数据可以看出，教会所出售的产业主要为土地，以及土地上获取的地租和各种庄园权利和费用。由于南北方教会经济状况存在差异，各地教会所出售的产业比重差别大。在北方如巴黎地区、香槟地区，教会主要出售具有土地所有权的私有土地和建筑。如巴黎教会出售的财产中，具有所有权的土地占所售产业总价值的51%，建筑物占20%，即具有所有权的各种产业占所有出售产业的71%，而土地上的

[①] Emmanuel Le Roy Ladurie, *The French Peasantry 1450 - 1660*, trans. Alan Sheridan, Aldershot: Scolar Press, 1987, pp. 239 - 240.

第四章　近代早期地权变革中的土地占有情况

收益和权利所售出的价值仅占所有产业价值的24%。在南方如里昂、贝里等地，教会出售的主要是土地上的各种收益和权利，如地租、司法权，以及各种领主权所带来的费用等。如里昂教会所出售的教产中83%是由土地占有者所交纳的地租和年贡构成。在勒皮伊（Le Puy），教会没有出售任何土地和建筑物。根据中世纪土地权利观念，土地并不归任何人所有，而是为各级土地持有者层层占有，每一层占有者都享有土地上的一定权利和收益。在法国，教会、贵族等作为领主对农民占有的土地一般只拥有高级所有权，可以享有土地上的收益却不能完全决定土地归属。正是由于教会很少有或几乎没有绝对的土地所有权，教会只能出售所占有土地上的权利和收益。如在奥尔良教区，圣－本努瓦（Saint-Benoît）修道院于1569年分10次出售产业，共获得1272图尔利弗尔。其中有5次出售所属土地的地租，平均价格为150图尔利弗尔。[1] 中世纪中叶以后，罗马法重新出现在中世纪法国法学家们的研究范围。在法学家们的推动下，罗马法观念中的绝对的土地所有权观念出现在大众视野内，逐渐得到人们的认同。因为大家认同教会拥有土地的占有权，教会因此能将土地出售。当然出售的土地主要集中巴黎等经济比较发达的地区，在南方地区土地制度基本延续中世纪时期的土地所有权结构体系。

表4－1　　　　　　　　1569年教会财产的转让[2]　　　　　　（单位:%）

教区		耕地和荒地、葡萄园和林地	年贡和地租	司法权和庄园权利	建筑	其他
巴黎财政区（généralité de Paris）	桑斯（Sens）	62	24	6	5	3
	巴黎（Paris）	51	14	10	20	5
	莫（Meaux）	80	6	3	9	2
	桑利斯（Senlis）	60	28	0	6	6
	博韦（Beauvais）	53	25	11	8	3
	查尔特勒斯（Chartres）	47	27	10	8	8
	苏瓦松（Soissons）	54	16	9	17	4

---

[1] Ivan Cloulas, "Les aliénations du temporel ecclésiastique sous Charles IX et Henri III (1563–1587)", *Revue d'Histoire de l'Eglise de France*, tome 44. No. 141, 1958, pp. 5–56.

[2] Ivan Cloulas, "Les aliénations du temporel ecclésiastique sous Charles IX et Henri III (1563–1587)", *Revue d'Histoire de l'Eglise de France*, tome 44. No. 141, 1958, pp. 5–56.

续表

教区		耕地和荒地、葡萄园和林地	年贡和地租	司法权和庄园权利	建筑	其他
香槟财政区 (généralité de Champagne)	兰斯（Reims）	62	19	4	13	2
	特鲁瓦（Troyes）	50	26	3	16	5
	夏龙（Chalons）	59	26	2	8	5
	朗格勒（Langres）	62	27	2	6	3
里昂财政区 (généralité de lyon)	里昂（Lyon）	10	83	3	0	4
	曼德（Mende）	30	60	10	0	0
	勒皮伊（Le Puy）	0	50	50	0	0
	维维耶尔（Viviers）	0	30	70	0	0
贝里财政区 (généralité de Berri)	布尔日（Bourges）	46	48	0	4	2
	纳韦尔（Nevers）	20	70	0	0	10
	奥尔良（Orléans）	40	47	0	7	6
第戎财政区 (généralité de Dijon)	奥坦（Autun）	23	57	3	6	11
	奥克塞尔（Auxerre）	38	54	0	8	0
	马孔（Mâcon）	35	65	0	0	0
	夏龙（Chalon）	43	43	0	14	0

教会财产的购买者也呈现出南北差异。在北方地区，资本主义工商业发展迅速，资产阶级崛起。他们成为购买的中坚力量。如在巴黎，35%的购买者是政府官员、法庭成员、律师和公证人；22%的购买者是资产阶级和商人；12%的购买者是集体购买者、手工匠和第三等级下层（petit tiers-état）。传统特权阶级——贵族只占购买者的13%；农民生活贫困，购买力不强，只占购买者的3%。在桑利斯，50%的购买者是资产阶级和商人；6%的购买者是集体购买者、手工匠和第三等级下层。[1]在法兰西岛，一半的土地都落入巴黎的穿袍贵族手中，15%的产业被传统贵族买去，10%的产业给了巴黎的资产阶级，3%给了乡镇小商贩，

---

[1] Ivan Cloulas, "Les alienations du temporel ecclésiastique sous Charles IX et Henri III (1563 – 1587)", *Revue d'Histoire de l'Eglise de France*, tome 44. No. 141, 1958, pp. 5 – 56.

仅余极少量产业落在农民手中。① 在南方，购买者主要由旧贵族和政府官员构成，说明南方地区保留了中世纪古老的经济和社会结构。如维维耶尔（Viviers）地区的购买者全部是贵族；皮伊的购买者当中有50%是贵族，另外25%的购买者是各级政府官员、法律行业相关从业人员。在里昂财政区、贝里财政区和第戎财政区，没有任何农民购买教会财产。在香槟财政区，仅在兰斯有1%的购买者出身于农民阶层。巴黎财政区中各城市基本都出现农民购买者，但在农民购买者在所有购买者中所占比例最大的桑利斯地区，富农购买者也仅有17%。② 这也说明当时农民整体经济状况较差，缺乏资金积累。富农阶层虽然出现，但数量较少、经济实力不强且主要集中在巴黎地区。

宗教战争结束后，教会积极推动天主教复兴运动，致力于收回曾经出售的教产。如皇家港（Port-Royal）修道院将附近谷仓的农场由1562年的148阿庞扩大到1677年的470阿庞。③ 在国王的支持下，教会确实收回大量原有教会地产。总的来说，16世纪法国教会财产的出售没有完全改变法国土地占有结构。但这一时期教会财产的出售也反映了当时社会土地所有权观念及土地占有社会结构正在发生变化。在巴黎等经济发达地区，传统的层层占有权利观念逐渐被现代土地私有权观念所取代。此外，土地购买者中资产阶级的比重增加也反映出近代早期资本主义的发展和资产阶级的崛起。反过来，教会地产的出售也进一步推动鼓励资产阶级投资土地市场。

三 教会占有的土地情况

由于宗教战争时出售教会财产事件的影响，17—18世纪法国教会整体经济实力受损，占有的土地减少。但即便如此，一直到大革命爆发前教会依然是法国最大的封建主。化学家拉瓦锡（Lavoisier）估计当时

---

① Geroges Duby et Armand Wallon dir., *Histoire de la France rurale* (Tome Ⅱ), Paris: le Seuil, 1975 – 1976, pp. 268 – 269.

② Ivan Cloulas, "Les aliénations du temporel ecclésiastique sous Charles Ⅸ et Henri Ⅲ (1563 – 1587)", *Revue d'Histoire de l'Eglise de France*, tome 44. No. 141, 1958, pp. 5 – 56.

③ Geroges Duby et Armand Wallon dir., *Histoire de la France rurale* (Tome Ⅱ), Paris: le Seuil, 1975 – 1976, p. 271.

教会所有的产业价值约为30亿利弗尔，特莱拉尔认为教会的产业达到40亿利弗尔。这些产业不仅包括教会所拥有的土地，也包括城市的建筑物及各种土地收益和权利等。在这里，教会所拥有的土地主要是指教会拥有实际使用权利的自营地，不包括教会以前租佃给农民的纳年贡土地等。由于资料缺乏，关于法国教会所占有的土地情况具体数据目前没有统一的定论。一般认为，18世纪教会所占有的土地占全国土地面积的6%—10%。饶勒斯认为，大革命前特权等级所占有的土地占全国总土地面积的1/3，最多不超过1/2。其中，教士所占有的土地约占10%，贵族所拥有的土地约占20%。① 乔治·勒费弗尔也认为教会大约占有全国1/10的土地，且主要分布在北方地区，在西边和南边要稍微少些。② 卡尔庞捷（LeCarpentier）认为教会土地大约占有全国土地总面积的6%。③ 分散来看，教会在各地所占有的土地面积比重都不大。全国203个有可靠数据的地区内，63%的地区教会所占有的土地不超过该地区土地总面积的5%。只有15%的地区内，教会所占有的土地超过10%。在地方，教会所占有的土地占全部土地面积的比重各地都不一致。一般来说，教会在北方地区拥有的土地较多，如诺尔省，教会占有20%以上的土地。在康布雷（Cambrai）区，教会所占有的土地达到全区总面积的40%。④ 在阿图瓦，教会占有土地占总面积的1/5或1/4，即20%—25%。在法兰西岛的拉昂地区（Laon），教会占有的土地比重约为29%，在皮卡迪为18%。再往西或往南，教会占有土地比重随之下降。在勃艮第，教会占有的土地比重降至11%—15%，在贝里为15%，在都兰为10%，在上奥弗涅省（Haute-Auvergne）仅为3.5%。在西南地区尤其是山区，教会占有的土地更少，部分山区教会所占土地

---

① ［法］让·饶勒斯：《社会主义史·法国革命：第一卷 制宪会议》（上），陈祚敏译，商务印书馆1989年版，第32—33页。
② ［法］乔治·勒费弗尔：《法国大革命的降临》，洪庆明译，格致出版社、上海人民出版社2010年版，第3页。
③ ［法］施亨利：《十八九世纪欧洲土地制度史纲》，郭汉鸣译，正中书局1935年版，第4页。
④ Gérard Béaur, *Histoire agraire de la France au XVIIIe siècle: inerties et changements dans Les lampagnes françaises entre 1715 et 1815*, Paris: SEDES, 2000, p. 23.

不足1%。如在贝阿恩（Béarn），仅占1.5%，在朗德省（Landes）为1%，在鲁西荣为2.5%，在图卢兹一带为3.9%。①

大修道院或大主教们拥有教会绝大多数的土地。他们所占有的土地面积比较大、类型多样，且大多分割成碎片散布于各地。圣-日耳曼-德-普雷修道院是巴黎附近历史悠久且实力雄厚的大修道院之一。14世纪时，该修道院共拥有约6017阿庞的土地，主要分布于巴黎地区的35处地方。土地类型包括耕地、森林、荒地和葡萄园，其中耕地有3095阿庞、森林占2544阿庞、荒地占215阿庞、葡萄园约占地163阿庞。有些地方，该修道院仅占有少量土地。如在沙蒂隆（Chatillon），修道院仅拥有18阿庞的耕地，在叙雷讷（Suresnes）只有14阿庞的耕地。葡萄园一般所需土地面积更小，因此修道院所占有的土地面积更小。如在德勒（Dreux）和蒙特沙韦（Montchavet）两地，修道院都只拥有3阿庞的葡萄园。占地最广的是林地，一般都达到数百阿庞。如在弗雷斯尼埃（Fresnières），修道院拥有约900阿庞的林地。② 此处修道院所占有的土地是指修道院的自营地，其中耕地都被分成小块土地租由农民耕作。此外修道院还有不少土地由农民占有的佃领地。在佃领地修道院只拥有高级所有权，享有一定封建权利。到18世纪，圣-日耳曼-德-普雷修道院在各地依然占有约2000公顷的自留地。仅在安东尼（Antony）村，修道院就拥有350公顷的土地，占全村土地总面积的42%。每年安东尼村上交的收入达到28046利弗尔，其中农民交纳的年贡和各种庄园封建费用仅占1494利弗尔，其余26552利弗尔收入全部来自修道院拥有的自留地。从收入来看，修道院在安东尼所占有的土地应当远远多于由农民持有的土地。这350公顷的土地中，3位农场主分别租用了111公顷、93公顷和67公顷的大农场，推行大规模经营模式。另有36公顷的田地、葡萄园和住宅被分成小块分租给63人。由此可见18世纪巴黎地区大地产上也存在大规模的农场经营，同时并存的还有数量更多的小规模经营模式。在其他地方，大修道院和大主教们也

---

① ［法］施亨利：《十八九世纪欧洲土地制度史纲》，郭汉鸣译，正中书局1935年版，第4页。

② Dom du Bourg, *L'abbaye de Saint-Germain-des-Près au XIVe siècle*, Paris, 1900, p. 18.

是当地最富有的财产所有者。在里昂，圣-杜昂（Saint-ouen）本笃会修道院有27处领地，共占有4000公顷的耕地；另有1400公顷的林地和77所住房。西多修道会的克拉里沃（Clarivaux）修道院仅林地就达到9000公顷。诺曼底7个教区的教会组织共占有5000公顷的土地，329所住宅和150所以上的其他建筑物。[①] 各地本堂神父收入少，一般只占有少量土地甚至没有任何产业，他们主要依靠国家所给的微薄薪俸生活。如博韦地区泰兰河畔的巴约尔（Bailleul-sur-Thérain）堂区1717年的收入仅516利弗尔，其中最大一笔收入来自什一税，为205利弗尔。堂区仅拥有约3公顷土地，每年地租收入约为81利弗尔。在泰兰河畔的巴拉格尼（Balagny-sur-Thérain）堂区，教会仅有5阿庞的土地，每年收入为120利弗尔。在隆维利耶-邦古（Longvilliers-Boncourt）堂区，教会收入达到764利弗尔，但没有任何来自土地的收入。[②] 很有可能在该堂区，普通教士们没有占有任何土地。

第二节　世俗贵族的土地占有情况

作为三大等级之一，贵族历来是法国社会传统的统治阶层，是社会精英阶层的象征。他们与高级教士一起构成法国社会最有权势也最富有的阶层，当然也是占有土地最多的阶层之一。

一　"没落"的贵族阶层

传统观点认为在近代早期，受到价格革命等因素的影响，作为法国传统统治阶层的贵族阶层开始走向没落。他们没能适应近代早期整个欧洲社会的转型并最终被时代所抛弃。近些年来研究者们对这种传统的贵族衰落论提出质疑，不少研究表明大革命前的贵族阶层整体上确实已开始出现衰落迹象，但在社会上他们依然保持强大政治和经济实力，依然

---

① James Lowth Goldsmith, *Lordship in France, 1500 – 1789*, New York: Peter Lang, 2005, pp. 66 – 67, 69.

② Pierre Goubert, *Cent mille provinciaux au XVIIe siècle: Beauvais et le beauvaisis de 1600 à 1730*, Paris: Flammarion, 1968, p. 230.

是当时社会最有权势也最富有的阶层之一。

作为特权阶层,"高人一等"的贵族在全国的人数并不多。西耶斯(Sieyès)估计大革命时期全国贵族人数总共为11万人,按当时全国人口约2600万人计算,贵族仅占全部人口的0.4%左右,不足1%。① 勒费弗尔认为西耶斯应当只计算了世袭贵族,而没有包括新的非世袭贵族。若包括非世袭贵族,当时法国大约有40万贵族。② 居伊·肖斯朗-诺加雷(Guy Chaussinand-Nogaret)提出1789年法国共有贵族2.5万户,按每户4—5人计算,全国共有贵族11万—12万人③,这一数据与西耶斯的估算数字大致相当。托克维尔根据莫欧和米肖蒂埃的著作和拉瓦锡的著作估算,1791年法国总共约只有2万户贵族家庭,8.3万人④,略低于前者。

理论上,决定一个人贵族身份的是出身。最初获得贵族身份的是那些中世纪早期追随国王连年征战并立下赫赫战功的将领和权贵们。由于他们是凭借战功受封为爵士并获得国王赏赐的封土,晋升为贵族,因此称他们为佩剑贵族(noblesse d'épée)。13世纪起,一些富有的商人依靠钱财获得土地成为政府官员,进而跻身贵族行列。这些人主要在政府的财政、行政、司法等文职部门工作,被称为穿袍贵族(noblesse de robe)。16世纪以后,通过购买官职获得贵族身份的人越来越多。大量平民晋升成为贵族,卖官鬻爵甚至成为政府的公开行为、国王的敛财手段。大革命前,仅仅担任国王秘书一职的就超过900人,其中大多是闲职。到18世纪,穿袍贵族甚至超过了佩剑贵族的数量。1791年法国8.3万名贵族中,只有18323人能佩带武器⑤,即佩剑贵族只占总贵族人口的22.07%。18世纪,总共有6500户家庭成功进入第二等级,也

---

① [法]西耶斯:《论特权 第三等级是什么》,冯棠译,商务印书馆2004年版,第38页。
② [法]乔治·勒费弗尔:《法国大革命的降临》,洪庆明译,格致出版社、上海人民出版社2010年版,第3页。
③ Guy Chaussinand-Nogaret, *La noblesse au XVIIIe siècle*: *de la Féodalité aux Lumière*, Bruxelles: Hachette, 1976, pp. 48–49.
④ 托克维尔本人认为世袭贵族人数应当更多。见[法]托克维尔《旧制度与大革命》,冯棠译,商务印书馆2012年版,第285页。
⑤ [法]托克维尔:《旧制度与大革命》,冯棠译,商务印书馆2012年版,第285页。

就是说约 1/4 的贵族在 1700 年之前并不是贵族。① 他们都是不能佩带武器的穿袍贵族。

没有哪一个民族像法国人一样如此渴望成为贵族。原因之一在于旧制度时期法国贵族所享有的种种特权，且他们牢牢掌握着国家的政治经济命脉。大革命前，贵族几乎占据着从中央到地方的所有职位。在中央，国王的参政院、高级会议、枢密会议、财政部、外交部和巴黎高等法院等关键职能部门基本上被大贵族所掌握。在地方，大大小小的管理部门、行政部门也被各省、各地方的小贵族占据。按规定，只有贵族子弟才能参加军队。教会的管理职位尤其是高级管理职位也基本上都是留给贵族子弟。总之，近代早期法国贵族依旧把持着从中央到地方政府的方方面面。不过，近代早期的贵族大多是作为国王的直属官吏参与政治活动，与中世纪时期以领主身份参与地方基层管理的贵族有很大不同。从 17 世纪开始，法国乡村贵族大多开始向城市移民，成为乡村的"不在地主"。尤其是在路易十四时期，王室的鼓励政策进一步刺激了贵族们移居城市的决心。首都巴黎不仅仅是法国的政治中心，也是当时大贵族们最集中的地方，是全国贵族乃至全国人民向往的中心。到 18 世纪，大部分贵族都选择在周边的城市居住。乡绅和小贵族们也基本在周边的小城镇定居下来。各地城市迅速发展，城市经济繁荣。对城市生活的向往可能是社会转型时期法国贵族与英国贵族的最大不同点之一。正是由于乡村社会中"不在地主"的增加，以及中世纪晚期至近代早期法国王权的发展而不断排挤地方贵族，贵族们在乡村社会的角色也渐渐改变。16 世纪以后，旧的地方贵族已不再是农民的保护者，也基本上不再直接参与地方行政管理，不再出席庄园法庭，甚至庄园的生产管理他们都很少直接参与而是委托专业人士进行管理。贵族与农民之间的直接联系越来越少，如中世纪末朗格多克地区的蒙塔尤村附近有一位贵族夫人，但村中具体事务基本上被本堂神父克莱蒙兄弟俩把持。贵族开始转化为纯粹的食利者，与农民之间的关系多仅限于简单的经济关系。近代早期贵族依然掌握着国家权利，但他们的身份发生变化。他们慢慢成为

---

① Guy Chaussinand-Nogaret, *La noblesse au XVIIIe siècle: de la Féodalité aux Lumière*, Bruxelles: Hachette, 1976, p. 48.

第四章　近代早期地权变革中的土地占有情况

王室政府在地方的权力代表，而不再是中世纪早期凭借占有的土地而成为的地方统治者。

　　生活上，他们也享有一系列特权。首先，贵族享有免税权。他们可以免除塔利税、什一税和各种劳役等，仅需交纳少量人头税和盐税等间接税。实际上，多数情况下贵族们也能通过各种方法逃避这些间接税。鉴于旧制度时期法国的沉重赋税，免税权成为保护贵族财产的重要手段。其次，贵族一般都是庄园领主。他们享有种种庄园特权。即使贵族领主无权无势，其生活水平甚至不如普通农民，农民也必须向他们交纳各种庄园租费。最后，在社会生活中，他们还享有众多荣誉特权，如贵族的狩猎权、教堂内的专属座位、墓穴、贵族服饰等，甚至在姓名上都有特殊的贵族标志——"de"，如亚里克斯·德·托克维尔（Alexis de Tocqueville）。

　　经济上，贵族尤其是大贵族拥有巨额财富。居伊·肖斯朗－诺加雷在《18世纪的贵族》一书中按财产多寡将贵族分为五大等级。第一等级的在全国最多也就250户。他们每年交纳的人头税达到500利弗尔以上，年收入至少为5万利弗尔。这些贵族大部分居住在巴黎，是全国最富有的家族，拥有大片土地。第二等级的贵族在全国约有3500户家庭，占贵族人口的13%。每户的年收入在1万—5万利弗尔。他们的收入水平在巴黎只能算是中等收入，但在地方却可以保证他们过上富裕甚至奢华的生活。第三等级的贵族家族共7000户，占全国贵族人口的25%左右。家庭年收入在4000—1万利弗尔之间。他们可以养上5—6匹马，雇用好几位佣人，在地方过着比较舒适的生活。第四等级共有1.1万户家庭，占贵族人口的41%左右。年收入约为1000—4000利弗尔。他们一般在乡村生活，基本能维持一个贵族的体面生活。第五等级的年收入不足1000利弗尔。其中半数以上的收入少于500利弗尔，有些家庭每年甚至仅有50—100利弗尔的收入。这部分贵族在全国超过5000户家庭。[①] 他们收入菲薄，生活贫困，有时还不如一般的农民，却常常向往富裕贵族的奢靡生活。如在18世纪初的博韦地区，1/3的贵族被认为跟穷

---

① Guy Chaussinand-Nogaret, *La noblesse au XVIIIe siècle: de la Féodalité aux Lumière*, Bruxelles: Hachette, 1976, pp. 77-78.

147

人的生活差不多。1692年，让·德·库尔瓦藏（Jean de Courvoisin）因为贫困而无法交纳200利弗尔的税费。阿德里安·德·维尔普瓦（Adrien de Villepoix）每年有将近400利弗尔的收入，另有2.5万利弗尔的债务。① 根据上面的数据，前四个等级共有21750户贵族家庭，基本上能过上比较体面的贵族生活。尤其是前三个等级的10750户家庭都属于生活富裕的阶层，大约占全部贵族户数的40.19%，即将近一半的贵族收入较为丰裕。1789年，在图勒（Toul）的司法管辖区（Bailliage）有36位贵族，其中63%的年收入超过1000利弗尔，34%的贵族年收入达到或超过2000利弗尔，17%的贵族年收入达到3000利弗尔以上，其中仅有2位贵族年收入不足600利弗尔，生活比较贫困。②

从以上分析可见，近代早期贵族政治上依然占据着统治地位，生活中享有种种贵族特权，经济上大多能保障自身优渥的生活。当然，在贵族生活的繁荣景象之下也隐藏着层层危机。一方面，传统的领主制度受到挑战，领主收入确实减少了。近代早期，由于通货膨胀、物价上涨，主要依赖固定地租收入生活的领主们的经济状况受到影响，领主们从领地上得到的收入大幅减少，尤其是在流行货币地租的北方地区。让·梅耶提出，18世纪布列塔尼贵族的收入每年减少10%—15%。③ 这个数据或许存在争议，但至少说明在这一时期贵族收入确实受到影响，财富缩水了；另一方面，大革命前法国贵族生活腐化，奢靡成风。体面而奢华的贵族生活成为贵族们的沉重负担。1749年，苏比斯（Soubise）亲王在圣-杜昂宴请国王，一顿晚餐就花了2万利弗尔以上。舒瓦瑟尔（Choiseul）家每天晚上都举办晚宴和音乐会，并且欢迎任何人参加，以至于他每年80万利弗尔的年收入都不够维持生活。④ 不少贵族为了维持贵族式的体面生活不惜借债度日，有些甚至被迫出售祖传地产。贝蒂

---

① Michel Puzelat, *La vie rurale en France XVIe – XVIIIe siècle*, Paris: SEDES, 1999, p.76.
② Albert Soboul, *La France à la veille de la Révolution,: éconimie et société*, Paris: SEDES, 1974, p.106.
③ Y. Meyer, op. cit., p.780, 转引自［法］费尔南·布罗代尔《15至18世纪的物质文明、经济和资本主义》（第二卷），顾良译，生活·读书·新知三联书店2002年版，第267页。
④ Henri Seé, *Economic and Social Conditions in France during the Eighteenth Century*, Trans. Edwin H. Zeydel, New York: F. S. Crofts & CO, 1935, p.94.

希（Béthisy）伯爵的收入达到了67799利弗尔，属于较为富裕的贵族阶层，但他却欠下24.1万利弗尔债务。1774年，夸尼（Coigny）公爵的收入为8万利弗尔，但开销为13.88万利弗尔，当年就欠下5.88万利弗尔的债务。到1790年，他的债务累计已超过11万利弗尔。若不是有一份意外收入，夸尼公爵将不得不出售家产来解决债务危机。①

二 贵族占有土地的情况

中世纪时期，土地是贵族最重要的经济基础，也是贵族权力、荣誉的来源。拥有土地是成为一个贵族最基本的要求，也是贵族最重要的财产。因此土地在贵族生活中具有重要位置。需要指出的是在这里贵族占有的土地主要是指贵族的自营地和以合同方式出租的土地，佃领地到这一时期基本被视为农民占有的土地。到大革命前，人口仅占全国人口0.4%的贵族阶级占有全国20%—25%的土地。当然具体情况各个地方都有很大区别。如在弗兰德滨海省贵族只拥有9%的土地，在诺尔省贵族拥有21%的土地。在巴黎盆地、博斯（Beauce）、上马恩省（Haute-Marne）和勃艮第地区，贵族拥有的土地比例在30%左右。在西部尤其是布列塔尼的西部地区，贵族拥有大量土地。在北海滨省（Côtes-du-Nord）的西部地区，贵族拥有74%的土地，即绝大部分土地都属于贵族所有；在东部地区，贵族也拥有20%的土地。在摩热（le Mauges），贵族拥有的土地达到60%左右。在南方经济不太发达的地区如中央高原，贵族占有的土地不多，一般在20%以下。在下普罗旺斯（Basse-Provence），贵族所占有土地的比重为20%—25%，与全国平均水平相当。在多洛隆（d'Oloron）地区，贵族只占有很少的土地。② 不同地区、不同省乃至不同村之间的差异都比较大。如18世纪奥尔良附近9个村庄中，贵族所占有的土地比例在11.2%—73.2%。③ 不过考虑到贵族的

---

① Guy Chaussinand-Nogaret, *La noblesse au XVIIIe siècle: de la Féodalité aux Lumière*, Bruxelles: Hachette, 1976, p.84.

② Gérard Béaur, *Histoire agraire de la France au XVIIIe siècle: inerties et changements dans les campagnes françaises entre 1715 et 1815*, Paris: SEDES, 2000, pp.23-24.

③ ［英］彼得·马赛厄斯，M. M. 波斯坦主编：《剑桥欧洲经济史：近代早期的欧洲经济组织》（第五卷），徐强等译，经济科学出版社2002年版，第105页。

总人数，他们人均所占有的土地确实不少，如下表所示。

表4-2　　　　　　　18世纪土地占有情况①　　　　　（单位:%）

地区	贵族所有	教会所有	合计
阿图瓦	29	22	51
皮卡迪	33.4	14.6	48
布尔格尼	35.1	11.6	46.7
利穆赞	15.3	2.4	17.7
奥文	11	2.1	13.1
凯尔西	15.5	2	17.9
多芬	12	2	14
贝阿恩	20	1.11	21.11
图卢兹	28.7	4	32.7
鲁西荣	32	10.4	42.4
朗德	22.3	1	23.3

从上面表格可以发现，在某些地区，特权阶级尤其是贵族占有大量土地，处于支配地位。如阿图瓦地区，特权等级所占有的土地超过了50%。皮卡迪和勃艮第地区，特权阶层所占土地比重分别为48%和46.7%，其中贵族占有更多土地，比重分别达到33.4%和35.1%。部分地区，特权等级所占土地比重偏少，如多芬和奥文地区。但这两地贵族所占土地比例并不是很少，分别达到12%和11%。从总体来看，贵族所占土地比重要远远高于教会人士。在阿图瓦地区，贵族和教会所占土地比重大致相当，分别为29%和22%。但是在朗德等地区，贵族占有大量土地，教会却只拥有1%的土地。在土地分配方面，贵族明显占据更大优势。

差异不仅存在于地区之间，不同等级的贵族之间所占有的土地比例

---

① [俄]约瑟夫·库利舍夫:《欧洲近代经济史》，石军、周莲译，北京大学出版社1990年版，第76页，其中皮卡迪和布尔格尼分别指皮卡迪(Picardie)和勃艮第地区(Bourgogne)。

第四章　近代早期地权变革中的土地占有情况

也大不相同。大贵族坐拥巨额财富，他们所占的土地比重大、面积广。在巴黎，大贵族的财富令人惊讶。亲王们的收入都在百万利弗尔以上，伯爵们的年收入也常常能超过100万利弗尔。路易十四的私生子图卢兹伯爵每年能拿到170万利弗尔的王室年金，另可从国库获得10万利弗尔的津贴。① 公爵的收入一般也有几十万利弗尔的收入。如莫特马尔（Mortemart）公爵每年能获得50万利弗尔收入；格拉蒙（Grammont）有30万利弗尔；谢弗勒斯（Chevreuse）的年收入达到40万利弗尔。即使较穷的公爵，如索尔克斯－塔瓦纳（Saulx-Tavannes）的收入也达到9万利弗尔。再次一等的贵族每年也能拿到好几万利弗尔。米尔普瓦（Mirepoix）元帅夫人是一位宫廷贵族，每年仅王室的年金收入就达到7.8万利弗尔。布罗格利（Broglie）元帅夫人每年年金为7万利弗尔，财政区监督官贝当（Bertin）每年的年金有6.9万利弗尔。② 此外，他们还常常以各种各样的名义从王室获得大量津贴。路易十六统治时期，阿图瓦伯爵和普罗旺斯伯爵分别获得3700万利弗尔和2900万利弗尔的津贴用于偿还债务。路易十五时期，朗贝尔（Lambert）侯爵每年有400万利弗尔津贴，1745年上升到500万利弗尔。③ 这些大贵族拥有大片土地且分布十分广泛。在萨尔特（Sarthe）地区，泰塞（Tessé）伯爵拥有3000公顷自营地，10个城堡、7个农场和众多磨坊。该省6个贵族家庭每户都拥有2000—3000公顷自营地。有30个贵族家庭都拥有大约500公顷土地。④ 大贵族的地产中有极大部分是林地，且林地、荒地面积十分大。旧制度末年，国王拥有的凡尔赛领地达到惊人的1.3万公顷，其中包括6000公顷的森林和35个自营地农场共3500公顷土地。1727年，一个自营地农场的平均规模达到110公顷，到1790年已经达

---

① Henri Seé, *Economic and Social Conditions in France during the Eighteenth Century*, Trans. Edwin H. Zeydel, New York：F. S. Crofts & CO, 1935, p. 96.

② Guy Chaussinand-Nogaret, *La noblesse au XVIIIe siècle：de la Féodalité aux Lumière*, Bruxelles：Hachette, 1976, p. 78 – 79.

③ Henri Seé, *Economic and Social Conditions in France during the Eighteenth Century*, Trans. Edwin H. Zeydel, New York：F. S. Crofts & CO, 1935, p. 96 – 97.

④ Gérard Béaur, *Histoire agraire de la France au XVIIIe siècle：inerties et changements dans les campagnes françaises entre 1715 et 1815*, Paris：SEDES, 2000, p. 24.

到153公顷。每年，这些林地为国王带来约40万利弗尔的收入，而来自自营地的收入也有12万利弗尔。①

当然，大部分贵族不可能拥有如此多的土地，尤其是乡村小贵族。他们收入低、生活贫困，一般只拥有小块土地。中等贵族的庄园也可能只有一两个农场或数十乃至数百公顷的自营地。这种小庄园面积小，数量多。特朗布莱（Tremblay）和博斯教区都有6个小庄园，朗代昂（Landéan）教区有7个小庄园，卡朗图瓦（Carentoir）堂区有15个这样的小庄园。② 由于土地面积小，这些贵族们从领地获得的收入自然也比较少。1552年，下诺曼底的巴约财政分区（Bayeux élection）有259个需要服军役的地方贵族。这259位贵族当年从领地获得的总收入为20752利弗尔，平均每人从领地获得的年收入只有80利弗尔。3/4的贵族的领地收入没有达到该平均数，其中有52个穷困的贵族根本没有任何来自领地的收入。③ 由于收入少，这些贵族的生活和农民相差无几，当遇上战乱、收成不好、女儿结婚等困难时期，他们不得不四处借债。为了还债，许多小贵族被迫出售所剩无几的小块土地。梅利瑟（Melisey）先生因为被债主起诉而不得不将自己的土地出售。不久后，他的庄园住宅、牧场、葡萄园、林地、地产、司法权和14块具有永久管业权的土地都落入多勒（Dole）议院一位参议员手中。1600年，一位骑士的遗孀因为无法偿还丈夫生前欠下的债务而不得不将博内勒（Bonnelles）的庄园和土地转让给克洛德·比利翁（Claude Bullion）。博韦财政分区长官尼古拉·特里斯坦（Nicolas Tristan）多次从负债的小贵族手中购买土地，以至于人们说"夸张地说，尼古拉·特里斯坦的财产都是由那些早已被借款人看中的博韦贵族们的财产所组成的……"④

---

① James Lowth Goldsmith, *Lordship in France, 1500–1789*, New York: Peter Lang, 2005, p. 76.

② Henri Seé, *Economic and Social Conditions in France during the Eighteenth Century*, Trans. Edwin H. Zeydel, New York: F. S. Crofts & CO, 1935, pp. 99–100.

③ James B. Wood, "The Decline of the Nobility in Sixteenth and Early Seventeenth Century France: Myth or Reality", *The Journal of Modern History*, Vol. 48, No. 1, 1976, pp. 1–30.

④ Geroges Duby et Armand Wallon dir., *Histoire de la France rurale* (Tome Ⅱ), Paris: le Seuil, 1975–1976, p. 272.

三 贵族对土地的侵占

对贵族来说，土地依然是他们最重要的财富，这一时期贵族也热衷于购买土地。1503—1640 年，在巴约财政分区共有 335 次土地转让事件。其中贵族共售出 285 块土地，购进 292 份土地；非贵族售出 50 块封地，购进 43 块土地[①]。从总数看，贵族购进的土地份数高于售出的份数，可见当时贵族依然持有大量土地。波旁-庞蒂耶夫尔（Bourbon-Penthièvre）家族是 18 世纪著名的土地囤积者，也是当时法国第三富裕的家族，仅次于国王和奥尔良伯爵。家族两代人以领地朗布依埃（Rambouillet）为核心，通过几十年的努力囤积了大片土地。他们的经历正是致力于扩大土地的大贵族的典型代表。1706 年，路易十四的私生子图卢兹伯爵花费 34 万利弗尔从阿尔梅农维尔（d'Armenonville）那里购买了朗布耶勒和另外四处领地［埃萨尔（les Essarts）、费雷（le Ferray）、维耶勒-埃格里斯（Vielle-Église）、克勒菲埃（Creffière）］。此后，图卢兹伯爵及其继承人庞蒂耶夫尔公爵通过 160 多次土地买卖将自己最初的领地扩大了 9 倍以上。有时，庞蒂耶夫尔家族是通过大土地买卖形式扩大地产；有时，他们靠不断收购周边的小块土地来扩大地产面积。1706 年和 1714 年，图卢兹伯爵通过 125 次交易行为获得了朗布耶勒附近 757 阿庞土地。1741 年，庞蒂耶夫尔公爵花费 12 万利弗尔从吉尔伯特的后人手中购进布雷维艾尔领地（Bréviaires）。到 18 世纪末，家族几乎控制了整个朗布耶勒地区，占有的土地超过 2.3 万阿庞。此外，还有 20535 阿庞土地租佃给纳年贡的人，故家族领地面积总共有 47539 阿庞。其中领主的自营地可分为四大部分：面积最大的是森林，占地 22924 阿庞；其次是 4070 阿庞的可耕地；第三部分包括 8 处住宅及附带的小花园等，这部分一般不超过 2—3 阿庞；第四部分由荒地和 9 座磨坊构成，其中荒地总面积为 217 阿庞。在圣-莱热（Saint-Léger）有一块 45 阿庞的荒地，每年可获得租金 700 利弗尔。整个自营地有 27 个自营农场，面积在 40—400 阿庞，其平均面积为

---

① James B. Wood, "The Decline of the Nobility in Sixteenth and Early Seventeenth Century France: Myth or Reality", *The Journal of Modern History*, Vol. 48, No. 1, 1976, pp. 1–30.

135阿庞。[①]

总地来看，大革命之前的贵族无论在政治上还是经济上都拥有着绝对优势地位。不过贵族阶层内部在土地占有情况方面存在着差异。大贵族们有权有势，占有大片土地。此外，他们还通过购买、欺诈等行为不断扩大土地面积，企图恢复大地产。小贵族占有土地面积小、收入少、生活贫困。在战乱等困难时期他们常常被迫出售地产，成为土地交易中的牺牲者。从土地结构上看，近代早期贵族占有的土地既有大片土地也有小块土地，大土地所有制与小土地所有制并存，出现土地集中倾向，大地产有所增长。这一时期贵族购买土地也不再是为了维护和扩大自己的领主统治，而是出于投资的目的。他们也关心庄园农业生产状况，但基本上已不在村庄生活，也不再具体参与庄园事务管理。一般土地都交由职业管家、庄园代理人管理。绝大多数自营地的土地都通过分成制租佃等方式租给农民耕种。而原本占有这些土地的农民大多数还是继续耕种自己的土地，但是他们已经成为普通的租佃者，不再依附于这块土地和领主。原本土地所附带的人身依附和土地依附关系逐渐退化为简单的契约关系。

第三节　农民阶层的土地占有情况

在法国，除了教士和贵族，其余所有人都属于第三等级。第三等级包含各种各样的人群，如农民、工人、小商贩、律师、大资产阶级等等，其中人数最多的是农民。占人口绝大多数的农民又占有多少土地呢？与英国相比，大革命前法国农民占有的土地总面积不少，但多数是些小土地。

一　旧制度下的农民

法语中农民（paysan）一词主要是指在农村生活的乡下人，包括了依靠土地生存的农民和小商贩以及各种手工匠等。20世纪之前，

[①] Jean Duma, "Les Bourbon-Penthièvre à Ramboullet la constitution d'un duché-pairie au XVIIIe siècle", *Revue d'Histoire Moderne et Contemporaine*, T. 29e, No. 2, 1982, pp. 291–304.

第四章　近代早期地权变革中的土地占有情况

绝大多数法国人都生活在农村。勒费弗尔估计18世纪约有3/4的人居住在乡村①，即农村人口占全国人口的75%左右。若按当时全国人口为2630万人计算，农村人口约为2000万人。也有学者估算当时全国农村人口约为2300万人。无论是哪个数据，可以肯定的是在农民人口在当时占据着绝对优势。18世纪之前，农村人口占全国人口比重更大。16世纪，农民约占全国人口的90%，到17世纪下降到85%左右。15世纪末，法王弗朗索瓦一世（Francois I）登基时，约有1500万—1600万法国人，其中约有1400万人生活在农村②，即农村人口占全部人口的93.4%—87.5%。不过在近代早期农村人口中，绝大多数农民已经摆脱农奴身份，仅在弗朗什-孔泰、洛林等地留有约100万的农奴。大部分农民都能够自由迁徙、自由结婚，甚至能够自由处理财产。

作为占人口绝对多数的人群，农民始终处于社会的最底层。他们是国家的生产者，在政治上处于被统治地位，在经济上也处处受到剥削，承担起教会、贵族以及国家的沉重赋税负担。在旧制度时期，唯一不享受任何免税权的就是农民，所以农民当时常常被称为交纳人头税的人。到近代，由于资本主义的发展和封建剥削的加重，农民生活水平总体上呈下降趋势。16世纪初，大多数农业人口都属于拥有土地的农耕者，约占农业人口的2/3，仅有少量农业雇工。如特拉普（Trappes）是巴黎附近一个以麦类种植业为主的村庄。16世纪中叶，全村共有19个农耕者、13个农业雇工、2个马车夫和约20个手工匠及2个商人。③其中农耕者占33.92%，最贫穷的农业雇工占23.21%。到17—18世纪，农民生活水平进一步下降，贫困人口增加，缺乏土地的雇工数量持续增长。1660年左右，特拉普只剩下8个农耕者和约40个雇工④，雇工数量明

---

① ［法］乔治·勒费弗尔：《法国大革命的降临》，洪庆明译，格致出版社、上海人民出版社2010年版，第86页。

② Michel Puzelat, *La vie rurale en France XVIe – XVIIIe siècle*, Paris: SEDES, 1999, p. 12.

③ Emmanuel Le Roy Ladurie, *The French Peasantry 1450 – 1660*, Trans. Alan Sheridan, Aldershot: Scolar Press, 1987, p. 191.

④ Emmanuel Le Roy Ladurie, *The French Peasantry 1450 – 1660*, Trans. Alan Sheridan, Aldershot: Scolar Press, 1987, p. 335.

显增加。其他地方也相差无几。1698年的奥尔良财政区，犁地农民有23812人，葡萄种植者有21840人，磨坊师傅为2121人，菜农有539人，牧羊人为3160人，零工达到38444人，女仆为13696人，男仆有1.5万人。这些数字并不包括大部分妇女儿童，主要指男性就业人口。在整个财政区内，将近12万的就业人口中，有6.7万人充当雇工、男仆和女仆，即一半以上的人口都是没有土地的农业人口。[1] 1717年的位于韦克桑的科尔梅耶（Cormeilles-en-Vexin）村有187位需要缴纳人头税的人，其中包括39位农耕者、33为葡萄种植者、30个商人和手工匠，剩余85户都是农业雇工和寡妇等。[2] 从这个村庄的构成来看，村中最贫穷的人群——农业雇工和寡妇约占全村人口的45.45%，当然这其中绝大多数是雇工。在康塔勒（Cantal）省的阿尔什（Arches）村，1769年的税收清单上列了村中48户农民家庭名单，其中15户家庭都是日工和乡村手工匠。而这15户家庭中只有一户家庭占有或租赁一点农地，其余的农民家庭只能种植花园或一小块土地，这些土地来自村中的公共用地。[3] 大革命前夕，贵族们为解决自身财产危机，不断加重对农民的剥削，出现"封建反动"现象。农民生活状况持续恶化，大部分农民陷入贫困。威廉·多伊尔根据农民所占有土地单位的大小将大革命前的农民分成几个等级：一是少数上层农民，数量不超过60万人。他们属于农民中的精英阶层，和资产阶级几乎没什么区别。他们自己开垦大片土地，或者从富人手中租下整片农田，再转租给小农耕作，将农业与资本主义市场相结合。二是能够自给自足的土地占有者，通常被称为中农（Laboureur）。这部分农民数量比较多，基本能够保障自身生活。在18世纪70年代以前，经济比较景气，中农尚有获利。此后二十年中，经济衰退，但农民靠生产、购买债券或转租土地，也能过着算是舒适的生活。三是拥有一点土地的小农。他们手上握有少量土地，但不

---

[1] Moscou, Fonds Dubrowski, Fr. 18-4, fo 86'-87, 转引自［法］费尔南·布罗代尔《15至18世纪的物质文明、经济和资本主义》（第二卷），顾良译，生活·读书·新知三联书店2002年版，第261页。
[2] Michel Puzelat, *La vie rurale en France XVIe - XVIIIe siècle*, Paris: SEDES, 1999, p. 72.
[3] Philip T. Hoffman, *Growth in a Traditional Society: the French Countryside, 1450-1815*, Princeton: Princeton University Press, 1996, p. 39.

足以做到自给自足。因此他们平时要干其他活来贴补家用。若遇上经济不景气或家庭困难时期,家庭生活捉襟见肘。情况坏到极点时,这些人只能上街乞讨。四是没有土地的贫民。他们是农村贫民的核心,没有土地,也没有着落。其人数基本维持在数百万人左右,包括大量乞丐、流浪汉、农村小偷和城市临时工。[1] 大革命前大多数农民都属于后两种,生活困顿,处于社会的最底层。

二 农民占有的土地

在中世纪,除少量自主地持有者外普通农民并不拥有任何土地。名义上法国所有土地均属于国王、教会和各级贵族领主。领主将部分土地租佃给农民耕种,并因此享有土地所附带的各种特权。但领主也不能随意剥夺租佃给农民的土地,农民可将所租佃土地遗赠给下一代,即领主享有高级所有权,而农民享有从属所有权。马克·布洛赫指出,"领主庄园组织以及在它之上的封建制度把一切建立于习惯或契约的重叠的物权等级制强加在所有的土地上,在这种物权范围内一切都同样得到遵守,没有任何一项法权对平民财产具有绝对的居支配地位的性质。实际上,在许多世纪中,所有有关土地权的诉讼或有关土地收益的诉讼都是以'法定占有'为依据,而从来不是以所有权为依据,也就是说,土地占有的合法性受到传统习惯保护。但是罗马的法类法专横地束缚住了学者们"[2]。中世纪晚期,受到罗马法的影响,学者们就土地所有权的问题展开激烈争论。16世纪起,一些法学作家逐步将这些享有土地从属所有权的农民视为土地的所有者,到18世纪这一观点已经得到社会的广泛认同。农民基本上可自由处理自己的土地,能够自由地将土地世代相传,也可将土地出租、赠送、出售。这种权利已经十分类似于今天的所有权,但农民还必须缴纳年贡及各种封建费用,即当时农民所占有的土地是带有封建条件的。在这里农民拥有的土地正是指那些附带各种封

---

[1] [英]威廉·多伊尔:《法国大革命的起源》,张弛译,上海人民出版社2009年版,第193—194页。
[2] [法]马克·布洛赫:《法国农村史》,余中先等译,商务印书馆2003年版,第147—148页。

建权利的由农民占有的佃领地,而不是现代意义上农民具有完全所有权的土地。在中世纪晚期至近代早期的法国这种佃领地主要是指纳年贡的土地。

16世纪以后,由于农民负担不断增加,农民生活贫困,许多农民被迫出售所占有的土地,农民占有的土地份额不断减少。1600年左右,农民拥有40%或50%的土地,到1780年农民所占有的土地不到30%—40%。两个世纪里农民大约失去了20%—30%的土地,至少丧失了10%。① 这一情况在经济发达地区如巴黎盆地表现得更为明显。从1500年到1789年,在经济比较发达的地区,农民失去了他们在中世纪末所持有的近30%的土地;在经济相对落后的地区,农民也失去了所持有的约10%的土地。② 尤其在16—17世纪上半叶,随着社会经济的发展,投资土地变得有利可图,大量资本涌进土地市场,农民在这期间失去大量土地。如在巴黎南部的阿尔万维勒(Arvainville)村,农民在1546年时占有47%的土地,到1664—1674年农民占有土地的份额降到20%,到1688年已经降到17%以下。在安东尼和蒙特克兰(Monteclin)附近的村庄,16世纪中叶农民分别拥有约26%—27%的土地;到17世纪末农民占有土地的份额降到15%或更少。③ 在于尔普瓦克斯(Hurepoix)村,1550年左右,农民占有全村40%左右的土地,余下60%都属于贵族、教士以及不属于本村的市民阶层和政府官员。一个世纪之后,农民占有的份额在同一村庄中已下降到28%。④ 在其他地方也同样如此,如在位于北方的弗兰德滨海省,农民在1710年占有近一半的土地,到1740年就降到38%,到1760年已降至31%,最后到大革命前上升到35%。在南方图卢兹的布吕吉埃(Bruguieres)教区,18世纪农

---

① Jean Gallet, *Seigneurs et paysans en France 1600 – 1793*, Rennes: Éditions Oust-France, 1999, p. 202.

② James Lowth Goldsmith, *Lordship in France, 1500 – 1789*, New York: Peter Lang, 2005, pp. 20 – 21.

③ Philip T. Hoffman, "Land Rents and Agricultural Productivity: The Paris Bassin, 1450 – 1789", *The Journal of Economic History*, Vol. 51, No. 4, 1991, pp. 771 – 805.

④ Emmanuel Le Roy Ladurie, *The French Peasantry 1450 – 1660*, Trans. Alan Sheridan, Aldershot: Scolar Press, 1987, p. 394.

第四章 近代早期地权变革中的土地占有情况

民失去了整个教区 5% 的土地，在拉佩鲁兹（Lapeyrouse）教区农民失去了 7% 的土地。[①] 绝大多数农民出售的土地都被贵族和资产阶级购走。

当然，贵族和资产阶级所购买的这些土地基本上还是交由农民耕作，主要采取分成制租佃和定额租佃等方式交由农民经营。但两者之间已经不再是封建式的领主与佃农之间的关系，仅是简单的契约关系。土地的新主人可随时将农民驱逐出去。农民根据契约耕作土地，享有土地上收获的成果，可将土地转租，但不能出售、转让或遗留给下一代，即失去了对土地的合法占有权。农民身份发生变化，由过去的有产者变成纯粹的佃农，生活更为艰难。17 世纪，第戎一个法院院长布耶曾写道："从前只知道在祖传的土地上以种田为生的农民，现在却认为在城市里可以找到更舒服的生活，于是纷纷离开了农村。城市的资产者则利用农民的错误乘机而入，买下他们放弃的产业。资产阶级依靠盘剥，逐渐使贫苦佃农完全破产，使得几乎所有的农民现在都陷入了赤贫之中……"15 世纪，第戎附近的弗勒雷村是个免税村，只缴纳什一税的 1/13，人头税仅为 50 利弗尔。到 1666 年，由于村中部分产业已属于第戎城的市民，村中的财产也被廉价出售，村民被迫要缴纳双倍的什一税和 3 倍的人头税。15 世纪，穆瓦龙－莱西托也是个免税村，在 17 世纪被转卖。此后，人头税从 16 世纪的 10 利弗尔陡增至 210 利弗尔，年贡也由 30 利弗尔增至 40 利弗尔。[②] 农民的身份也发生变化。1664 年，博纳勒一个贫困农民为解决债务问题将自己 12 阿庞的土地卖给比利翁（Bullion）的教会，而后变为教会庄园内的一个定额佃户。[③] 1576 年，农民让·克雷斯波（Jehan Crespeau）因为债务缠身，不得不将自己的农场、土地和相关建筑全部出售给自己的领主，同一天领主又以分成租佃的方式将

[①] Gérard Béaur, *Histoire agraire de la France au XVIIIe siècle: inerties et changements dans les campagnes françaises entre 1715 et 1815*, Paris: SEDES, 2000, p. 31.

[②] ［法］雷吉娜·佩尔努：《法国资产阶级史：近代》（下），康新文等译，上海译文出版社 1991 年版，第 101、107 页。

[③] Geroges Duby et Armand Wallon dir., *Histoire de la France rurale* (Tome Ⅱ), Paris: le seuil, 1975 – 1976, p. 264.

所有产业租佃给克雷斯波。① 但此时克雷斯波已不再是土地的占有者而只是个分成制佃农，其所拥有的权益也发生变化。所以让·雅克（Jean Jacquart）说，以前农民差一点就成为自己所耕种土地的业主，现在他们只是分成制佃农或仅仅只是个种地的。②

到旧制度末年，约占人口70%以上的农民所占有的土地份额究竟为多少？学界也有不同看法。据当时在法国旅行的英国农学家阿瑟·杨估计，旧制度末年农民约占有全国1/3的土地，且基本上都是小块土地。这个比例得到法国不少学者的认同，如乔治·勒费弗尔。勒费弗尔指出1789年法国农民确实占有大量土地，或许占有1/3以上，但具体比例每个地区不一样。卢切斯基认为在北方地区农民所占有的土地约为1/3，但是在中部和南部经济不发达地区农民所占有土地的份额约为一半甚至一半以上。③ 多伊尔则认为当时法国农民占有的土地没有达到1/3，仅为1/4④，而索布尔相信当时法国农民所占的土地超过了1/3，大约为35%⑤。皮埃尔·谢努给出的数值更高一些，但跟以前的数值相比还是有所下降。他指出在路易十六当政的反动时期，农民所占有的土地下降到法国地产的50%—40%。⑥ 在南方地区，农民所占有土地的份额相对较高，尤其在山区如中央高原和比利牛斯山地区。由于当地经济欠发达，保留大量封建残余，农民对土地的占有较为稳固，能够依据习惯法继续保有大量土地。此外，由于地处山区土壤质量差，可耕地少，人们对土地的投资收益小，因此当地较少有人愿意将资本投入当地的土

---

① Philip T. Hoffman, "Sharecropping and Investment in Agriculture in Early Modern France", *The Journal of Economic History*, Vol. 42, No. 1, The Tasks of Economic History, 1982, pp. 155 – 159.

② Geroges Duby et Armand Wallon dir., *Histoire de la France rurale* (Tome II), Paris: le Seuil, 1975 – 1976, p. 267.

③ ［俄］约瑟夫·库利舍夫：《欧洲近代经济史》，石军、周莲译，北京大学出版社1990年版，第77页。

④ ［英］威廉·多伊尔：《法国大革命的起源》，张弛译，上海人民出版社2009年版，第193页。

⑤ Albert Soboul, *La France à la veille de la Révolution: éconimie et société*, Paris: SEDES, 1974, p. 222.

⑥ ［法］费尔南·布罗代尔：《15至18世纪的物质文明、经济和资本主义》（第二卷），顾良译，生活·读书·新知三联书店2002年版，第309页。

地市场，土地市场不繁荣。农民所占有的土地份额基本能保持在1/3以上甚至一半以上。如1789年，在利穆赞、桑斯（Sens）周边地区和滨海弗兰德（Flandre maritime）南部地区，这个比例约为1/2。在康布雷西（Cambrésis）和图卢兹附近，约占1/4的份额。① 在北方经济发达地区，由于富裕贵族和资产阶级热衷于地产投资，农民所占有土地的份额相应较少，许多农民转变为纯粹的佃农。1789年在大城市周围，如凡尔赛周边地区，这个比例通常不足1/10甚至1/20。② 贝奥尔（Béaur）曾列举了不同作者对不同地区农民所占有土地份额的研究成果（见表4-3）。其中显示在巴黎和诺尔省，农民所占有的土地份额基本上在20%—30%，在南方一些经济欠发达地区如中央高原地区，农民所占土地份额基本达到30%以上，甚至达到一半以上。如比利牛斯山的贝阿恩省，农民所占有土地的比重达到惊人的99%。亨利·塞给出的数据稍有不同，但也显示旧制度末年在北方地区农民所占有的土地普遍偏少，在南方地区农民所占有的土地一般较多。在北方如诺曼底、普瓦图等地，农民仅占有约1/5的可耕地，在阿图瓦省这个比例约为1/3；而在南方如普罗旺斯、朗格多克、鲁西荣等地农民所占有土地的份额达到50%以上。③

表4-3　　　　　　旧制度末年农民所占土地的部分④

区域	地方	作者	百分比%
诺尔地区（Nord）	弗兰德滨海省（Flandre-Maritime）	乔治·勒费弗尔（G. Lefebvre）	20
	康布雷西（Cambrésis）	乔治·勒费弗尔（G. Lefebvre）	28

---

① Georges Lefebvre, *The Great Fear of 1789: Rural Panic in Revolutionary France*, Trans. Joan White, New York: Schocken Books Inc, 1789, pp. 7-8.
② Georges Lefebvre, *The Great Fear of 1789: Rural Panic in Revolutionary France*, Trans. Joan White, New York: Schocken Books Inc, 1789, p. 8.
③ ［法］施亨利：《十八九世纪欧洲土地制度史纲》，郭汉鸣译，正中书局1935年版，第5页。
④ Gérard Béaur, *Histoire agraire de la France au XVIIIe siècle: inerties et changements dans les campagnes françaises entre 1715 et 1815*, Paris: SEDES, 2000, p. 26.

续表

区域	地方	作者	百分比%
诺尔地区 （Nord）	桑布勒地区（Region de la Sambre）	乔治·勒费弗尔（G. Lefebvre）	30
	布瓦地区（Pays du bois）	乔治·勒费弗尔（G. Lefebvre）	50
	阿图瓦（Artois）	洛德，G. 勒费弗尔主编（Laude, in G. Lefebvre）	38
巴黎盆地 （Bassion Parisien）	塞纳-奥兹（Seine-et-Oise）	卢切斯基（Loutchisky）	17
	上马恩（Haute-Marne）	J.-J. 克莱尔（J.-J. Clére）	17
	埃纳省（拉昂）[Aisne（laon）]	卢切斯基（Loutchisky）	30
	勃艮第（Bourgogne）	E. 帕托，G. 勒费弗尔编（E. Patoz in G. Lefebvre）	33
	博斯（8个乡村共同体）[Beauce（8 Communes）]	M. 沃韦勒（M. Vovelle）	33
	卢瓦雷省（Loiret）	C. 布洛克（C. Bloch）	45
	桑斯区（District de Sens）	波雷，G. 勒费弗尔编（Porée in G. Lefebvre）	46
阿尔摩里克高原 （Massif armoricain）	莫热（Mauges）	R. H. 安德鲁（R. H. Andrews）	18
	北滨海省（西部—东部）[Côtes-du-Nord（ouest-est）]	L. 杜布勒伊（L. Dubreuil）	18—48
	奥恩省 [Orne（Domfront）]	J.-C. 马丁（J.-C. Martin）	20—30
	卡尔瓦多斯（狭窄台地）[Calvados（Vire）]	尼克拉，G. 勒费弗尔编（Nicolle in G. Lefebvre）	40—70
中央高原 （Massif central）	克勒兹省（Creuse）	M. 尚布（M. Chamboux）	35
	上维埃纳省（Haute-Vienne）	卢切斯基（Loutchisky）	55—56
阿基坦盆地 （Bassin aquitain）	洛拉盖（Lauragais）	G. 弗雷什（G. Frêche）	14
	图卢兹（Toulousain）	马丁，G. 勒费弗尔和 G. 弗雷什编（Martin in G. Lefebvre et G. Frêche）	16—22
	热尔山丘（Coteaux du Gers）	G. 弗雷什（G. Frêche）	36

续表

区域	地方	作者	百分比%
比利牛斯山（Pyrénées）	圣戈当（Saint-Gaudens）	马丁，G. 勒费弗尔编（Martin in G. Lefebvre）	29
	阿马尼亚克地区（Armagnac）	G. 弗雷什（G. Frêche）	51
	贝阿恩（Béarn）	J. 巴斯库，G. 勒费弗尔编（J. Bascou in G. Lefebvre）	99
朗格多克（Languedoc）	蒙彼利埃地区（Région de Montpellier）	A. 索布尔（A. Soboul）	34（22—57）
普罗旺斯和下普罗旺斯（Provence et Basse-Provence）		M. 沃韦勒（M. Vovelle）	40 以上

农民所占有的土地主要是耕地，林地、草场等公地基本上属于领主。17 世纪公地"三分法"之后，一部分林地、草场等公地完全成为领主的私有地，剩余部分或成为乡村共同体的公地或被分至各家各户成为私有地。但在大革命前，分割公地的现象较少见。

三 拥有土地的农民

由于人数众多，耕地有限，农民所占有的土地通常比较小。1789 年，当时全国共有 2000 万以上的农民，而全国耕地面积约为 2800 万公顷，其中包括农田、菜地、果园、葡萄园等，平均每个农民最多占有 1.4 公顷土地。16 世纪中叶，在巴黎南部于尔普瓦克斯的七个庄园中，1133 个农民共占有 1493 公顷土地，即平均每个佃农占有 1.3 公顷土地。在葡萄种植区农民所占有的土地面积更小。如在于尔普瓦克斯的葡萄种植区，平均每个农民所占有的土地仅为 0.65 公顷。[①] 此外，大部分土地都被贵族、教会和资产阶级所侵占。农民所占土地份额较少，平

---

① Emmanuel Le Roy Ladurie, *The French Peasantry 1450 – 1660*, Trans. Alan Sheridan, Aldershot: Scolar Press, 1987, pp. 162 – 163.

均每户农民所占有的土地面积自然缩小,大多数情况下根本不足以维持一个家庭生活所需。1600年左右在维苏(Wissous)村,农民占有全村约21%的土地,但没有一个村民所占有的土地达到10公顷。83%的村民所占有的土地小于1公顷。在塞纳河(Seine),该地区1/5的土地都属于耕种土地的农民,而每个农民所占有的土地一般在1.5公顷。[①] 1648年布雷(Bray)的埃斯波堡(Espaobourg),6个贵族占有26%的土地,教会拥有21%的土地,资产阶级占有7%的土地。剩余46%的土地由148个农民所占有,其中51人占有的土地不足1公顷,74人占有1—2公顷的土地,17人占有2—4公顷土地,6人占有的土地在6—8公顷。[②] 卡昂区,在一个的名叫布雷特维尔-洛尔格勒斯(Bretteville-L'orgueilleuse)的诺曼村庄里存在着大农场,但极少在农民手中。1687年,村中31户农民家庭平均只拥有0.77公顷土地。其中只有一户农民家庭占所有的土地接近5公顷(实际为4.7公顷)。[③] 大革命之前,每100个农民当中,占有最多5阿庞(即不足2公顷)土地的农民,在利穆赞约为58个,在拉昂为76个。而在诺尔省,75%的农民占有的土地不足1公顷。在北方,每100个农民当中有60—70个农民所占有的土地不足1公顷,20—25个农民所占有的土地不足5公顷。[④] 这点土地完全不足以支撑起一个农民家庭的生计。

农民所占有土地面积小是长期现象。由于人口波动、经济发展或战争、疾病等因素的影响,农民所占有土地的面积也会有变化。整体上看,从16—18世纪末由于人口增长以及农民所占有的土地总份额越来越少等因素,农民占有的土地的面积呈现越来越小的趋势,有些农民逐渐沦为没有任何产业的无产阶级。以东诺曼底地区阿利耶尔蒙的圣-尼古拉(Saint-Nicolas-d'Aliermont)教区为例,在14世纪末,所占土地小

[①] Geroges Duby et Armand Wallon dir., *Histoire de la France rurale* (Tome II), Paris: le Seuil, 1975–1976, p. 266.

[②] Michel Puzelat, *La vie rurale en France XVIe – XVIIIe siècle*, Paris: SEDES, 1999, p. 26.

[③] Philip T. Hoffman, *Growth in a Traditional Society: the French Countryside, 1450–1815*, Princeton: Princeton University Press, 1996, p. 37.

[④] Georges Lefebvre, *The Great Fear of 1789: Rural panic in Revolutionary France*, Trans. Joan White, New York: Schocken Books Inc, 1789, p. 8.

第四章　近代早期地权变革中的土地占有情况

于6公顷的农民共有66人，而当时佃农总户数为135户，即约48%的农民所占有的土地小于6公顷。在当地，6公顷以上的土地才能维持一户农民家庭的基本生活，即48%的农民需要依靠其他方法来补足生计。到1527年这个数据上升至78人，总户数为153户，即约51%农户所占有的土地小于6公顷。且在14世纪末，所占有的土地小于1公顷的农户约有10户，约占总户数的7.4%，且他们中很多人所占有的土地仅有20—30公亩（ares）。到1527年占有土地小于1公顷的佃农上升到18户，约占总户数的11.7%。同一地区的勒米埃（La Remuée）庄园在1505年总共有81户佃农。其中49户佃农占有的土地不足6公顷，约占总户数的60.5%。这其中27户佃农所占有的土地不足2公顷，即1/3的佃农所占有的土地不足2公顷。这表明占有小块土地的农民数量不断增加，且他们占有的土地也变得越来越少。14世纪末在圣-尼古拉教区，小块土地占有者们所有的土地加起来约占土地总面积的18%；到1527年，他们所占有的土地总面积比例已经下降至16%。与此同时，占有大块土地的富裕农民在中世纪末到近代早期也同样呈现上升趋势。1764年，特罗谢（la Tronche）教区内占有100瑟泰雷（setérée）[①]土地的富裕农民仅有6个，到1779年达到15个。占有80—90瑟泰雷土地的农民在1764年只有4人，到1779年达到8人。[②] 农村出现两极分化的现象，贫困人口和富裕农民数量都在增加。土地也逐渐向富裕农民手中集中，但进展缓慢。1505年在勒米埃庄园，5%—6%的佃农占有22%的土地。阿利耶尔蒙的圣-尼古拉教区，所占有的土地大于15公顷的农民在14世纪末仅有22户，约占总户数的16.3%，而他们所占有的土地总面积约占当地土地总面积的46%；到1527年增加到26户，约占总户数的17%，而他们所占有的土地总面积上升到土地总面积的48.5%。其中所占有的土地在20公顷以上的农户，在14世纪末为10户，到1527年达到17户。所占有的土地超过40公顷的农户在14世纪末仅有1户，他占有44.5公顷土地；到1527年达到2户，他们所占有的

[①] setérée，法国旧土地面积单位，各地大小不一。
[②] Jean Loutchisky, *La propriété paysanne en France à la veille de la Révolution*, Paris: Honoré Champion, 1912, p. 39.

土地分别为51公顷和61公顷。① 在朗格多克地区的皮尼昂（les Pignan）村，15世纪以前村中不少家庭土地都占有6公顷以上的土地。如1492年，村中103户家庭有53户家庭所占有的土地超过这个数额。而17世纪以后，这个数额大幅减少。到1653年，村中262户农民家庭中只有34户家庭所占有的土地超过6公顷。② 到近代早期，农民之中这种两极分化的现象进一步加剧。

与此同时，农村中没有土地的无产阶级也随之增加。旧制度末年在法国南部和中部，没有土地的人口占农村人口的17.6%③，在北部和西部地区这个比例会更高一些。1790年在下诺曼底省80个教区中共有居民10777人，其中拥有地产的人共有6439人，占全部居民人数的59.8%；没有地产的无产阶级有4338人，占全部人口的40.2%。其中有21个教区无产阶级的人数超过全区人口的50%以上。在圣-科隆伯（Sainte-Colombe）教区，全区总共只有55人，而没有土地的人就占45人，占全部人口的81.8%；在索尔（Sore）教区，全区114位居民中有86人没有任何土地，占全区人口的75.4%。④ 在农村地区，无产者的比重迅速增长。如大革命前在弗兰德滨海省，无产阶级所占比重达到75%，在利斯平原（Plaine de la Lys），无产阶级约占全部农村人口的60%—65%。有些地区无产阶级比重要小些，如珀尔谢（Perche）仅有2—3%的农民没有土地；在上马恩约有18%的农民没有土地。皮卡迪15个村庄中，无产者的比重占全部农村人口的21%。⑤ 这些农村社会中的无产阶级并不是完全没有土地。他们在农村通常有自己的住房及住

---

① 数据来自 Guy Bois, *The Crisis of Feudalism：Economy and Society in Eastern Normandy c. 1300 – 1550*, Cambridge and Paris：Cambridge University Press and Editions de la Maison des Sciences de l'Homme, 1984, pp. 149 – 155, 172.

② Philip T. Hoffman, *Growth in a Traditional Society：the French Countryside, 1450 – 1815*, Princeton：Princeton University Press, 1996, p. 37.

③ ［俄］约瑟夫·库利舍夫：《欧洲近代经济史》，石军、周莲译，北京大学出版社1990年版，第77页。

④ Jean Loutchisky, *La propriété paysanne en France à la veille de la Révolution*, Paris：Honoré Champion, 1912, pp. 128 – 129.

⑤ Gérard Béaur, *Histoire agraire de la France au XVIIIᵉ siècle：inerties et changements dans les campagnes françaises entre 1715 et 1815*, Paris：SEDES, 2000, p. 29.

宅周边的园圃，但是缺少种植粮食的土地。在大革命前，这些无地农民的境遇进一步恶化，有些农民甚至失去了自己的住宅和苗圃，成为真正的无产者。如大革命前，在康布雷西和蒂勒（Tulle）附近地区，1/5 的农民什么都没有，甚至住宅或园圃都没有；在奥尔良地区，1/4 的农民什么都没有；在诺曼底博卡日地区，这个比例上升至 2/5；在弗兰德尔部分地区和凡尔赛周边地区，这个比例已经达到 3/4。① 这些没有土地的农民一般会通过分成租佃或定额租佃等方式租种地主的土地生活，或依靠受雇于地主，或从事手工业生产等方式来维系生活。小土地租佃者和农业雇工、手工匠的数量大幅增加。在洛林的维克（Vic）行政司法管辖区内的 7 个教区中，每 100 个人中有 82 个人是农业雇工；在特鲁瓦（Troyes）行政司法管辖区，每 100 个人中有 64 个人是农业雇工。② 不过也正是由于法国这种特殊农业体制，在法国农村很少出现英国那样因完全失去土地而被迫流离失所的无产阶级。

第四节　资产阶级占有土地的情况

　　农业社会时期，大多数法国人都生活在农村。11 世纪以后随着法国城市经济的发展，城市居民人数增长。资产阶级（Bourgeois）一词最早就是在 1007 年一份特许自治状中出现。最初它是指生活在 bourg（城市、乡镇居民点）的人们，也就是所谓的城市居民。所以最初，资产阶级就是指居住在城市的市民阶层。随着社会经济的发展，市民阶层内部出现分化：一部分市民阶层积累了大量财富，一部分市民沦落为无产阶级。因此在后来资产阶级开始有了新的含义，特指那些有一定资产的非贵族群体。他们大多在城市生活，具有经济实力和文化知识，是当时社会最活跃的人群，也是后来第三等级中的领导阶级。凭借着财富和权力，他们开始侵占农民和教会、贵族的土地，改变了原有的土地占有

---

① Georges Lefebvre, *The Great Fear of 1789: Rural Panic in Revolutionary France*, Trans. Joan White, New York: Schocken Books Inc, 1789, p. 8.
② Georges Lefebvre, *The Great Fear of 1789: Rural Panic in Revolutionary France*, Trans. Joan White, New York: Schocken Books Inc, 1789, p. 9.

结构。

一 资产阶级的兴起

15—18世纪正是法国资本主义发展的初期阶段。在这三百多年的历史中,法国资本主义工商业在经历了宗教战争、福隆德(Fronde)运动等几次战争和内乱的打击后缓慢发展。国内外贸易兴盛,纺织业、冶金业等工业生产日趋繁荣,产品甚至开始大量向国外出口,大规模集中生产出现,资本主义生产方式逐渐拓展。随着资本主义工商业的发展,尤其是城市经济的发展,越来越多的人由农村涌向城市,资产阶级人数也迅速增加。由于对资产阶级的定义比较模糊,关于资产阶级的人数没法给出具体数目。据估算,1700年法国资产阶级人数不超过70万人或80万人,到1789年资产阶级的人数大约为170万人。[1]尽管数据不确切,但从估算数据也可以看出,短短几十年内资产阶级人口增长了100万人,增长速度惊人。

这些新增的资产阶级很多最初都来自农村。他们为了生计被迫进入城市,凭借着自己的聪明才智和勤奋工作发家致富。"农村地区有太多的人一旦进入城镇,成为雇工、技工、工匠或商贩,如果他勤劳、节俭、聪明,并且如果运气好的话,很快就富了起来。"[2]到大革命前资产阶级已经积累了惊人的财富,甚至可以说控制了当时法国工商业经济命脉。1789年,内克在制宪会议上的报告上宣称,全国公债总额为44.67亿利弗尔,其中养老储金和终身年金为10.5亿利弗尔,长期年金为11.2亿利弗尔。每年仅利息就达到2.5亿利弗尔,占全国土地全部净收入的1/10。[3]而购买这这笔公债的人绝大部分都是资产阶级,且几乎全居住在巴黎。虽然目前对当时资产阶级所占有的全部财富无法统计,但总体上看大革命前资产阶级正处于上升阶段,其经济实力比较雄

---

[1] [英]威廉·多伊尔:《法国大革命的起源》,张弛译,上海人民出版社2009年版,第137页。
[2] [法]乔治·勒费弗尔:《法国大革命的降临》,洪庆明译,格致出版社、上海人民出版社2010年版,第24—25页。
[3] [法]让·饶勒斯:《社会主义史·法国革命:第一卷 制宪会议》(上),陈祚敏译,商务印书馆1989年版,第48—49页。

厚。在这个过程中全国还涌现了一大批著名的富商、工商业大家族。如15世纪最著名的资本家雅克·科尔（Jacques Coeur）。他原本是一个呢绒商的儿子，在他年轻时就已经继承大笔遗产。此后科尔经过二十年的苦心经营，将财产膨胀到惊人的程度。有人估计当时他的财产达到100万金币，约合100万埃居。1451年当科尔被捕时，自己承认有50万—60万埃居的财富。他不仅广泛从事工商业生产，也是当时最活跃的借贷者之一。向他借钱的除国王、王妃之外，还有诸多名人，如富瓦伯爵欠债2995埃居，法国海军元帅约翰·德·比埃伊欠债800埃居。[①]

当然不是所有的资产阶级都拥有巨额财富，在资产阶级内部也存在着巨大差异。首先，处于社会最上层的是金融资产阶级，包括银行家、金融家、包税商、部分财政官员等。这些人主要从事金融行业，一般都在巴黎生活，资金实力雄厚。在财富和生活方式上，他们很多人与贵族基本上一样。"在法国，他们的地位如今已上升到这样的程度，以致政府开始把他们同依然富有的贵族一起统称为'缙绅'……"[②] 其中最富裕的是巴黎的总包税商，全国不超过40人，却包揽了全国一些重要税收。包税商布雷（Bouret）的年收入达到150万利弗尔以上，图瓦纳尔（Thoynard）1753年去世时留下了1900万利弗尔的遗产。[③] 其次，以各地大批发商和制造商为代表的商业资产阶级和工业资产阶级也在这一时期有较大的发展，其中商业资产阶级从海内外贸易中获利颇丰。以海外贸易为例，1787年不包括殖民地产品，法国的进口额为3.1亿利弗尔，出口额达到5.24亿利弗尔，其中3.11亿为农产品，2.13亿为工业品。[④] 工业当时还处于次要地位，但在政府的支持下于18世纪也有较为迅速的发展。工商业大资产阶级通常集中在港口城市、重要的商品集散地和工业中心。他们虽然在财力方面不如巴黎的包税商，却也是富裕

---

① [法]雷吉娜·佩尔努：《法国资产阶级史：从发端到近代》（上），康新文等译，上海译文出版社1991年版，第268—278页。

② [法]乔治·勒费弗尔：《法国革命史》，顾良等译，商务印书馆1989年版，第41页。

③ Henri Seé, *Économic and Social Conditions in France during the Eighteenth Century*, Trans. Edwin H. Zeydel, New York：F. S. Crofts & CO, 1935, p. 196.

④ [法]让·饶勒斯：《社会主义史·法国革命：第一卷 制宪会议》（上），陈祚敏译，商务印书馆1989年版，第57页。

资产阶级的重要成员。而且不少人身兼多职,既从事工商业活动,也参与金融行业,还在乡间拥有不少地产,身家丰厚。再次,自由职业者也属于资产阶级行列,包括律师、法官、公证人、教师、基层政府官员等。大部分自由职业者在经济实力方面稍差些,大城市中公证人的收入不高于 1.6 万利弗尔,在乡村地区不超过 3000 利弗尔。① 但他们大多掌握着专业知识,有文化、有理想,是资产阶级当中最活跃的阶层。大革命时期的罗伯斯皮尔等人都出身律师。最后,处于资产阶级最底端的是大量小资产阶级,包括小手工工场主、小商贩等城市底层居民。他们大都延续中世纪的生产和生活方式,收入不多,仅能糊口。在激烈的竞争下,不少小资产阶级破产沦落为无产者。此外,在城市中还生活着大量的无产者,如帮工、学徒等。这些人生活更加艰难,很多人甚至无法解决温饱问题,更谈不上投资土地。

总地来说,15—18 世纪法国资本主义有所发展,资产阶级正处于上升阶段,其财富与人口都有所增长。如巴黎的包税商、金融家、大批发商等大资产阶级的生活方式基本与贵族等同。他们渴望进一步提高自身的社会地位,晋升为贵族。购买官爵是他们提高自身地位的一个重要途径。几乎所有略有资产的资产阶级都希望能购得一官半职,进而成为贵族。买官鬻爵成为旧制度时期法国王室政府的公开行为。17 世纪巴黎高等法院院长职位明码标价为 30 万利弗尔,审查官职位为 15 万利弗尔,世俗推事要价 8 万利弗尔,神职推事的价位是 7.5 万利弗尔。② 18 世纪共有 6500 户家庭成为穿袍贵族,约占当时贵族家庭的 1/4。而这些人基本上都来自新兴的资产阶级。

二 资产阶级与土地

对贵族身份的迷恋和追求是旧制度时期法国甚至整个西欧社会的普遍现象。旧制度时期,资产者们尽管拥有巨额财富,但在其他方面依然

---

① Henri Seé, *Économic and Social Conditions in France during the Eighteenth Century*, Trans. Edwin H. Zeydel, New York: F. S. Crofts & CO, 1935, p. 201.

② [法] 雷吉娜·佩尔努:《法国资产阶级史:近代》(下),康新文等译,上海译文出版社 1991 年版,第 79 页。

受到歧视。对旧制度时期的资产者而言，成为贵族不仅能提高子孙的社会地位，进入政治体系，同时也能带来巨大的利益，如获得免税权。因此，卖官鬻爵成为当时社会的常见现象。布罗代尔指出，在16世纪，没有一个国家，没有一个君主不出售贵族称号以换取现金。① 官爵是晋升贵族的唯一途径，但成为贵族的基本条件就是要拥有土地。购买了土地的不一定都能成为贵族，但要成为贵族首先必须要有土地。购买土地也是有产者们一项稳健的投资项目，能为子孙后代留下一笔长久保留的宝贵遗产。正如俗语所云："土地不会让人上当"。"从15世纪起，在普罗旺斯，对一个在'贸易、海运、司法以及不同的公职上'发财致富的有产阶级来说，购置一块土地是'一种既有利又可靠的投资，是一种家庭祖业的创建（这种家庭祖业是事业成功的证明），最后还往往是很快被册封为贵族的机遇'。将近1560年，定居里昂的商人瓜达尼家族在'勃艮第、里昂内、福雷、多菲内和朗格多克等地拥有20来处领地'。"② 尤其到18世纪，由于英国农业的巨大成功，法国人意识到土地也是迅速致富的重要途径，越来越多的人热衷于购买土地。1762年台斯波米埃出版的《通过农业迅速致富的诀窍》成为畅销书；1784年阿尔诺出版的《保存和增加财产的诀窍，或土地经营的一般规律》也得到众人的追捧。③ 土地买卖市场呈现繁荣景象，购买者多为贵族和资产阶级。如蒙莫里荣地区的175份土地买卖契约中，其中有133位买主是商人、贵族和资产者，只有43名农民购买者。④ 资产阶级所占有的土地呈上升趋势。在特罗谢教区，1764年当地资产阶级所占有的土地只有3份，共占地678瑟泰雷13贝尔什（perches）⑤，到1779年所占有的土地达到968瑟泰雷18贝尔什，增长幅度为290瑟泰雷5贝

---

① [法]费尔南·布罗代尔：《菲利普二世时代的地中海和地中海世界》（下卷），吴模信译，商务印书馆1998年版，第115—116页。
② [法]费尔南·布罗代尔：《菲利普二世时代的地中海和地中海世界》（下卷），吴模信译，商务印书馆1998年版，第116页。
③ [法]费尔南·布罗代尔：《15至18世纪的物质文明、经济和资本主义》（第二卷），顾良译，生活·读书·新知三联书店2002年版，第308页。
④ [法]雷吉娜·佩尔努：《法国资产阶级史：从发端到近代》（上），康新文等译，上海译文出版社1991年版，第372页。
⑤ 贝尔什（Perche），法国旧土地面积单位，各地不一，约相当于34平方米或52平方米。

尔什。① 1388年里昂市民在圣-热尼斯-拉瓦（Saint-genis-Lava）小城仅仅只占有4.1%的土地，到1493年他们占有的土地份额为12.4%，到17世纪他们所占有的土地份额上升到33%。巴黎附近的阿夫兰维勒村（Avrainville），巴黎市民所占有的土地份额在1546年为19%，到1664—1674年迅速上升为57%。② 到大革命前，这个比例进一步提升。不仅是大资产阶级，城市中但凡有些资产的市民阶层都热衷于购买土地。早在16世纪东诺曼底阿利耶尔蒙的圣尼古拉教区，大佃农中已出现资产阶级的身影，包括一个布商、一个本地高级律师和几个木材商。18世纪拉昂（Laonnois）地区的土地购买者不仅包括了小酒馆老板、磨坊主、客栈老板、商人等小商贩，还包括一些城内的小资产阶级如泥瓦匠、马蹄铁匠、织工、鞋匠等。如在1765—1785年，一个酒馆老板购买了约4阿庞的土地，一个磨坊主购买了约17阿庞的土地，而几个泥瓦匠也购买了7块总共约20阿庞的土地。③ 所出售的土地基本上来自教会、没落的贵族和一些贫苦农民。17世纪陆军统帅波旁因犯罪而被没收全部财产。他所占有的40处庄园中，只有3处是被旧贵族买去的，其余全部被资产者买下。④ 资产者成为土地买卖市场的主要购买者。

  土地也成为一种可以投资可以买卖的财产，而不仅仅是过去农民维持生计的依靠。1790年洛林的一个见证人表示，当地"大部分土地为一些巴黎居民所有：其中有些土地由资本家不久前购进；他们的投机活动转到了这个省，因为同土地收益相比，这里的地价最为便宜"⑤。资产阶级在所购买的土地上推行资本主义的经营方式，他们或将土地并为

---

① Jean Loutchisky, *La propriété paysanne en France à la veille de la Révolution*, Paris: Honoré Champion, 1912, p. 39.

② Philip T. Hoffman, "Land Rents and Agricultural Productivity: The Paris Basin, 1450-1789", *The Journal of Economic History*, Vol. 51, No. 4, 1991, pp. 771-805.

③ Jean Loutchisky, *La propriété paysanne en France à la veille de la Révolution*, Paris: Honoré Champion, 1912, pp. 90-91.

④ [法]雷吉娜·佩尔努：《法国资产阶级史：近代》（下），康新文等译，上海译文出版社1991年版，第100页。

⑤ D. Mathieu, *L'Ancien Régime dans la province de Lorraine et Barrois*, 1879, p. 324, 转引自[法]费尔南·布罗代尔《15至18世纪的物质文明、经济和资本主义》（第二卷），顾良译，生活·读书·新知三联书店2002年版，第241页。

第四章　近代早期地权变革中的土地占有情况

大地产或将土地分成小块出租，从中渔利。在蒙彼利埃（Montpellier）附近拉特一带有814公顷可耕地，235公顷的草场和61公顷的葡萄园。16世纪中期，这块土地全部由50名农民所掌握。从16世纪下半叶开始，一半的土地落入蒙彼利埃人手中。他们开拓荒地，将过去小农经营的土地并为大块土地出租经营。到1577年，这块土地已全部归11家来自蒙彼利埃的大产业主所有。① 有些地主购买地产是为了转手出售，赚取其中的差价。萨兰一个有钱的公证人科克兰以210法郎的价格买下韦尔领地里的拉泰地产，2年后以515法郎的价格出售。② 土地资本主义在法国开始发展。

由于对资产阶级的定义存在着差别，资产阶级究竟占有多少土地，目前也没有统一的意见。佩尔努认为资产阶级所拥有的土地占法国土地面积12%—15%，且主要集中在城市附近。③ 但索布尔估计大革命前资产阶级所占有的土地应当占全国土地面积的30%。④ 英国史学家威廉·多伊尔给出的数据在两者之间，约为1/4，即25%左右。⑤ 具体情况各省市资产阶级所占土地比例不同。一般来说，经济发达地区的资产阶级实力雄厚，其所占的土地面积自然比较广。如在弗兰德滨海省，资产阶级所占土地占该省全部土地面积的44%；在普罗旺斯，资产阶所占土地约占17%；而在克勒兹省，该省资产阶所占土地仅占全部土地面积的18.5%；在上马恩省资产阶级所占土地份额约为18%。⑥ 1717年博韦37个教区中资产阶级所占有的土地不超过13.5%。⑦ 而里昂周边的

---

① ［法］雷吉娜·佩尔努：《法国资产阶级史：近代》（下），康新文等译，上海译文出版社1991年版，第100页。
② ［法］雷吉娜·佩尔努：《法国资产阶级史：从发端到近代》（上），康新文等译，上海译文出版社1991年版，第373页。
③ ［法］雷吉娜·佩尔努：《法国资产阶级史：近代》（下），康新文等译，上海译文出版社1991年版，第229页。
④ Albert Soboul, *La France à la veille de la Révolution：éconimie et société*, Paris：SEDES, 1974, p. 222.
⑤ ［英］威廉·多伊尔：《法国大革命的起源》，张弛译，上海人民出版社2009年版，第137页。
⑥ Gérard Béaur, *Histoire agraire de la France au XVIIIe siècle：inerties et changements dans les campagnes françaises entre 1715 et 1815*, Paris：SEDES, 2000, p. 22.
⑦ Pierre Goubert, *Cent mille provinciaux au XVIIe siècle, Beauvais et le beauvaisis de 1600 à 1730*, Paris：Flammarion, 1968, p. 183.

沙尔利（Charly）从1518年开始有2/3的土地落入资产阶级手中。① 资产阶级所占有的土地基本上集中在城市附近，而且该城市居民越富有，资产阶级在该城市所占的土地也越多。巴黎以南的于尔普瓦克斯地区共6065公顷土地中，巴黎资产阶级就占有1416公顷，于尔普瓦克斯的资产阶级又占有356公顷土地，即资产阶级在当地所占有的土地达到1772公顷，约占当地土地总面积的30%。② 在多菲内（Dauphiné）的小城市附近，资产阶级仅占有少量土地；相反，在沙特尔（Chartres）市半径10千米的范围内，资产阶级拥有超过60%的土地。③ 而且越靠近城市，资产阶级所占土地比重越大。在博韦小城附近也同样如此。17世纪七八十年代，在城市附近的关库尔（Goincourt）资产阶级共占有47%的土地，农民仅占有24%的土地。到离小城约20千米的埃斯波堡，资产阶级所占有的土地迅速下降到7%。再往远一些，大约在离该城市30千米的库德雷-圣-热尔梅（Coudray-Saint-Germer），资产阶级在当地已经没有任何土地。④

资产阶级所购买的土地大小不一，到后期随着资产阶级经济实力的增长，所购买的土地面积一般也比较大。大革命前，诺尔省的27个教区中，资产阶级共拥有260块地产。其中50—100阿庞的地产数量最多，共有149份，共占地11620阿庞；其次为100—150阿庞的土地共46份，占地5692.5阿庞；小于50阿庞的小块土地有36份，占地1380阿庞。在蒂勒财政区30个教区中，资产阶级共拥有177块地产。其中数量最多的依然是50—100阿庞的土地，总共有99份，共占地6545.75阿庞；100阿庞以上的土地有35份，共占地4704.5阿庞；小于50阿庞的土地共有43份，占地1414.75阿庞。⑤ 富裕的大资产阶级

---

① Geroges Duby et Armand Wallon dir., *Histoire de la France rurale*（Tome Ⅱ）, Paris: le Seuil, 1975-1976, p.275.

② Emmanuel Le Roy Ladurie, *The French Peasantry 1450-1660*, trans. Alan Sheridan, Aldershot: Scolar Press, 1987, p.164.

③ Gérard Béaur, *Histoire agraire de la France au XVIIIe siècle: inerties et changements dans les campagnes françaises entre 1715 et 1815*, Paris: SEDES, 2000, p.24.

④ Pierre Goubert, *Cent mille provinciaux au XVIIe siècle: Beauvais et le beauvaisis de 1600 à 1730*, Paris: Flammarion, 1968, pp.180-181.

⑤ Jean Loutchisky, *La propriété paysanne en France à la veille de la Révolution*, Paris: Honoré Champion, 1912, p.154.

第四章　近代早期地权变革中的土地占有情况

通过多年积累拥有众多产业，且不断扩大土地面积，但土地分布比较零散。多尔法院推事埃尔·塞西尔在1587年去世时留下一笔可观的遗产，其中包括225块土地和草场，3处城市房产，3处农村房产，14个葡萄园等。他在奥尔尚有1座粮仓；在多尔拥有15块地产、3处草场、3个葡萄园、3座房舍和1座粮仓；在帕尔塞有25块土地和5处草场；在克里塞有4块土地；在热弗里有2块土地，在塔沃有5块土地，在当帕里、伯尔瓦和拉拨尔德共有18块地产。① 小资产阶级所购买的产业一般也十分小，仅仅作为家庭生计的补充。不少人只是在城市四周占有几块菜地、园圃等。

中世纪末至近代早期，资本主义发展，资产阶级处于上升阶段。随着资本主义的发展，资产阶级也热衷于购买土地，其占有土地的份额不断增长。从土地结构上看，资产阶级占有的土地既有大地产也有小地产，大小地产并存但总体趋向于向大地产集中。同以前的购买者不同，他们购买土地的主要目的是投资，土地应该盈利。由于他们不能自己亲自耕种土地，因而往往招揽一批贫农耕作或将土地整合出租或再寻机转卖以获取高额利润。土地经营方式发生变化，资本主义土地经营模式渐渐发展起来。

在近代早期社会变革中，曾经的第一大领主教会失去了以往在土地占有方面的优势地位，其土地占有份额不断下降。第二等级的贵族们虽然也开始出现衰落趋势但总体还是基本维持了其在政治和经济上的统治地位，在土地占有方面也依然占据着绝对优势地位。随着社会转型变迁，一部分贵族采取各种手段不断扩大自家所占有的土地面积。新兴的资产阶级也热衷于投资地产，购买了大量土地，其占有的土地份额不断增长。在近代早期地权变革的过程中，广大小农、教会和破产的小贵族成为出售土地的主力，尤其是农民所占有的土地份额不断减少。中世纪末年，农民长期占有的佃领地尽管名义上不属于农民，但实际上基本已被视为农民的土地。然而从15世纪一直到大革命前，广大农民丧失了大量原本几乎已属于农民的佃领地。传统的第一等级、第二等级以及新

---

① ［法］雷吉娜·佩尔努：《法国资产阶级史：从发端到近代》（上），康新文等译，上海译文出版社1991年版，第373页。

兴资产阶级通过购买、欺诈等方法逐渐剥夺了农民原本所占有的土地。在这个过程中，农民与占有土地的教会、贵族以及资产阶级等领主之间的关系随之发生变化。失去土地的农民不再是中世纪依附于土地的传统佃农，他们变成纯粹的租佃者或耕地者。农民与领主之间仅存在契约租佃关系而不再受到封建领主制的束缚。从土地占有的面积大小来看，教会、贵族和大资产阶所占有的土地面积通常比较大。且由于土地变得有利可图，贵族和资产阶热衷于土地投资，不断扩大所占有的土地面积，土地占有呈现集中趋势，大土地所有制有所发展。另外，小贵族、农民的所占有的土地面积比较小，且由于继承等因素的影响农民所占有的小块土地变得越来越细小，小土地所有制也在发展壮大。土地的集中与分化并存，大土地所有制和小土地所有制并存。不过，由于法国贵族、资产阶级通常为"不在地主"，其占有的土地大多分成小块土地租佃给少地或失去土地的农民耕种经营，小规模经营模式占主导。

第五章　近代早期的土地经营模式

到大革命前，特权阶层和资产阶级占有了全国大部分土地，农民所占有的土地不超过全部土地面积的1/3。当然，教会、贵族和资产阶级自身并不参与土地的耕种经营，一般都是将所占有的土地以契约方式依然租佃给农民耕种。因此，在革命前，法国存在着两种土地经营模式：由土地占有者自己经营的直接经营模式和将土地租佃给他人经营的间接经营模式。

第一节　近代租佃经营：分成制租佃与定额租佃

土地租佃制是中西方社会广泛存在的一种间接经营方式。在租佃制下，土地不是由土地所有者直接经营管理而是租借给他人经营。中世纪的西欧，土地租佃制经常与封建领主制相联系，农民租佃地主的土地常附带诸多封建义务和束缚。农民与地主之间存在着各种依附关系。大约12—13世纪，在法国、低地国家开始出现一种新型的定期租佃方式。在这种租地模式下，农民租佃地主的土地主要是依据土地契约租用，农民与地主之间只存在着契约关系而不再带有封建人身束缚关系，逐渐具有资本主义性质。12世纪诺曼底地区发现六例这种租佃经营模式，其中最早的两例租佃分别出现在1110年和1113年。到13世纪后半叶，租佃经营模式发展迅速，在法国已经变成十分普遍的土地经营模式。13世纪，蒙特－圣－米歇尔（Mont-Saint-Michel）教堂仅在维尔桑（Verson）和布雷特维勒（Bretteville）两处地方就有200多处出租的土地。① 这些数据表明在这一时期新型租佃模式在法国已逐渐成为常见的土地经营模式。中世纪晚期到近代，这种土地租佃经营模式在法国主要有两种形式：分成制租佃和定额租佃。

一 分成制租佃

分成制租佃（métayage）指佃农将农作物收成按一定比例交给地主的一种租佃制度。一般地主需要提供土地和一定的经营资本，如种子等，农民提供劳动力、工具（通常称为 cheptel mort），以及少量牲口（通常称 cheptel vif）。若农民缺少牲畜也可向地主租借，双方签订租借牲口的合同（le bail à chaptel）。合同可是口头约定的方式，也可是书面形式，到后期多为书面形式。租金金额根据双方各自所提供的资本多少、土地状况、当时的经济形势状况等因素由双方商议决定。通常地主可分得一半的收成，有时甚至可以得到土地2/3的收成。而且这是指农民还没有交纳任何赋税前的总收入，若加上农民应交纳的什一税、国家赋税和各种封建费用。分成制佃农的负担是非常沉重的。采取分成制租佃方式的土地所有者涉及范围很广，包括教会、大贵族和大资产阶级等大土地所有者也包括普通贵族、小资产阶级等中小土地所有者，部分富裕农民承租大片土地而后将土地分成小块转租给小农。

分成制租佃的地租可采取实物形式也可采取货币形式或两者并存，早期多以实物形式交纳或两者并存的方式交纳。1440年，菲雅克·奥茹（Figeac Aujou）医院的一位分成制租佃佃户该年支付6赛提埃小麦，2赛提埃黑麦，2赛提埃燕麦，3赛提埃坚果的地租，农民负担比较沉重。② 根据1560—1565年瓦朗蒂诺瓦夫人对凯瑟琳·德·美第奇王太后的舍农索城堡领地的土地调查，该领地有10块分散的分成制租地：拉格朗日、拉贝泽里、莱乌德、拉格芒迪埃、拉库洛米埃、勒德弗、希索的拉贝朗日立、弗里希或拉谢尔维埃、希索的拉布吕昂迪埃、希塞的

---

① ［英］M. M. 波斯坦主编：《剑桥欧洲经济史：中世纪的农业生活》（第一卷），郎丽华等译，经济科学出版社2002年版，第283页。

② Philippe Wolff, *Les campagnes du Quercy après la Guerre de Cent Ans* (vers 1440 – vers 1500), Toulouse: Association des Publications de l'Université de Toulouse-le Mirail, 1978, p. 322.

格朗日-鲁日。这些田地与拉图的小苗圃、奥利维埃港、桥之林和维里尼领地和阿尔日的封地每年为领主带来117利弗尔7苏2德尼埃的银子，34赛提埃7斗小麦，85赛提埃8斗黑麦，12斗大麦，25赛提埃3斗燕麦，3古斤蜡烛，1.8古斤胡椒，195只母鸡和阉鸡，1只肥鹅，21个勤杂工，以及莱乌德、汝舍皮、库汤斯的拉罗什、勒德弗、桥之林等领地农产品税的征收权。① 可见王太后在领地上既征收实物地租也征收货币地租。到后期货币地租更为普遍，实物地租所占比重下降。据下缅因省厄尔内埃（Ernée）地区办公室的登记材料出租的土地中，在1735年和1750年间有66%的土地是收取一半实物收入的分成制租佃田；到1751—1768年下降为53%；到1781—1784年其所占比例为41.5%。在拉瓦勒（Laval）地区，1724—1725年收取一半实物收入的分成制租田占所登记租佃土地的63.5%，到1739—1740年约为60%；1784—1785年占40%。②

  分成制租佃是一种古老的租佃方式，但在中世纪的法国这种经营方式极其少见。12—13世纪，分成制租佃开始在法国部分地区（主要是南方地区）发展起来。1320年左右，在上普罗旺斯的某个村子，土地所有者纪尧姆将其地产让与本地人雷蒙·贝罗。雷蒙答应并与其家人商定，无论未来六年土地产出如何，须将所有小麦的一半交给纪尧姆或其家人，麦草则留给雷蒙饲养耕牛，雷蒙答应潜心耕种这些土地，适时播种……③1466年，贵族让·德·布瓦松（Jean de Boysson）将一小块土地租佃给本地佃户皮埃尔·吉萨尔（Pierre Gisart）。布瓦松得到可耕地1/4的收成，这是较早的分成制租佃模式。④ 16世纪以后，随着资产阶级大举向土地市场进攻，土地落入资产阶级手中。由于常住在城市，他

---

 ① ［法］伊旺·克卢拉：《文艺复兴时期卢瓦河谷的城堡》，肖红译，上海人民出版社2007年版，第188—189页。

 ② Gérard Béaur, *Histoire agraire de la France au XVIIIe siècle*: *inerties et changements dans les campagnes françaises entre 1715 et 1815*, Paris: SEDES, 2000, p. 117.

 ③ ［法］乔治·杜比主编：《法国史》（上卷），吕一民等译，商务印书馆2010年版，第468页。

 ④ Philippe Wolf, *Les campagnes du Quercy après la Guerre de Cent Ans* (*vers 1440 – vers 1500*), Toulouse: Association des Publications de l'Université de Toulouse-le Mirail, 1978, p. 322.

们几乎不可能直接参与土地经营。且此时，过去居住在乡村的贵族也大量移居城市，"不在地主"增加。他们不可能再像过去一样直接参与土地经营，租佃成为他们最好的经营选择。由于法国小农的贫困，他们无法提供租佃农场所需的资本，因此土地所有者大多采纳分成制租佃的方式出租土地。尤其是在贵族、资产阶级新获得的土地上，分成制租佃成为主流。因此，16—17世纪分成制租佃在法国迅速发展。到大革命前，分成制租佃已成为法国当时最普遍、分布最广的土地经营方式。当时全国约有2/3或3/4的地区都是分成制租佃土地。[①] 阿瑟·扬甚至提出在大革命前法国7/8的土地上都采用了分成制租佃。[②] 而大部分分成制佃农都是由起初占有土地的农民因为贫困失去土地沦落而成的。可以说近代分成制租佃不断发展的过程正是农民失去土地的过程。分成制租佃方式在全国的分布并不均衡。一般来说经济越不发达的地区，分成制租佃方式在当地就更为常见。在法国西部、中部和南部地区，采用分成制租佃经营模式的农户在有些乡村能达到总户数的50%以上。如布列塔尼和洛林两地，差不多一半的土地都是分成制佃农经营。[③] 而在卢瓦河以北地区，分成制租佃则较为少见。不同地区分成制租佃所占比重也大相径庭，如都兰地区的图尔（Tours）和卢谢（Louches）两地差别巨大。在图尔，小块耕地很少采用分成制租佃，仅有7%；而在卢谢，32%的小块耕地采用分成制租佃方式。[④] 大革命之后采用这种经营方式的人数突然迅速减少。这或许同大革命时期农民占有土地的扩大有关。大革命后，即使在分成制曾经最为盛行的南部地区也几乎难以见到采取分成制租佃方式的经营者。到1880年左右，在阿韦龙省和洛泽尔省分成制租佃几乎灭绝。[⑤]

[①] Albert Soboul, *La France à la veille de la Révolution: éconimie et société*, Paris: SEDES, 1974, p. 233.

[②] Le baron A. de Calonne, *La vie agricole sous l'Ancien Régime dans le nord de la France: Artois, Picardie, Hainaut, Flandres*, Paris: Cuillaumin et Cie, 1885, p. 63.

[③] ［法］施亨利：《十八九世纪欧洲土地制度史纲》，郭汉鸣译，正中书局1935年版，第8页。

[④] Gérard Béaur, *Histoire agraire de la France au XVIIIe siècle: inerties et changements dans les campagnes françaises entre 1715 et 1815*, Paris: SEDES, 2000, p. 116.

[⑤] P. M. Jones, *Politics and Rural Society: the Southern Massif Central c. 1750 – 1880*, Cambridge: Cambridge, 1985, p 38.

第五章　近代早期的土地经营模式

租佃合同期限以短期合同为主，一般是 3 年、6 年、9 年。部分地区也存在 18 年、27 年等期限稍长的合同，但更长时间的合同已很少见，期限为 99 年的长期合同（即永久租佃合同）几乎完全消失。且在近代合同期限越来越短。18 世纪贝里（Berry）地区，起初 9 年的分成制租佃合同缩短了一半，降到 4 年半。图卢兹地区，合同期限最初多为 4 年、6 年、9 年，到大革命前一般固定在 1 年。[①] 土地合同期限的缩短尤其是长期合同的消失使地主能够追回土地所有权，维护土地所有者的利益。但合同期限过短也戳伤了农民的积极性，减少农民对土地的投资。尽管当时受到政府和社会各界的指责，土地所有者缩短合同期限已成为趋势。

分成制佃农租佃的土地主要为耕地，也包括园圃、牧场、草场、荒地、林地、沼泽和住宅、谷仓等建筑物。一般来说，他们的耕地面积都比较小，属于小规模经营。在安茹（Anjou）、缅因、布列塔尼地区，分成制佃农的土地为 6—10 公顷。在葡萄种植园区，他们租佃的土地更为有限。如在马孔（Mâconnais）地区、博若莱（Beaujolais）和勃艮第地区，分成制佃农的葡萄园约为 2 公顷。整体上，其所租佃的土地一般不超过 20 公顷。[②] 南部地区还存在不少被称为博尔德利（Bordelie）的按分成制出租的小块耕地，其面积不超过 10 公顷。当然，并不是所有分成制租佃田面积都比较小。普瓦图地区存在着大规模经营的分成制佃农。如加蒂纳 130 户分成制租佃农户中有 17 人所租佃的土地超过 60 公顷，部分佃户所租佃的土地面积甚至达到 100 公顷以上。1776 年，拉梅耶拉热（La Meillerage）公爵领地有 33 块分成制租佃田，共占地 1350 公顷，平均每块分成制租佃田有 41 公顷。[③] 这些大佃户也拥有不菲的财产，在生产方式上与北方资本主义大农场相似。如图埃河畔的沙蒂隆（Châtillon-sur-Thouet）教区一个分成制佃农在 1669 年租用了 80

[①] Gérard Béaur, *Histoire agraire de la France au XVIIIe siècle: inerties et changements dans les campagnes françaises entre 1715 et 1815*, Paris: SEDES, 2000, p. 117.

[②] Albert Soboul, *La France à la veille de la Révolution,: économie et société*, Paris: SEDES, 1974, p. 234.

[③] James Lowth Goldsmith, *Lordship in France, 1500 – 1789*, New York: Peter Lang, 2005, p. 81.

头牲口，其中包括8头牛、4头母牛、1匹母马、2头小牛和59只羊。1676年，古尔热（Gourgé）教区一个分成制佃农共租借了104头牲口，其中仅羊就有82只。① 这两位分成制佃农的经济状况明显不属于小规模经营。

分成制租佃是当时法国最主要的土地经营方式，但却是一种相对落后的经营方式，"是由地租的原始形式到资本主义地租的过渡形式……""在这里，从一方面说，租地农民没有足够的资本去实行完全的资本主义经营。从另一方面说，土地所有者在这里所得到的部分并不具有纯粹的地租形式"②。由于农民本身并没有多少资本，而分成制租佃地租是按比例收取且比重十分高，农民负担过于沉重，所剩资金仅能维持生活，无法增加对土地的投资，也影响农民的生产积极性。而且对不认真履行佃农义务的农民，合同上也规定了严厉的惩罚措施。如遇上收成不好的年头或租养的牲畜发生意外，风险基本上由佃农承担。所以一般分成制佃农的生活水平比较低。且分成制佃农的生产主要是为了满足自家消费，而不是为了满足市场需求而生产，农民也基本上是按照传统的生活方式，本质上分成制租佃还是一种封建形式的土地经营模式。但与传统的经营模式不同的是出租土地的土地所有者起初主要是资产阶级。他们将商业资本经营方式引入农业经营。他们不仅作为土地所有者得到地租，还作为资本提供者而获取利润。地租与利润合二为一。这又使分成制租佃带有一定资本主义色彩。

此外，分成制佃农与传统佃农在不少方面都存在差别。分成制佃农基本都具有自由人身份。他们与领主之间仅存在契约租佃关系而不受封建领主制的束缚。对所租佃的土地，佃农只享有土地上所种植作物的收益权，而没有从属所有权，不能长期占有土地。土地所有者可随时收回所出租的田地。在当时，若一个主教在世时曾将教区一块土地出租给农民。该主教死后，继任者上台后会立即结束前任所签订的所有土地租借合同，无论他们的合同是否到期。因为这是当时的"通常做法"。对未

---

① Louis Merle, *La métairie de la Gâtine Poitevine sous l'Ancien Régime*, études de géographie agraire, Norois N3, 1954, pp. 241–266.
② 《马克思恩格斯全集》（第25卷下），人民出版社2001年版，第905页。

到期的合同，继任者会赔偿其一笔损失。① 可见在租佃制下农民随时可能被驱逐，失去了对土地的长期占有权利，更谈不上继承、转让的权利。

二 定额租佃

定额租佃（fermage）是指土地所有者将土地出租给农民耕种并收取、固定数额租金的一种土地经营方式。不同于分成制租佃，承租的农民需自行提供资金、工具和牲畜等经营资本。出租的土地包括耕地、荒地、牧场、林地等，若有需要土地所有者也出租住宅、谷仓等建筑，但不提供牲畜、工具等。租借方式也是由合同规定，合同可是口头约定也可是书面协议，多为书面协定。租约通常包含一份出租的财产清单说明、出租人和承租人姓名、双方的权利和义务、以及租金金额等。租金可用实物缴纳也可缴纳货币，到18世纪多为货币地租。地租通常是固定的，在缴纳规定的地租后剩余部分都属于佃农。1773年，在索洛涅的瑟内利（Sennely-en-Sologne）的科洛米尼埃（la Colminière）的一个佃农向土地所有者支付了6利弗尔的黄油、6只小鸡、约25束稻草的地租。此外，每次捕鱼时他还需要贡献1条最好的梭鱼和4条最好的鲤鱼，以及少量马车运输任务。② 在支付这些地租后，他可以自行处理剩余所有收成。定额租佃也多是短期租佃合同。在3年轮作制地区，合同期限通常为3年、6年、9年，也有4年、5年甚至1年期限的合同，一般不超过9年；时间稍长的有长达18年、19年、27年不等的租用合同。1525—1683年，朗格多克地区维亚拉（Le Viala）农场的合同期限多为4年、5年、6年，时间最长的为7年时间。1380—1615年，阿尼尔洛克仓（Grange d'Anilhac）的合同期限全部为5年。1527—1750年共223年的时间里，圣皮埃尔谷仓（Grange Saint-Pierre）的租佃合同期限有3年、4年、5年、6年、7年、8年的，其中期限为5年的合同最多，且

---

① Le baron A. de Calonne, *La vie agricole sous l'Ancien Régime dans le nord de la France：Artois, Picardie, Hainaut, Flandres*, Paris：Guillaumin et Cie, 1885, p. 66.

② Michel Puzelat, *La vie rurale en France XVIe – XVIIIe siècle*, Paris：SEDES, 1999, p. 30.

1585—1593年土地所有者还曾采用分成制租佃方法。① 土地所有者一直试图缩短合同期限，主要是为了提高地租，但激起了承租人的不满。18世纪末，阿尔萨斯的农场主联合起来，建立租佃联合会（la reunion des fermes）共同反抗地主缩短合同期限的行为。这也反映了当时定额租佃农场主已有较强的实力。

定额租佃出现的时间比较早。大约在12、13世纪，随着农奴制的瓦解，领主不能再依靠农奴解决庄园劳动力问题，而完全雇用劳动力在当时也并不现实。领主不得不缩小自营地的面积，将过去由农奴耕种的自营地租佃给他人耕种。1263年，西铎修道会位于康布雷西的沃塞尔（Vaucelles-en-Cambrésis）修道院签订了一份定额租佃合同，租期为9年。承租人有3人，包括2位贵族后裔和达梅（Damme）的一个资产阶级。1281—1282年，除了热讷维耶（Gennevilliers）以外，圣德尼（Saint-Denis）修道院的所有庄园自营地全部被出租出去，至少在巴黎地区是如此的。② 尽管出现时间很早，这种租佃形式在法国的发展却十分缓慢。大革命前，采用定额租佃方式合同与采用分成制租佃方式的合同的比例大约为1∶7，分成制租佃方式占绝对主导。③ 直到19世纪时，定额租佃在法国土地经营方式中所占比重都不足1/4。1851年，23％的土地经营者采取定额租佃的方式；到1882年只有12％的经营者采用定额租佃方式；19世纪90年代上升为19％。④ 中世纪晚期至近代早期，定额租佃主要分布在北方经济比较发达的地区，如巴黎盆地、洛林、诺尔省等地。在北方弗兰德尔的沿海平原，75％的经营者都是定额佃农。⑤ 大土地租佃农场基本上都集中在巴黎盆地。

---

① Emmanuel Le Roy Ladurie, *Les paysans de Languedoc*, Paris：Mouton，1966，pp. 860 - 864.

② Guy Fourquin, "Les débuts du fermage L'example de Saint-Denis", *Études Rurales*, No. 22/24，1966，pp. 7 - 81.

③ Albert Soboul, *La France à la veille de la Révolution*,：économie et société, Paris：SEDES, 1974, p. 233.

④ ［法］安东尼·罗利：《法国经济的增长，19世纪中叶至1914年》，巴黎1987年法文版，第247页，转引自许平《法国农村社会转型研究（19世纪—20世纪初）》，北京大学出版社2001年版，第16页。

⑤ Albert Soboul, *La France à la veille de la Révolution*,：économie et société, Paris：SEDES, 1974, p. 225.

第五章 近代早期的土地经营模式

与中世纪传统租佃方式不同，定额租佃的佃农与领主之间没有任何封建权利和封建义务，双方仅仅是土地出租者与承租者的关系。承租人按合同规定缴纳地租和少量公共性质的劳役之后，剩余所得全部属于承租人自己，任何人都无权剥夺。土地的出租有明确时间限制，尽管出租者一般不会更换承租人员，但他有随时将土地收回的权利。承租人也可随时放弃租约，在赔偿相应损失后承租人可自由离开农场而不受领主束缚。皮埃尔·格朗让特（Pierre Grangeantt）租佃了属于教会的莫兰（Maurin）农场，于1683年由于债务问题不得不提前结束租佃合同。莫兰农场以较低的价格租给了一个新的佃户雷吉斯（Régis）。①

以定额租佃方式出租的土地有大有小。出租土地的多为大土地所有者和中土地所有者。租佃小块土地的定额佃农或称小农场主（fermier）通常是无地或少地的农民。他们生产的目的也主要是满足生活需要，与其他传统小农在具体经营方式方面没有太大区别。也有些小佃农的生产是针对市场，但由于土地小、资金少，其收入基本上仅能维持生活，算不上真正的资本主义农业生产方式。寡妇库埃（Couet）在巴黎附近的安托尼（Antony）拥有1.2公顷的草地，每年可获得900捆干草，约合32利弗尔2苏。在1552—1559年，为贴补家用，她租佃了约1公顷的葡萄园用于种植葡萄和酿造葡萄酒。由于靠近巴黎，葡萄酒销量非常好，年收入大概有88利弗尔8苏。其中地租约占总收入的1/4，共22利弗尔4苏。扣除经营葡萄园的各项杂费，如购买工具的费用、请工人收获葡萄的工资、将葡萄酒运到巴黎贩卖的运输费、购买肥料、酒桶的费用等，总共54利弗尔9苏。由于庄园费用和什一税费用是由地主支付，故从葡萄园库埃每年大概能得到12利弗尔5苏的收益。②若加上草地的收入，库埃家的收入基本能保证自家的生活，但也很难有多大的发展。

真正具有资本主义性质的农业生产是大土地租佃农场。承租人——大农场主（le grand fermier）通常自己就拥有不少土地，此外他们又租

---

① Emmanuel Le Roy Ladurie, Les paysans de Languedoc, Paris: Mouton, 1966, p. 588.
② Emmanuel Le Roy Ladurie, *The French Peasantry 1450 – 1660*, Trans. Alan Sheridan, Aldershot: Scolar Press, 1987, pp. 182 – 183.

佃大量土地，从而形成大规模经营。博韦的维莱-韦尔蒙（Villers-Vermont）教区的夏尔·布尔尼齐安（Charles Bournizien）自己拥有约15公顷的土地，其中1/4的土地是圈起来的牧场，约3.75公顷。此外，他还是个大农场主，每年须向地主缴纳950利弗尔的地租。每年他为这片农场所缴纳达伊税就达到45利弗尔，占他所缴纳全部达伊税的36%。圣-朱斯特-德-马莱（Saint-Just-des-Marais）教区的希斯蒂安·勒·特（Chistian Le Teux）自己有32公顷的土地，又以定额租佃的方式租了4—5公顷土地。[①] 1685年，皮瑟（Puiseux）教区所征收的达伊税中，53%的达伊税收由该教区4个大农场主支付。到1766年，这4个大农场主占有了当地86%的土地。其中最大的农场主经营185公顷土地，占整个教区33%的土地。[②] 让·纳瓦尔（Jean Navarre）是法兰西岛地区一位大农场主，其农场不仅规模庞大，且经营多元化，涉及种植业、畜牧业等，甚至拥有以前贵族生活的标志——鸽舍。1692年，他的农场共有754公顷的土地，包括5处大农场和8处小农场。其中最大的农场位于沙尔尼·舒瓦西-勒-唐普勒（Charny Choisy-le-Temple），占地251公顷；其余四处农场有两个在韦勒鲁瓦（Villeroy），其余两个分别位于蒙蒂永（Monthyon）和沙尔尼（Charny），分别占地124.9公顷、100.6公顷、44.3公顷和144.7公顷。每年农场支付的工资分别为8700利弗尔（前两个农场的总工资）、720利弗尔、4958利弗尔、7007利弗尔，共计21385利弗尔。仅固定工资费用就比一个中等贵族家庭全年总收入还高。位于韦勒鲁瓦的124.9公顷是纳瓦尔自己的土地。仅在这个农场，他饲养了460头羊、21头牛、51头猪、2箱蜜蜂。在沙尔尼的农场饲养了价值60利弗尔的鸽子。[③]

不过这些大农场的经营规模虽然十分庞大，但分布却十分零散。如法兰西岛的普勒希-加索（Le Plessis-Gassot）农场总面积达到135.7公

[①] Pierre Goubert, *Cent mille provinciaux au XVIIe siècle: Beauvais et le beauvaisis de 1600 à 1730*, Paris: Flammarion, 1968, pp. 202–203.

[②] Albert Soboul, *La France à la veille de la Révolution: éconimie et société*, Paris: SEDES, 1974, p. 232.

[③] Jean-Marc Moriceau, *Les fermiers de l'Île-de-France: l'ascension d'un patronat agricole (XVe–XVIIIe siècle)*, Paris: Fayard, 1994, pp. 636–637.

顷，却是由104块小份土地构成。其中面积达到10公顷的地块仅有1个，为10.1公顷。剩余104个地块分布如下：5—10公顷的地块为9个，占有土地54.5公顷；2—5公顷的地块8个，占有21.5公顷土地；1—2公顷的地块16个，共拥有23.85公顷土地；0.5—1公顷的地块17个，拥有12.34公顷土地；0.2—0.5公顷的地块数目最多，达到37个，共11.12公顷；小于0.2公顷的地块有17个，共占有2.35公顷土地。萨维尼（Savigny）农场也同样如此，全农场约60公顷的土地由35块小份土地构成，没有一份土地面积超过10公顷。数量最多的小份土地为1—2公顷的土地，达到12份，共占地17.4公顷。[1] 即使是大农场经营，如此分散的地块也阻碍了产业集中化经营的发展，成为大农场发展的一个障碍。为了满足大农场经营需要，农场主不断兼并小地块，扩大生产规模。

此外，大农场主还通过继承、联姻和兼并小农场等方式不断扩大农场规模，致使农场数量减少而农场规模扩大，土地日益集中在少数人手中。根据让-马克·莫里索对1550—1800年法兰西岛182个农场的统计，1550—1574年，农场平均面积仅为60.5公顷；此后农场平均面积稍有增长，到1650年之前，农场的平均面积都没有超过100公顷。1650年之后，农场平均面积迅速增长，土地集中速度加快。1650—1674年，农场平均面积达到134.5公顷。17世纪末，农场平均面积达到最高值210公顷；此后开始减少但依然保持大土地经营规模。18世纪初，农场平均面积为192公顷。1725年之后，土地集中已是不可逆转的，到18世纪末最低值不少于160公顷。[2] 18世纪尤其是1760年之后，大土地所有者发现大农场出租更为有利，故而减少小规模土地出租而逐渐将土地合并。资本主义大农场迅速发展，牺牲了许多小土地经营者的利益。小农场数量减少，大农场土地面积增长。如1760年之后，

---

[1] Jean-Marc Moriceau, *Les fermiers de l'Île-de-France: l'ascension d'un patronat agricole* (XVe – XVIIIe siècle), Paris: Fayard, 1994, pp. 858–859.

[2] Jean-Marc Moriceau, *Les fermiers de l'Île-de-France: l'ascension d'un patronat agricole* (XVe – XVIIIe siècle), Paris: Fayard, 1994, pp. 630–632.

阿图瓦大农场的土地面积上升到150—200公顷。① 1789年，布卢洛纳（Bloulonnais）第三等级陈情书中写到25年里当地的农场减少了300多个。② 大规模经营的农场进一步发展，损害了广大农民的利益。过去无地或少地的农民还能依靠在乡村租佃小块土地生存，到18世纪却越来越难以租佃到土地。他们被迫离开乡村，进入城市，成为真正的无产者。据一些重农主义者估计，1775年前后，在法国乡间流浪的乞丐达到约30万人。③ 其中大部分人都是来自农村的农民。大农场的持续发展引起了广大贫困农民的抗议，在农民陈情书中出现不少要求分割大农场的呼声。如瓦朗西安的奥南教区的陈情书中，农民表示，"在一些有着较大庄园的村庄，人们抱怨人数太多而庄园不足。关于这一点，我们推选的代表可以证明。若将所有庄园改为占地150芒科德（mencaudée）而不是现在的1050，然后租给七户耕种，那么这些庄园饲养的牲畜可增加一倍，所雇壮工也将增加一倍，同时粮食生产将会增加三分之一……"④ 由此可见，资本主义大农场正在逐渐发展，且逐渐改变乡村社会的旧结构。

中世纪末，一些大农场主就开始参与商业投机活动，农业逐渐与资本主义相融合。如西莫内特·阿兰（Simmonet Alain）是东诺曼底圣尼古拉教区内的一个大农户。他在本地拥有35公顷土地，此外他还参与本地承包什一税买卖和木材买卖。索尼耶（Saunier）家族最初只是村中一个中等农户，只占有8—10公顷土地。到16世纪初该家族已经拥有27公顷土地，这些土地主要依靠雇用工人耕作。此外索尼耶家还承包了圣母（Notre-Dame）教区的什一税，租佃了领主的磨坊和庄园，并且参与了粮食贸易。⑤ 他们已不是中世纪时的传统农民，而更像一个商

---

① Jean Gallet, *Seigneurs et paysans en France 1600 – 1793*, Rennes: Éditions Oust-France, 1999, p. 229.

② Albert Soboul, *La France à la veille de la Révolution: éconimie et société*, Paris: SEDES, 1974, p. 232.

③ [法] 雷吉娜·佩尔努：《法国资产阶级史：近代》（下），康新文等译，上海译文出版社1991年版，第220页。

④ [法] 让·饶勒斯：《社会主义史·法国革命：第一卷 制宪会议》（上），陈祚敏译，商务印书馆1989年版，第246页。

⑤ Guy Bois, *The Crisis of Feudalism: Economy and Society in Eastern Normandy c. 1300 – 1550*, Cambridge and Paris: Cambridge University Press and Éditions de la Maison des Sciences de l'Homme, 1984, pp. 149 – 155.

业投机者、农业资本家。资本主义悄悄地侵入农村市场,新兴的农业资本主义生产方式在法国已经显现。这些大农场主在农场的经营上也基本采用资本主义的生产方式。农场的生产完全面向市场,为维持农场运转需雇用大量农业工人。他们亲自参与农场的经营管理,醉心于农学,热衷于引进新技术和新作物品种来改进农场经营,尽可能地提高农业生产的利润。利用所得利润,大农场主们进一步扩大生产规模,追求更多利润。乔治·珀蒂(Georges Petit)是热南维尔(Genainville)的一个大农场主和收税员。1743年他继承先人约80公顷土地,通过婚姻他又获得妻子137公顷的土地。此后,通过购买等方法他再获得约50公顷的土地,总共有约267公顷的土地。① 乔治是一个不折不扣的大农场主、富农、乡村中的显贵。到近代早期,这些大农场主已经变得如同领地上的领主一样,是乡村世界的真正主人。"他囤积粮食、安排劳动、发放贷款,并往往受领主委托'收取租税、实物租税、杂项租税乃至什一税……在整个巴黎地区,他们在大革命到来时,兴高采烈地买下他们以往主人的产业'。"② 但他们的生活方式跟旧式的贵族完全不同,因为他们生活在农村,与雇工们同吃同住,所以他们更了解农民的生活也更关心农业生产。如大农场主乔治·珀蒂非常关注农场的生产且热衷于引进新技术。为提高生产率,他曾在农场试图引进三叶草改变三年轮作制,采用羊粪施肥提高土地肥沃程度,等等。③ 库瓦涅在1776年出生于法国的荣纳省,他在年轻时曾经为一个贩马商人服务。他在《笔记》中提及这位商人拥有草场、耕地和农庄,但并未指明这位大商人的具体身份,有可能是一位大农场主也有可能是个土地食利者。不过这位大商人十分平易近人,夫妇俩与佣工们一起围着大桌吃面包。此外,他还提及年轻时参观过的一个本地大农庄。农庄女主人表示农庄每隔半个月要出

---

① Michel Puzelat, *La vie rurale en France XVIe – XVIIIe siècle*, Paris: SEDES, 1999, p. 80.
② Pierre Goubert, in: Braudel, labrousse, *histoire économique et sociale de la France*, Ⅱ, p. 145, 转引自[法]费尔南·布罗代尔《15至18世纪的物质文明、经济和资本主义》(第二卷), 顾良译, 生活·读书·新知三联书店2002年版, 第294页。
③ Michel Puzelat, *La vie rurale en France XVIe – XVIIIe siècle*, Paris: SEDES, 1999, p. 80.

售一车奶酪，因为她有 80 头奶牛。[①] 这都说明这些农场主非常重视农场的生产经营且积极参与当地生活。然而在获得财富之后，这些大农场主也同城市资产阶级一样，将利润用于购买官职和贵族身份而没有用于扩大再生产。大农场主的后人有不少被送往教会和学校，成为教士、公证人、基层政府管理人员。大农场主只是他们进入贵族阶层，提高社会地位的第一步。从这一点来看，由于这些土地新贵大多没有将资金继续投入农业生产，对近代早期法国农业资本主义的发展也产生不利影响。

第二节　传统小农的土地经营

对绝大多数拥有土地的农民而言，间接经营方式的租佃制不是他们土地经营方式的首选。农民依旧保留传统的土地经营方式，依靠耕作自己所占有的小块土地，维持一家人的生活。

一　直接经营

直接经营（faire-valoir direct），即土地所有者自己直接经营土地，土地的经营权与所有权重叠。土地所有者提供经营所需的土地、工具、资金甚至牲口，由自己家人或雇用少量工人劳作的一种土地经营方式，与近代租佃的间接经营方式是相对应而言的。直接经营是中世纪领主自营地经营的唯一方式，领主自己亲自参与土地的耕作和经营管理或雇用管家管理庄园。到中世纪末，资产阶级参与土地投资，开始在乡村购买土地。由于他们不在乡村生活不可能自己直接参与土地耕种，而所购买的土地比较小又不可能聘请管家管理，因此他们开始采取间接经营的方式，将土地租佃给当地农民耕种。与此同时，随着城市经济的繁荣，贵族领主开始向城市迁移，"不在"地主的现象增加，领主越来越倾向于将土地租佃给他人耕种，采取直接经营方式的土地减少。部分领主甚至将所有自营地出租，如上一节提及的圣德尼修道院的所有庄园自营地几

---

① Édités par Jean Mistler, 1968, pp. 40 – 46, 转引自 [法] 费尔南·布罗代尔《15 至 18 世纪的物质文明、经济和资本主义》（第二卷），顾良译，生活·读书·新知三联书店 2002 年版，第 294 页。

第五章　近代早期的土地经营模式

乎全部被出租出去。"领主在教区内没有房屋和土地,只收取租金。""领主没有一块土地,连居住的场所也不属于他,他只收地租。"①

到近代,采用直接经营方式的主要是小农所占有的土地和小贵族及小资产阶级所占有的小块土地。大贵族、教会和大资产阶级等大土地所有者和中土地所有者也会保留少量土地自己直接经营。

大土地所有者和中土地所有者的土地主要采用租佃经营,但一般也会留有少量自营地自己经营。化学家拉瓦锡（Lavoisier）在弗雷希内·布卢瓦（Freschines Blois）附近拥有583公顷的土地,其中大部分土地被出租,但保留了100多公顷的土地自己经营。②当然大贵族不可能直接参与土地的耕作。自营地的经营主要由管家等领取工资的管理人员负责,并聘请农业雇工劳作。拉瓦锡通常都在巴黎居住,一年有三次回到自己的庄园,检查管家工作并处理庄园的账目等问题。也有部分贵族不愿参与自营地的管理,几乎将所有自营地出租,仅保留庄园附近少许园林、菜地和果林等。1579年,王太后凯瑟琳·德·美第奇的宫廷夫人克洛德·罗贝尔泰将王太后的舍农索城堡出租给图尔商人拉乌尔·儒伊斯,但保留了城堡、楼阁、花园、禁猎区、葡萄园等。18世纪后半叶,上层社会突然对农业产生浓厚兴趣,许多贵族开始关心庄园土地的农业耕种,并试图在自己的土地上引进和试验新的农业技术。极少数贵族还在自营地上建立正式的农业研究中心,如拉·罗什富科－利昂库尔（La Rochefoucauld-Liancourt）公爵的大庄园。

小贵族所占有的小块土地也基本采用直接经营。由于生活贫困,所占有的土地不多,他们不仅参与土地的经营,也参加土地的耕作。1789年,参加普瓦图议会的7个贵族生活贫困,与农民的穿着一样,他们的女儿都必须在农家宅院中工作或去农田放羊。由此可见,这几位贵族的家人都直接在农场工作。1710年,生活在蒙托邦附近的一位小贵族德·库拉代尔（de Couladère）因为作物歉收而没有足够的粮食为下一年播种做准备,被迫向王室官员请求帮助。显然,这位关心土地播种的

---

① ［俄］约瑟夫·库利舍尔:《欧洲近代经济史》,石军、周莲译,北京大学出版社1990年版,第75页。

② Michel Puzelat, *La vie rurale en France XVIe–XVIIIe siècle*, Paris: SEDES, 1999, p. 29.

贵族也直接参与到庄园土地的经营管理。①

在利益的驱动下，资产阶级也有愿意自己直接经营农场的经营者。16世纪朗格多克地区经营农田所得利润远高于地租所得。因此不少过去采用租佃方式出租土地的土地所有者或一些以前不参与土地耕作的资产阶级放弃了土地租佃方式而采取自己直接经营的方式。让·德·罗谢尔（Jean de Rochelle）是贝济埃（Béziers）的一个小公证人，小资产阶级和富裕农民。他不仅自己经营农田，且带领家人和孩子参与劳动。他自己下地播种小麦、修剪葡萄枝。1558年4月，罗谢尔带着一家人给葡萄园翻土。1568年，他的儿子纪尧姆继承了父亲的事业。他继续担任公证人的工作，同时管理着父亲留下的大农场，其中包括50公顷的可耕地，葡萄园及油橄榄园若干。这个资产阶级家族一直自己经营管理着自己的农场，直到1585年。这一年，纪尧姆去世后由于家族中无人对土地的经营有兴趣，家族的土地被分成四份以定额租佃方式出租给四个大农场主。② 当然直接参与土地耕作的贵族、资产阶级只是极少数，真正参与土地耕作的几乎全部是农民。

二 传统小农的经营

采取直接经营方式的经营者主要是中小土地经营者，其中人数最多的是小土地持有者即传统的小农。而旧制度时期的法国，拥有土地的农民人数不少，且多为拥有小块土地的小土地持有者。威廉·多伊尔估计在大革命前约400万农民拥有全国1/4的土地③，即拥有土地的农民业主占全国人口的15.38%。这一数据明显偏低，即使在无产者所占比例最高的弗兰德滨海省，当地无产者的人数也仅占75%左右④；反过来说在该省拥有土地的人达到25%，即使该比例包括了贵族、教会人士和

---

① Henri Seé, *Économic and Social Conditions in France during the Eighteenth Century*, Trans. Edwin H. Zeydel, New York: F. S. Crofts & CO, 1935, pp. 103 – 104.

② Emmanuel Le Roy Ladurie, *Les paysans de Languedoc*, Paris: Mouton, 1966, pp. 310 – 313.

③ [英]威廉·多伊尔：《法国大革命的起源》，张弛译，上海人民出版社2009年版，第193页。

④ [法]乔治·勒费弗尔：《法国大革命的降临》，洪庆明译，格致出版社、上海人民出版社2010年版，第87页。

资产阶级，持有土地的农民的比重应当也不会低于 15%。推及全国，拥有土地的农民应当更多。依据 1790 年制宪会议的乞讨委员会（Comitéde menclicité）组织的一次调查以及拉瓦锡于 1791 年向制宪会议提交的一份报告，索布尔估计，当时全国约有 2000 万农民，其中无产者即没有土地的农民大约有 800 万人，即全国大约 1200 万农民都拥有土地，占全部农村人口的 60%。① 而在近代早期，拥有土地的农民比例更高。由于人口众多而土地面积有限，这些拥有土地的农民所持有的土地都比较小。大革命前的洛奈（Laonnais）区，49.5% 的土地所有者所占有的土地不足 1 阿庞，26.5% 的土地所有者所占有的土地在 1—5 阿庞。② 由于农场规模较小，他们基本上不可能采用租佃方式经营，这就意味着当时绝大多数农民依然保留传统小农的直接经营方式。

旧制度末年，洛奈、勃艮第和图卢兹（Toulousain）三个区中，葡萄种植者、园丁和耕地者的人数占三个区的农业和工业人口总数的 29.9%，而分成制佃农只占总数的 3%，定额佃农占 0.7%。采用直接经营方式的小农占人口多数，采用租佃方式的农民所占比重不足 4%。③ 1766 年，蓬图瓦兹（Pontoise）地区的一个小村庄——皮瑟（Puiseux），总共有 36 位土地经营者。其中有 19 位经营者所耕种的土地不足 1 公顷，而这 19 人中有 12 位是拥有小块土地的农民业主，占 19 位小规模经营者的 73%；另有 7 人是定额佃户，占 27%。有 9 位土地经营者的经营规模在 1—5 公顷，其中有 5 人是拥有土地的业主，占 47.7%；2 人是佃户，占 39.5%；剩余 1 人采取混合经营模式，即他既采取直接经营方式同时也租佃了小块土地。在 2 位所经营的土地达到 10—20 公顷的中等土地经营者之中，一位是拥有土地的农民地主；另一位是定额佃农。而该村最大的 4 位农场主全部采用混合模式，即租佃方式与直接经营方式并存。从面积上看，全村 90.7% 的土地是以租佃方式经营的，

---

① Albert Soboul, *La France à la veille de la Révolution: éconimie et société*, Paris: SEDES, 1974, p. 236.
② Jean Loutchisky, *La petite propriété en France avant la Révolution et la vente des biens nationaux*, Paris: Honoré Champion, 1897, p. 66.
③ Jean Loutchisky, *La petite propriété en France avant la Révolution et la vente des biens nationaux*, Paris: Honoré Champion, 1897, p. 53.

仅有5.8%的土地是农民自己直接经营，3.5%的土地采取混合经营方式[①]；从人数上看，36个经营者中，完全采用直接经营方式的传统小农有18人，占人数的一半；完全采用租佃方式经营的约有10人，占全部人数的27.78%，其余的人全部采用混合模式。从该村的数据统计来看，采取直接经营方式的农民人数最多，但所占土地面积不大，即采取直接经营方式的主要是拥有小块土地的农民。

这些小农一般自己拥有几份小块耕地、住宅及附近的园圃，依靠自己和家人的劳动耕种农田，偶尔会雇用几个季节工人。他们既是土地所有者也是土地的生产经营者，其生产主要目的是满足自家消费和缴纳各种赋税，与市场的联系少。由于规模小、资金少，小农很少会采用先进技术和方法，基本保持着中世纪的封建生产关系和生产方法。阿瑟·扬说他们为了卖一个鸡蛋可以步行数十里，可见他们的生活水平偏低，缺乏现代资本主义经济意识。需要指出的是，这里所谓拥有小块土地的农民主要是指拥有土地从属所有权的纳年贡农民和几乎拥有全部土地所有权的自耕农。

1. 纳年贡的农民（censitaire）。纳年贡的农民是指以年贡方式持有一块份地的农民，这些土地多为中世纪农奴的份地转化而来。他们只拥有所占有土地的从属所有权，而该土地的高级所有权则属于领主即他们的土地需要接受领主的监督管理。这些土地也可以出售、转让，但需要得到领主的同意。13世纪，随着国王司法权的发展，王室法庭介入领主庄园法庭事务。为了削弱领主司法权，王室法庭强化了农民对租地的继承权。而且由于时代久远，领主也很少干涉农民对土地的继承、转让等。到16世纪，租地继承权成为普遍承认的准则，占有土地的农民成为实际上的所有者。到近代早期，纳年贡的农民可将土地出售、转让、捐赠、继承，等等，其拥有的从属所有权几乎相当于现代意义的绝对的不可分的所有权。与现代意义上所有权唯一区别就在于他们需要缴纳年贡和土地转让金等封建费用。近代早期绝大部分农民土地占有者就是指这种纳年贡的农民。大革命时期奥图诺瓦的陈情书将农村第三等级分为

[①] Albert Soboul, *Problème paysans de la Révolution* (1789–1848): *études d'histoire révolutionnaire*, Paris: François Maspero, 1976, pp. 249–250.

第五章　近代早期的土地经营模式

四类：依靠其土地收入过着清苦生活的资产阶级小土地所有者、自耕农、分成制租佃农民和日工。其中关于自耕农的描述如下："自耕农为五人，其家庭负担共约四十人。由于其土地须缴纳高额年贡，承担摊派到土地上的各类劳役，把一切都交完后，所得不到净收入的三分之一；而这其中还要拿一部分出来交付王权税，因此他们的生活并不比下列两类人好多少。"① 这里所指的自耕农明显就是指纳年贡的农民。16 世纪以后，随着领主政治权力的衰弱，纳年贡的农民开始试图摆脱领主的控制，如不纳年贡、抗议缴纳土地转让金等。纳年贡的农民越来越与自耕农类似。

2. 自耕农（alleutier），即自由地持有者。他们拥有所占有土地的绝对所有权，能够自主支配自己的土地而不受约束。他们也无须缴纳年贡、地租、土地转让金等封建费用，因为他们是土地的主人。中世纪，自耕农虽然无须向领主缴纳各种贡赋，但要服从领主的司法裁判权向王室和教会缴纳各种赋税。到 16 世纪，随着王室法庭权力的加强，国王代替领主成为自耕农的保护者和统治者。不过这种游离在庄园之外的自耕农数量十分少。到旧制度末年，仅在多菲内（Dauphiné）、朗格多克、波尔多（Bordelais）和纳韦尔还存有少数自耕农。

无论是纳年贡的农民或是自耕农，他们所占有的土地通常都比较小，仅仅依靠所占有的小块土地根本无法维持生存。在土地肥沃的弗兰德尔地区，一户农民要完全依靠土地为生必须拥有 5 公顷的土地，但在当地只有 16% 的农民达到此数。从全国来看只有 5%—6% 的农民所占有的土地能达到 5 公顷。② 而在其他地方农民要想完全依靠自己的土地为生所需要的土地更多。即绝大部分小农仅仅依靠自己所占有的土地根本无法维持生计。为了生活，小农会租佃小块土地或从事其他工作作为补充。所以在旧制度时期的法国是多种经营方式并存的。近代早期尽管法国也出现土地向大土地所有者集中的现象，但通过租佃制农民依然可

---

① [法]让·饶勒斯：《社会主义史·法国革命：第一卷 制宪会议》（上），陈祚敏译，商务印书馆1989年版，第254页。
② [法]让·饶勒斯：《社会主义史·法国革命：第一卷 制宪会议》（上），陈祚敏译，商务印书馆1989年版，第263页。

以得到小块土地。在弗兰德尔沿海地区，有70%的农民没有土地，但通过租佃方式大部分农民依然可以得到小块土地维持生计，只有1/3的农民没有任何土地耕种。康布雷的无地农民占15%—20%，但只有10%的人没有土地耕种。[①]因此在法国很少出现真正无地可种的农民无产者，也没有出现英国式"羊吃人"的现象。

综上所述，近代早期土地经营是以封建性质的小农的直接经营和半封建半资本主义的分成制租佃为主，定额租佃尤其是资本主义的大农场租佃经营较为少见。而小农的直接经营和分成制租佃在经营规模上都不大，这也决定了法国土地经营以小规模经营为主。18世纪后半叶，资本主义大农场经营获得较为迅速的发展，但总体规模不大，导致法国农业资本主义发展缓慢。不过，分成制租佃和定额租佃这两种租佃经营方式毕竟不同于传统小农的经营方式。它改变了过去农民与土地所有者之间的封建关系，使农民摆脱了封建领主制的束缚。

第三节 土地经营的规模

法国历来被视为一个小农经济为主的国家，但这并不意味着在法国不存在大土地所有制和大规模的土地经营。从土地占有的面积上看，法国既存在大土地所有制也存在小土地所有制，是一个大、中、小土地所有制并存的国家；但从经营规模来看，大规模和小规模土地经营模式并存，但小规模经营占据着绝对主导地位。

一 大土地所有制和小土地所有制

土地经营规模的大小与土地地权分配存在着很大关系。在英国土地比较集中，因此大农场经营占据优势地位。在法国，从土地占有的面积上看，大、中、小土地所有制并存，且中等土地所有者不断减少，土地向大土地所有者和小土地所有者两极集中。

大革命前，按当时人们对土地所有权的定义，全国拥有土地的人数

[①] [法]让·饶勒斯：《社会主义史·法国革命：第一卷 制宪会议》（上），陈祚敏译，商务印书馆1989年版，第264页。

达到350万户家庭以上。根据他们所拥有的土地面积大小，可将其分为八个级别：第一级别的是大地产所有者，共有21456户家庭，共占有190万公顷，平均每户家庭拥有的土地的面积为880公顷。第二级别至第四级别的家庭是中等大小土地的所有者。其中第二级别的家庭有168643户，共占地105万公顷，平均每户家庭拥有的土地面积为62公顷；第三级别的家庭有217817户，共占有48万公顷土地，平均每户占有22公顷土地；第四级别的有256533户家庭，一起拥有30万公顷土地，平均每户占有土地12公顷。第五级别至第八级别的为小土地所有者，他们所拥有的土地都不超过10公顷。第五级别的家庭有258452户，平均每户家庭占有土地约8公顷，共占有20万公顷土地；第六级别的家庭有361711户，共占地18万公顷，平均每户拥有约5公顷土地；第七级别的家庭有567678户，共拥有土地17万公顷，平均每户拥有约3公顷土地；第八级别的家庭户数最多，达到1952701户，但他们所拥有的土地仅19.5万公顷，平均每户家庭所拥有的土地不足2公顷。① 根据上面的数据，大革命前大土地所有者在全国仅有21456户家庭，占全国有产者家庭总数的0.56%，其所拥有的土地达到190万，占全国土地总面积的42.46%左右，即不足1%的人拥有全国50%的土地；中等土地所有者共642993户，占全国有产者家庭户数的16.9%，其所拥有的土地共183万公顷，占全国土地面积的40.89%；小土地所有者人数最多，共有3140542户，占全部有产者户数的82.54%，他们共拥有土地约74.5万公顷，占土地总面积的16.65%。从以上数据可见，当时法国是一个大、中、小土地所有制并存的国家。大土地所有者人数虽少，却拥有全国近一半的土地；中等土地所有者也拥有全国将近40%的土地；而小土地所有者人数最多，他们所拥有的土地仅占全国土地面积总数的17%左右。从所占有的土地面积比例看，应当说当时法国是以大土地和中等土地所有制为主的国家，小土地所有制并不占绝对优势；从人数比例上看，拥有小土地的人数最多，占全国有土地的人口的80%以上。从这一点来看法国确实是一个小土地所有者为主的国家。

---

① 郭汉鸣：《各国土地之分配》，中国地政学会1936年版，第25页。

1460年，郎格多克地区圣-蒂贝里（Saint-Thibéry）村的土地总面积为4569.2瑟泰雷（不包括村中666瑟泰雷的公地）。全村人数总共为189人，其中有8人没有土地。剩下的181人当中，20—100瑟泰雷的中等大小土地的占有者有62人，占总人数的32.8%。他们共拥有全村近一半的土地，为2354.7瑟泰雷；拥有20瑟泰雷以下的小土地所有者人数最多，达到110人。他们共拥有约723.7瑟泰雷土地，即58.2%的人拥有全村15.84%的土地；大土地所有者即拥有的土地大于100瑟泰雷的人全村仅有9人，占全村总人数的0.47%。但他们拥有全村1490.8瑟泰雷的土地，占全村总面积的32.63%。15世纪时，该村大、中、小土地所有制并存，其中中等土地所有者所占土地最多，达到51.53%。① 在该村，小土地所有者人数虽占绝对优势，但他们所占有的土地并不多。1680年，博韦地区的关库尔有98个农民拥有土地，其中3个中农拥有10—16公顷中等大小的土地；94个农民所拥有的土地不足2公顷，其中72人的地产不足1公顷。在库德雷-圣-热尔梅，大、中、小土地并存。大地主拥有约90公顷的土地；拥有8—14公顷土地的中农有9个，约有20个农民所占有的土地在3—8公顷之间；剩下95个小农中有52个农民拥有的土地不足1公顷。② 毫无疑问，从人数上看，博韦地区拥有小块土地的小农占主导。

随着经济的发展，大土地所有者不断积累财富。而小土地所有者所占有的土地由于人口增长等因素而不断细化。在法国，土地呈现两极化发展趋势，土地日益向大土地所有者和小土地所有者集中而中等阶层土地占有者减少甚至消失，即所谓的贫者越贫，富者越富。仍以郎格多克的圣-蒂贝里为例，到1690年，全村人口已经达到357人，土地总面积为4922.3瑟泰雷。其中没有土地的无产者人数达到39人，占全村总人口的10.9%；小土地所有者人数有所增长，达到272人；共占有全村1491.5瑟泰雷土地，但平均每人所拥有的土地为5.48瑟泰雷。而

---

① Emmanuel Le Roy Ladurie, *Les paysans de Languedoc*, Paris：Mouton, 1966, pp.151-152, 811.

② Pierre Goubert, *Cent mille provinciaux au XVIIe siècle：Beauvais et le beauvaisis de 1600 à 1730*, Paris：Flammarion, 1968, p.184.

第五章　近代早期的土地经营模式

1460年时，小土地所有者平均每人拥有的土地为6.579瑟泰雷。中等大小土地的占有者人数大大减少，到1690年仅剩34人，占全部人数的9.52%。他们共拥有1193.5瑟泰雷土地，占全村土地总面积的24.25%。大土地所有者人数有所增长，达到12人，共拥有全村2237.3瑟泰雷的土地，即全村3.36%的人拥有全村45.45%的土地。[①] 平均每人拥有186.44瑟泰雷土地。而1460年时，大土地所有者平均每人拥有土地面积为165.64瑟泰雷。在利耶尔维尔（Lierville）村也同样如此，1715年出身于资产阶级的罗伯特·德·莫内维尔（Robert de Monnerville）购买了利耶尔维尔的土地，成为当地的领主。1725年，利耶尔维尔村总耕地面积为762公顷。其中罗伯特家族拥有392公顷土地，占全村土地面积总数的51.4%；教会占有31公顷土地，占全村土地的4.07%。而全村16个中农和32个短工拥有全村11.5%左右的土地，平均每人拥有土地约为1.82公顷。到1762年，全村土地总面积为737公顷。罗伯特家族所占有的土地已达到501公顷，占全村土地总面积的68%；教会拥有的土地略有增加，达到33公顷，占总面积的4.5%。拥有土地的农民人数减少，总共只有37人，拥有全村约11.2%的土地，平均每人拥有土地2.23公顷。1791年，全村土地总面积为733公顷，略有减少。但罗伯特家族的地产再次扩大，达到521公顷，占全村土地总面积的71%；教会土地减少，仅有26公顷，约占3.6%。拥有土地的农民人数增长，达到44人，但他们所拥有的土地减少，仅拥有全村10.05%的土地，即73.67公顷，平均每人拥有的土地约为1.67公顷。到1811年，罗伯特家族的地产已经扩大到606公顷，全村79.3%的土地都属于原本的领主家庭。[②] 不到100年的时间里，罗伯特家族的土地由392公顷土地增加到606公顷，增加了214公顷。中等阶层土地占有者大量消失，大土地所有者和小土地所有者人数都有所增加。但大土地所有者占有的土地日益扩大，而小土地所有者所占有的

---

①　Emmanuel Le Roy Ladurie, *Les paysans de Languedoc*, Paris：Mouton, 1966, pp. 151 - 152, 811.

②　G. R. IKNI, La terre de Lierville de 1715 à la Restauration, au Albert Soboul dir., *Contribution à l'histoire paysanne de la Révolution française*, Paris：Éditions Sociales, 1977, pp. 251 - 279.

土地日渐缩小。土地呈现两极化发展趋势，土地的集中与分化并存。

18世纪，大土地所有者人数持续增长，其所占有的土地面积也不断扩张。1764年的特罗谢教区，100瑟泰雷以上的地产共有10份，其中包括6个农民，3个资产阶级，以及1份属于教会的产业。到1779年，100瑟泰雷以上的地产增长到19份，其中15份属于农民出身的地主。教会占有1份占地225瑟泰雷28贝尔什的地产。资产阶级地主仍为3人，但他们所占有的土地面积增加，由678瑟泰雷13贝尔什上涨到968瑟泰雷18贝尔什，增加了290瑟泰雷5贝尔什。其中最大的1份地产土地面积超过400瑟泰雷。所占土地面积在10—100瑟泰雷之间的地主于1764年有48人，包括1位贵族和47位农民；到1779年仅剩有38位农民，稍有下降。而1764年占有的土地面积小于10瑟泰雷的人共有12人，到1779年下降到7人。① 从特罗谢教区的统计数据看，当地大土地所有者数量有所增加，尤其是资产阶级大地主所占有的土地面积不断扩大。然而，由于历史原因，在法国大土地所有者所占有的土地十分分散。土地购买者通常是通过不断购买小块土地来扩充自家地产。弗洛拉克（Florac）是一位住在中央高原地区某个城镇的土地食利者。1663年，他通过与一位女继承人结婚而获得5块喀斯（causse）高原的领地，其中包括21块组合的小块土地（大部分是葡萄园和园圃），8块小土地（主要是耕地和果园），以及另外7块零散土地。32年后，他成功地扩充家族产业，又增加了一小块亚麻地、一小块葡萄园，3个园圃和12块林地。② 如果想发展英国式的大农场经营模式，这种过于分散的土地占有模式对土地经营者而言是一个巨大的挑战。

大革命前，法国是一个大土地所有制与小土地所有制并存的国家，土地的集中与分化并存。随着大革命的到来，土地集中的趋势被打断。作为大革命的支持者，农民获得大量土地，小土地所有制在大革命后进一步得到强化。

---

① Jean Loutchisky, *La propriété paysanne en France à la veille de la Révolution*, Paris: Honoré Champion, 1912, p. 39.

② P. M. Jones, *Politics and Rural Society: the Southern Massif Central c. 1750 – 1880*, Cambridge: Cambridge University Press, 1985, p. 39.

二 土地经营的规模

尽管在大革命前法国确实存在着大土地所有制,且土地也日益向大土地所有者集中。但由于这些大地产分布零散,且在经营方式上以小规模的分成制租佃和传统小土地所有者的直接经营为主,因此法国土地的经营规模上不可能太大。小土地的分成制租佃经营和小土地所有制盛行。根据土地经营规模大小,我们可以将其分为几种。

第一种,大规模经营农场。大规模土地经营的农场土地一般属于贵族、教会或大资产阶级,也有些农村富裕农民能拥有面积如此广阔的农场。大规模经营农场所占有的土地一般超过50公顷,主要采用定额租佃方式经营,或由农场主自己直接经营。在普瓦图部分地区,这种大规模农场也采用分成制租佃方式,但目前仅在普瓦图地区发现。土地面积超过100公顷的属于超大农场,基本上集中在巴黎盆地附近。如法兰西岛的让·纳瓦尔几个农场共占地754公顷,几乎每个农场占地都超过100公顷。大农场主不仅是农场的经营者,也多是大土地所有者。大农场的生产主要是面向市场,几乎完全采用资本主义生产方式,带有资本主义性质。大农场主经济实力雄厚,在乡村享有较高的社会地位。不少大农场主的生活与贵族相当。

第二种,中等规模经营的农场。这种农场的土地面积一般在10—50公顷之间。农场主通常自己也拥有少量土地,另租用大土地所有者的部分土地,主要采用分成制租佃和定额租佃的方式获取。如犹太城(Villejuif)的路易·克雷泰(Louis Crété)自己就拥有15阿庞的土地,另租佃教会60阿庞的土地,形成中等规模的农场。[1] 中等规模的农场主自己也拥有少量牲畜和工具来保障土地的耕种,如4头牛、2匹马。他们的生产除满足自家消费以外,一般略有剩余可投向市场。

第三种,小规模经营的土地,包括绝大部分分成制租佃田、小定额租佃农场和小农占有的土地。这种经营模式所占土地面积最小,但也是分布最广的经营模式。一般小土地经营的规模不超过10公顷,且大多

---

[1] Michel Puzelat, *La vie rurale en France XVIe – XVIIIe siècle*, Paris: SEDES, 1999, p. 31.

数情况下其土地面积不足 2 公顷，属于微小规模的经营。小土地经营者所经营的土地既有属于自己的土地，也有通过分成制租佃或定额租佃得来的土地。如 1600 年维苏的皮埃尔·古热（Pierre Gouget）拥有不足 2 阿庞土地，另租佃了 1/3 的葡萄园。① 由于规模小，小土地经营的生产主要是为了满足自家生活消费和缴纳赋税，与市场的联系少。

由于在经营方法上分成制租佃与小农经营占主导，大部分农场经营规模都不会很大。即使在大农场比较集中的北方地区也多为小规模经营。在北方，桑布尔（Sambre）和利斯（Lys）之间，60%—70% 的经营农场都在 1 公顷之下，20%—25% 的经营农场在 1—5 公顷之下。在弗兰德滨海省，少于 5 公顷的经营农场构成全部农场的 60%。② 在阿图瓦，土地面积不超过 5 公顷的农场占全部农场总数的 3/4，其中 10% 或 15% 的农场为 5—100 公顷；另有 10% 的农场面积约在 10—40 公顷；只有极少数农场规模超过 40 公顷。③ 在南方分成制租佃地区也存在大规模经营，但以中小规模的经营农户为主。如普瓦图的加蒂纳村中 130 个分成制佃农，其中占有土地 15—25 公顷的佃户共有 40 人；占有土地 25—60 公顷的佃户共有 74 人，占全部佃农人数的 56.6%；占有土地超过 60 公顷的佃农共有 17 人，占全部佃农人数的 13%。④ 可见加蒂纳村中，大、中、小规模的经营农户并存，但中小规模经营农户在数量上占主要地位。且这些中小规模经营的地产也常常被分成很多份小块土地。如在茹拉山区（Le Montage jurassienne），一块 2.4 公顷的农民小地产被分成 32 份小块土地。在维瓦赖（Vivarais），一块小地产可分为 10—20 块小地产。⑤ 这种土地分布方式使得土地经营规模的扩大受到极大限制。

---

① Michel Puzelat, *La vie rurale en France XVIe – XVIIIe siècle*, Paris：SEDES, 1999, p. 31.

② Albert Soboul, *La France à la veille de la Révolution：éconimie et société*, Paris：SEDES, 1974, p. 225.

③ Jean Gallet, *Seigneurs et paysans en France 1600 – 1793*, Rennes：Éditions Oust-France, 1999, p. 203.

④ Louis Merle, La métairie de la Gâtine poitevine sous l'Ancien Régime, *Études de Géographie Agraire*, Norois N3, 1954, pp. 241 – 266.

⑤ Michel Puzelat, *La vie rurale en France XVIe – XVIIIe siècle*, Paris：SEDES, 1999, p. 27.

第五章　近代早期的土地经营模式

利耶尔维尔同样如此，既存在大规模经营也存在小规模经营，但以小规模经营为主。1762年，利耶尔维尔共有731.5公顷的土地用于耕种，农场数达到45个。其中0—1公顷的农场有13个，占地5.5公顷，占全部土地面积的0.6%；1—5公顷的农场有18个，占地36.5公顷，占全部土地面积的5%；5—10公顷的农场数仅有1个，占地6.5公顷，约占有全村0.8%的土地；10—40公顷的农场有8个，共占地153公顷，约占全部土地面积的21%；40—100公顷大小的农场有3个，占地174公顷，约占全部土地面积的24%；100公顷以上的农场仅有2个，占地356公顷，约占有当地48.6%的土地。① 根据上面数据可知，在利耶尔维尔少于10公顷的小农场共有32个，占全部农场总数的71.1%，即约一半的农场属于小规模经营农场。这22个小农场占地48.5公顷，约占全部土地面积的6.63%；中等大小的农场约有8个，仅占全部农场数的17.78%，占全部土地面积的21%；40公顷以上的大规模农场共有5个，仅占去全部农场数的11.1%，却占有全村72.45%的土地。

在经营规模上，土地也呈现向两极化发展趋势。中等阶层人数减少，大规模经营的农场主和小规模经营的佃农增长。到1791年，利耶尔维尔中等规模的农场数目减少，大农场和小农场都有所增长。当时全村共有52个农场，经营726公顷的土地。其中0—1公顷的农场有23个，所占土地面积为6.5公顷；1—5公顷的有15个，共占有土地36公顷；5—10公顷的有3个，共占地22.5公顷；10—40公顷的农场有5个，占地68公顷；40—100公顷的大农场有4个，占有230公顷的土地；100公顷以上的农场依然为2个，占有334公顷的土地。② 小于10公顷的小农场数量明显增长，达到41个，占全部农场数的78.84%，尤其是土地面积小于1公顷的小农场数目大幅增加，达到23个。与此同时，他们所占有的土地却几乎没有增长。平均每户所租佃的农场面积

---

① G. R. IKNI, "La terre de Lierville de 1715 à la Restauration", au Albert Soboul dir., *Contribution à l'histoire paysanne de la Révolution française*, Paris：Éditions Sociales, 1977, pp. 251 – 279.

② G. R. IKNI, "La terre de Lierville de 1715 à la Restauration", au Albert Soboul dir., *Contribution à l'histoire paysanne de la Révolution française*, Paris：Éditions Sociales, 1977, pp. 251 – 279.

持续下降，由 0.423 公顷下降到 0.283 公顷。中等大小农场数目由 8 个减少到 5 个，其平均面积也由原来的 19.125 公顷下降到 13.6 公顷。大农场数目略有上升，由 1762 年的 5 个增长到 6 个。在朗格多克的莱斯皮冈（Lespighan），1492 年时占地 66 英亩以上的农场数目仅有 5 个，占有耕地 1112.4 英亩；占地 12—24 英亩的农场数目为 59 个，占有耕地 1659 英亩；小于 12 英亩的农场数目为 39 个，占有耕地 219 英亩。到 1607 年，占地 66 英亩以上的农场数目增长至 12 个，占有耕地 1624.8 英亩；占地 12—24 英亩的农场减少到 44 个，占有土地 1239.6 英亩；小于 12 英亩的农场增加到 115 个，所占有的耕地增长到 498.6 英亩。[①] 在短短 115 年间，大农场数目增加 7 个，土地面积增长 512.4 英亩。在 1492 年时，平均每个大农场的土地面积为 222.48 英亩，到 1607 年平均每个大农场的土地面积 135.4 英亩，稍有下降。中等大小的农场减少了 15 个，土地面积减少 419.4 英亩。小佃农的数目增长最快，增加了 76 人，土地面积增长 279.6 英亩。但其所占有的土地平均面积由 5.62 英亩减少到 4.34 英亩。从农场数目看，大农场和小农场都有所增长，中等规模的农场数目减少。且小农场所占土地面积进一步缩小，大农场兼并了大片土地。随着法国大革命的到来，大农场没有迎来迅速发展的时期。在农民的支持下，小规模经营继续长期保留。

---

① ［英］M. M. 波斯坦主编：《剑桥欧洲经济史：近代早期的欧洲经济组织》（第五卷），郎丽华等译，经济科学出版社 2002 年版，第 122 页。

第六章 大革命时期土地私有制的确立

1789年7月14日，巴黎人民攻占巴士底狱从而标志着法国大革命①爆发。作为法国近代史上最为重要的一个历史事件，法国大革命不仅影响了整个近代法国社会的历史也对整个世界产生重要影响。作为一个农村人口占优势的农业大国，土地问题是大革命的一个核心问题。土地问题能否妥善解决不仅关系着大革命的成败，也对日后法国乡村社会组织、农业经济和农民生活等方方面面都产生重要影响。大革命时期有关土地问题的解决主要涉及两个方面：封建权利的废除和地权的分配。其最终目的要废除土地上附着的旧的封建关系，将过去那种层层占有的土地转变为近代意义上的土地私有制度。

第一节 大革命时期的土地政策

大革命爆发初期，农民尚未引起国民会议代表们的关注。但在革命爆发后，农民却以极大的热情投身革命运动。法国各地都爆发农民暴动，他们拒绝缴纳年贡、实物地租、什一税等封建税负，举行抗租抗税活动。大革命爆发后，抗租抗税成为农村普遍现象，不少地区甚至出现农民暴动反抗封建压迫。在诺曼底西部、埃诺和上阿尔萨斯等地，农民冲进领主的庄园别墅，没收和烧毁了各种封建契约，强行取消古老的领

---

① 关于大革命的结束时间存在着多种看法，有学者认为大革命于1804年结束；有学者认为应当包括拿破仑帝国时期即1814年才结束。本书采纳后一种观点，即大革命时期是从1789年大革命爆发到1814年拿破仑帝国的结束。

主权。正是在不断发展的农民运动的压力下,资产阶级不得不考虑处理土地问题,满足农民的需求。资产阶级政权颁布一系列土地法令,宣布废除各种封建权利,将农民和土地从封建束缚中解放出来,并最终在法律上确立了近代意义上的土地私有权。

一　八月法令

1789年8月4日晚,诺瓦耶子爵(le Vicomte de Noailles)率先在国民会议(l'Assemblée nationale)上提出要求废除封建权利。这一提议当晚就得到与会代表的热烈响应。代表勒·冈·德·克朗加尔(Le Guen de Kerangal)在会前就表示:"(要)告诉人们你们将废除奴役的法令……"[①] 从5—11日,国民会议代表们纷纷讨论了有关封建权利及土地的问题,并于11日形成最终提案,这就是著名的八月法令。八月法令的颁布揭开了大革命时期解决土地问题的序幕。

在八月法令第一条,国民会议就宣布要彻底打破封建制度,"国民会议,彻底粉碎封建制度,并宣布在封建的或年贡的权利与义务方面,无论是与实物或人身永久管业权,人身奴役有关的权利和义务,还是代表这一切的权利和义务,均无条件废除,其他一切权利和义务则可以赎买,赎买的价格和方式将由国民会议决定。上述权利中未被本法令取消的部分年贡将继续征收,至少到完全清偿为止"[②]。

根据法令的第一条,封建权利被分为两种:无条件废除的封建权利和可赎买的封建权利。其中按规定属于无条件废除的封建权利主要有:1. 诸如永久管业权、封建徭役等旧的封建奴役权利。2. 领主的狩猎权、养鸽权、禁猎区等各种象征着领主身份各种封建特权;以及领主通过禁令权强迫农民使用领主的磨坊、压酒器的费用;砍伐森林或河塘捕鱼交纳的各种费用等。庄园法庭也被无条件废除,但在政府建立起新的司法体系之前旧司法人员继续保留岗位。3. 什一税,然而在法律尚未就公

---

① Jean Gallet, *Seigneurs et paysans en France 1600–1793*, Rennes: Éditions Oust-France, 1999, p. 248.

② [法]雷吉娜·佩尔努:《法国资产阶级史》(下),康新文等译,上海译文出版社1991年版,第280页。

第六章 大革命时期土地私有制的确立

开祭礼作出规定前,人们必须按照旧的方式交纳什一税。可赎买的封建权利主要是指各种封建租税,如年贡、庄园什一税,以及各种额外租税如土地转让金等。法令第六条宣称所有的永久地租,无论是实物形式的还是货币形式的,无论是什么种类的,无论它们的起源是什么,无论它们应由谁来承担,它们都要赎买。庄园什一税也同样如此。赎买的比率日后由国民会议确定,在此之前农民需要继续缴纳封建租税。在最后,法令还宣布"要采取保护措施在未来将不再产生任何不许补偿的租金"[①]。这实际上为各种封建租税的继续存在提供了法律依据,也断绝了农民的所有幻想。

从上述法令内容可以看出,八月法令并没有实现其第一条所称的"彻底废除封建制度"的宣言。八月法令废除了各种封建劳役、农奴制、永久管业权等,使农民获得人身自由。实际上这只是废除了一些基本已不复存在的封建制度。本书在第二章中已提及在18世纪的法国绝大部分农民实际已获得人身自由,仅在弗朗什-孔泰等地存在着大约100万的农奴残余。且1779年政府也曾宣布于王室领地废除永久管业权,并号召其他领主也追随政府的行为。狩猎权等领主特权曾引起农民的强烈不满,但这些并不是农民最重要的负担,只是让农民感觉愤怒的特权象征。且当时不少富裕农民早已突破了这些特权限制,如17世纪末法兰西岛的大农场主让·纳瓦尔就在自家农场设立了鸽舍。随着革命形势的发展,农民已自发突破领主禁令权的限制。1790年3月,国民议会才正式废除禁令权,而此时绝大部分地区的农民已经不再使用领主的磨坊并开始组建农民自己的磨坊和烤炉等。什一税的废除确实减轻了农民的负担,然废除什一税的主要受益人是大土地所有者而不是佃农。他们依然将各种租税附加于土地地租中。而农民最关心的问题还是各种封建租税。因为在18世纪占有土地的法国农民已基本被视为所占有土地的主人,提醒他们土地不完全属于他们最主要的标志就是年贡、土地转让金等封建租税。八月法令颁布后,农民依然需要缴纳各种封建租税,其土地所有权实际上依旧是不完整的。梅林·德·杜埃(Merlin de

---

[①] Ph. Sagnac et P. Caron, *Les comités des droits féodaux et de législation et l'abolition du régime seigneurial (1789–1793)*, Paris: Imprimerie Nationale, 1905, p. 2.

Douai）认为"在破坏封建制度时，我们没有打算要剥夺采邑的合法土地所有者他们的所有权，但我们已改变了这些财产的性质：从此以后（它们）从封建法中解放出来，（但）它们依然服从地产法"①。但对农民来说，无论是服从封建法还是地产法，年贡、土地转让金等封建租税的存在依然是其土地所有权不完整的标志。琼斯（P. M. Jones）指出所有这些改革都只是改革意图的一种表现，且几乎所有这些法令在具体执行前都需要进一步制定法令。②

法令出台后，国王路易十六一直拒绝承认，八月法令迟迟无法获得批准。直到1789年9月21日，路易十六在巨大的压力下才不得不批准该法令，并确定于11月3日执行。

二 1790年3月15日法令

八月法令出台后，国民会议立即组织成立封建委员会来负责具体相关法令的制定。其成员包括当时一些著名的封建法学家如梅林·德·杜埃、弗朗索瓦·德·特龙歇（François de Tronchet）和古皮·德·普雷费勒纳（Goupil de Préfelne）。次年3月15日，委员会根据八月法令的精神颁布了有关封建权利的废除和赎买的具体方法及相关规定，这就是1790年3月15日法令。

根据委员会的核心成员、封建法学家梅林·德·杜埃的意见，3月法令依旧将封建权利分为两种：属人权（droit personnel）和属物权（droit réel）。前者是封建动乱时期领主从公共财产中霸占的权利或公共出让的权利或靠暴力确立的权利，是领主篡夺的公共权利。在封建动乱时期，因为领主为农奴提供了军事庇护、司法管理等公共服务，这些权利是合理的回报。到近代，领主既然已经不再为农民提供保护，这些封建权利就应当无偿地被废除。这些权利主要包括荣誉权、司法权、永久管业权、奴役权、狩猎权、禁猎区、养鸽权、市场权、道路费等。属物权被认为是领主最初将土地转让给农民所获得的权利，这些权利均属于

---

① Gérard Walter, *Histoire des paysans de France*, Paris：Flammarion, 1963, p. 380.
② P. M. Jones, *The Peasantry in the French Revolution*, Cambridge：Cambridge University Press, 1988, p. 82.

第六章 大革命时期土地私有制的确立

领主合法的正当的收入，因此必须通过赎买方式才能获得解放。年贡、庄园什一税等封建年费和土地转让金等临时费用都属于需要赎买的权利。至于需赎回的权利种种事项全部由领主单方面确定。倘若领主的地契在1789年大恐慌时期被烧毁，领主只需找到10个证人证明其在1789年前的30年里拥有该土地就可被认定具有这块土地的所有权。而农民要想拒绝支付赎买费用就必须提供证据证明这块土地是领主采取非法手段侵占的而不是领主转让的。对领主而言，找到足够的证人证明自己曾拥有这块土地并不是难事；但对农民而言，要想证明土地是领主早年非法侵占的却是很难的事情。

1790年5月，封建委员会颁布了确定具体赎买方式和赎买价格的方案。根据法令的规定，以货币支付封建年费的土地的赎买价为年产值的20倍，以实物形式交纳封建费用的土地的赎买价为年产值的25倍。土地转让金等临时费用则应支付转让金比率的5倍。其定价基准或按土地等级定价，或依据协议定价，是其购买价格或实际价值乘以土地转让金比率的5倍。若当地土地转让金的比率为1/12，这块土地的购买价格假设为100利弗尔，则农民购买土地时交纳的土地转让金为8.34利弗尔。而假设农民需要赎买这块土地则土地转让金的比例提升到5/12，农民需交纳41.67利弗尔。农民可单独赎买自己的土地，若拥有多块土地也可分开赎买。但每块土地上所有的封建权利必须一起赎买，在赎买金全额交纳前农民必须继续交纳这些封建租税。共同所有人可分开赎买临时费用但必须共同赎买年贡等封建年费。此外农民还须补交30年来拖欠的各种费用。如此苛刻的赎买标准使普通小农赎买地产几乎成为一件不可能的事情。

1791年9月9日，夏朗德滨海省（Charente-maritime）一个土地占有者的代理人在帕耶（Paillé）城堡公证人的陪同下向领主提出申请，希望能赎买8茹尔纳勒（Journal）[①]土地。这块土地每年每茹尔纳勒的产量约为3斗，年总产量为24斗（boisseaux）[②]。按赎买前14年间所有小麦的两个最高价和两个最低价之间的平均价格折算，每斗平均价格为

---

① 茹尔纳勒（Journal），古代土地面积单位，相当于一人一天能耕作的面积。
② 斗（boisseau），容量单位，1斗为12.5升。

317苏6德尼埃，3斗小麦的价格为1012苏6德尼埃，即每年每茹尔纳勒的年产值约合1012苏6德尼埃。由于这块地是以实物形式交纳，赎买比率为25倍，即每茹尔纳勒的土地须交纳25312苏6德尼埃。再加上土地转让金的赎买费用，每茹尔纳勒的赎买费用总共为28618苏2德尼埃。①若按每利弗尔约合20苏的比率计算，约为1431利弗尔。那么8茹尔纳勒土地的赎买价将达到上万利弗尔。购买者以指券和货币混合的方式支付了这笔高额赎买费用。封建赋税的赎买不仅赎买金额高，所需赎买的内容也是五花八门，如免费磨麦的权利等。1791年6月1日，加尔郡阿莱镇批发商普朗蒂埃·弗朗索瓦赎买了圣贝尔纳－圣克莱尔修道院一笔封建地租的收取权，即7赛提埃面粉的地租和在阿莱镇的新磨坊免费磨16袋小麦的权利。为此，普朗蒂埃为这笔地租收取权"所付代价却很少"，"仅"支付2100利弗尔。②全国须赎买的封建租税估计达到1.2亿利弗尔。③若按20倍的比率计算则农民总共需要支付24亿利弗尔，若按25倍的比率计算则需要支付约30亿利弗尔。这样一笔如此巨大的数目是普通农民根本无法提供的，因此各地赎买封建租税的人都十分少。到1791年，波尔多地区总共只有547次赎买，其中赎买封建年费的总费用为11万利弗尔，赎买额外租税的总费用为39万利弗尔。④而在其他区尤其是乡村地区赎买所得的费用就更少，塞纳地区的卡尼（Cany）区仅有4起赎买，迪珀（Dippe）区仅有10次，科德贝克（Caudebec）仅有21次，蒙蒂维利耶（Montivilliers）区总共有60起封建权利的赎买。⑤真正能赎买土地的多是那些大地产主、资产阶级。

---

① J.-N. Luc, Le rachat des droits féodaux dans le départment de la Charente-Inférieure (1789 - 1793), au Albert Soboul dir., Contributions à l'histoire paysanne de la Révolution française, Paris：Édition Sociales, 1977, p. 317.

② ［法］让·饶勒斯：《社会主义史·法国革命：第一卷 制宪议会》（下），陈祚敏译，商务印书馆1995年版，第131页。

③ Gérard Walter, Histoire des paysans de France, Paris：Flammarion, 1963, p. 389.

④ Jean Gallet, Seigneurs et paysans en France 1600 - 1793, Rennes：Éditions Oust-France, 1999, p. 254.

⑤ PH. Gougard, L'abolition de la féodalité dans le district de Neufchâtel (Seine - Inférieure), au Albert Soboul dir., Contributions à l'histoire paysanne de la Révolution française, Paris：Édition Sociales, 1977, p. 367.

根据吕克（J.-N. Luc）对下夏朗德（Charente-Inférieure）地区封建赎买的统计，1789—1793年整个地区的赎买共349份，其中市民的赎买能力远远超过农民。市民中，3%的土地赎买价低于50利弗尔，40%的赎买价超过500利弗尔，其中有24%的赎买超过1000利弗尔。而农民很少能拿出超过200利弗尔的钱来赎买土地，56%的赎买均价于500利弗尔。① 大多数农民实际上根本无法通过赎买方式获取完整的土地所有权。1790年3月法令也没有完全解决农民的土地问题。

三 1792年和1793年法令

1790年法令的出台没能解决农民最关心的土地问题，也没能完成八月法令中所宣称的"完全废除封建制度"的口号。国民会议坚持该法令，并对农民的反抗行为予以镇压。这更加激起农民的不满情绪，农民在领主的城堡前竖起绞架以警告那些准备去赎买封建权利的富农，向领主和政府抗议。为了得到农民的支持，逐渐失势的吉伦特派决定采取更为激进的措施。

1792年2月29日，库东（Couthon）在国民会议上提议不应再有需要赎买的封建费用，除非是那些能提供证据证明土地费用最初就建立在确实的土地授予基础上或建立在双方都认可的基础上的。4月，国民会议就开始就农民问题展开激烈讨论。1792年6月18日，议会颁布法令决定无条件废除土地转让金等临时费用和年贡等封建年费。议会在法令第一条宣称，国民会议取消1790年3月15日法令中第三章第1条和第2条的规定，以及所有相关的法令规定，无条件废除一切临时费用、年贡费用、封建费用等。因为这些封建权利都是不合法的，不合理的。除非领主能提供证明其征收的各种费用是合法的原始证书。仅在这种情况下，上述所有费用才能继续征收，农民也可以赎买这些费用。其余情况下，一切封建费用均被无条件废除。8月20—27日，议会又颁布多项法令再次强调土地转让金等封建租税被无条件废除，除非能提供证据证

---

① J.-N. Luc, Le rachat des droits féodaux dans le départment de la Charente-Inférieure (1789 – 1793), au Albert Soboul dir., *Contributions à l'histoire paysanne de la Révolution française*, Paris: Édition Sociales, 1977, pp. 329 – 331.

明其最初的土地转让是合法的。而早在1789年春，农村已经出现农民的反抗运动。大革命爆发后，农村的反抗运动进一步发展。在此期间，大量领主被攻击，城堡被烧毁。而领主的各种契据也多被烧毁。所以，这一条法令的出台对领主而言是极为不利的。到大革命后期，绝大多数领主根本拿不出最初的土地转让契约书。而对农民来说，六月法令到八月法令实际上废除庄园什一税、土地转让金等封建租税，也就是废除了土地封建所有权的象征。这也标志着农民基本上获得了完整的土地所有权。"从此以后，法国的土地从封建特权中解放出来，除了那些由私人协议所确立的和法律所支持的那些。旧制度时的格言'nul terre sans seigneur'（没有土地没有领主）……被废除。"[1] 此外，即使农民需要赎买各项租税也无须所有费用一起赎买，所有赎买都可分开进行，各项临时费用也可一项项赎买，这大大减轻了那些缺少资金的小农的负担。

1793年，雅各宾派上台，走向更加激进的改革道路。同年7月17日，国民公会（Convention nationale）颁布法令宣布"所有以前的庄园租金、封建费用、年贡费用、固定的和临时费用，以及由去年8月25日法令保留的那些费用全部无条件废除"[2]，即使领主能提供原始证书，其土地上的封建权利也被废除，但排除了那些纯粹土地收益且非封建性质的地租。第6条规定以前领主、公证人等所持有的那些封建地契必须全部被烧毁。在8月10日前所收集的地契证书应当在市政委员会和乡村共同体委员会的组织下于10日当天当众烧毁，其余的必须在法令颁布后三个月内全部被烧毁。第7条规定若有人窝藏、窃取那些理应被烧毁的地契证书的底稿或副本，处以五年监禁。至此，土地所附着的封建权利被完全废除，"农民的地权才充分的解放"[3]。1804年，《拿破仑法典》颁布，正式确定了"所有权是对于物有绝对无限制地使用、收益

---

[1] P. M. Jones, *The Peasantry in the French Revolution*, Cambridge: Cambridge University Press, 1988, p. 92.

[2] Ph. Sagnac et P. Caron, *Les comités des droits féodaux et de législation et l'abolition du régime seigneurial (1789–1793)*, Paris: Imprimerie Nationale, 1905, p. 775.

[3] ［法］施亨利：《十八九世纪欧洲土地制度史纲》，郭汉鸣译，正中书局1935年版，第154页。

及处分的权利"① 的概念,为农民新获得的土地私有权提供法律保障。

第二节 大革命时期的地权转移

大革命时期封建权利的废除使农民的人身及土地获得解放,土地所有权得到承认,农民确立了对土地真正的所有权。然农民所占有的土地通常都较小,仅仅依靠一块土地农民甚至连温饱问题都难以解决,更难保证自己"经济独立"的地位。索布尔指出,"仅仅解放农民的人身,甚至解放土地,都是不够的。还必须使农民获得土地所有权,以保证他们的经济独立;否则,废除封建制对农民来说有成为'一场空'的危险"②。因此,土地问题需要解决的第二个难题就是如何使农民获得更多土地,实现地权转移。为此,革命政府主要采取了两种方式:出售国有财产和分配公地。

一 国有财产的出售

大革命时期,为缓解财政压力,国家将没收的所有财产予以出售即国有财产(Biens nationaux)的出售。起初,国家出售的主要是教会的财产及一部分王室财产。1792年后,逃亡贵族、嫌疑犯、拒绝宣誓的教士等人的财产也被纳入国有财产的行列。国有财产出售虽然没有彻底改变法国土地占有结构,但也在很大程度上实现了地权转移,影响了日后法国土地制度的发展。

1789年大革命爆发后,国民会议就遇到严重的财政困难。为解决迫在眉睫的财政问题,塔列朗(Talleyrand)等人提出国家可将教会财产收为己有,因为教会不同于其他财产所有人,教会的财产来自国民的捐赠,国民拥有支配这些财产的广泛权利。11月2日,米拉波(Mirabeau)再次向议会提出要求没收教会财产。当天议会以568票赞成、346票反对的绝对优势通过了米拉波的提案,决定将教会财产收归国有,并将其出售。1790年5月14日,议会颁布法令确定了所出售财

---

① 李浩培等译:《拿破仑法典(法国民法典)》,商务印书馆2006年版,第72页。
② 王养冲编:《阿·索布尔法国大革命史论选》,华东师范大学出版社1984年版,第93页。

产的范围、出售的具体方法和价格等。根据5月14日法令,国有财产被分为三类:1. 耕地、草场、葡萄园等土地及庄园,附属的房屋和其他财物;2. 货币形式支付或实物形式支付的地租或贡赋,以及其附属的额外税赋;3. 其他财产,但森林除外。财产的出售由各市镇负责组织,在各区的首府举行拍卖。但为防止所出售的土地价格过低,议会还规定了每种财产底价的定价方法。第一类财产的底价为其纯收入的22倍;第二类财产中以实物方式支付租税的财产底价为纯收入的20倍;以货币方式支付租税的财产底价为纯收入的15倍;第三类财产底价另行确定。[①] 起初,为了扩大购买者的社会范围,鼓励农民购买土地,土地被分成小块出售,并且允许分期付款。购买者依据所购买的土地种类首期分别支付12%—30%不等的首付款,其余部分可于12年内分期偿还。随着债务问题进一步恶化,这项有利于小农的规定被取消。1790年11月,分期付款的年限由12年缩短为4年半,并且禁止市镇将土地拆散出售。雅各宾派上台后,为争取农民的支持再次提出分散出售。1790年底,国有财产的出售正式开始,到1792年,各地均出售大量教会资产。如在上马恩省,从1790年底到1792年将近3.9万公顷的原教会土地被转手,约占该省可耕种土地的1/10。[②] 在斯特拉斯堡(Strasbourg),所没收来的国有财产土地总面积的1/3是在1791年被出售的。[③]

1792年初,逃亡贵族、嫌疑犯和拒绝宣誓的教士的财产也被纳入国有财产的范畴。同年12月,各地政府开始出售其动产。1793年6月3日,国民公会正式颁布法令宣布将逃亡贵族的不动产予以出售。这标志着国有财产的出售正式进入第二阶段。为获取农民的支持,法令规定将逃亡贵族产业尽可能地分成小块出售,且将付款期限延长到10年。不过不少地方的市镇政府并没有完全听从议会的指示。如多姆山省

---

① [法]让·饶勒斯:《社会主义史·法国革命:第一卷 制宪议会》(下),陈祚敏译,商务印书馆1995年版,第133—134页。

② P. M. Jones, *The Peasantry in the French Revolution*, Cambridge: Cambridge University Press, 1988, p. 155.

③ G. Lefebvre, "Les recherches relative à la vente des biens nationaux", *Revue d'Histoire Moderne*, T. 3e, No. 15, 1928, pp. 188–219.

第六章　大革命时期土地私有制的确立

（Puy-de-Dôme）的官员们就无视该法令，继续将土地"打包"出售。[①]此外，为照顾无地或少地的农民，法令规定，在那些没有任何公地可供分割但有逃亡贵族的财产遗留的村庄，所占有的土地不足1阿庞的小农家庭每户可获得约1阿庞（约为0.5公顷）的一小块土地，但每年需要向政府支付一定的租金。不久后，随着财政形势进一步恶化，议会再次改变态度，禁止将土地分成小块出售。1796年，议会决定将土地拍卖的地点改在各省首府，不便于农民参与拍卖。不过从1795年起，国有财产的出售已经接近尾声。1802年拿破仑上台后，执政府要求停止出售逃亡贵族的财产，并将尚未出售的财产归还给他们。但国有财产的出售依然继续进行，直到19世纪20年代才结束。

国有财产的出售最初是为了解决财政问题，从这一点考虑，这次财产出售可以说获得巨大成功。政府所出售的土地价格通常都要高出土地原本的底价数倍。不过底价是依据土地的纯收入确定的，而纯收入是根据地租计算的，且政府已将税收从地租中扣除，这大大降低了土地的底价。后期，不少农民使用贬值的指券购买土地，政府出售土地所获得的实际收入可能需要重新估算。"有块土地原先定为四千二百十二利弗尔，此价一点也不低，但却卖了一万一千利弗尔……"，"有个园子每年的租金为四百利弗尔，结果却卖了一万一千五百利弗尔"。[②] 在托利尼昂（Taulignan），160份出售的国有财产中有88份土地高出其估价2倍以上，其中有10块土地的价格高出原估价的5倍以上。[③] 到1791年10月1日，诺尔省所出售的财产起初估价为23345164利弗尔，却卖出了40897386利弗尔的价钱；到1792年，加莱省所出售的土地估价为34886871利弗尔，出售价为53370055利弗尔；到1792年1月，下塞纳省，所出售的土地估价为20277079利弗尔，出售价为37174637；到1791年12月31日，上马恩省所出售的土地估价为10794503利弗尔，售

[①] P. M. Jones, *The Peasantry in the French Revolution*, Cambridge: Cambridge University Press, 1988, p. 159.

[②] ［法］让·饶勒斯：《社会主义史·法国革命：第一卷 制宪议会》（下），陈祚敏译，商务印书馆1995年版，第136页。

[③] Gérard Béaur, *Histoire agraire de la France au XVIIIᵉ siècle: inerties et changements dans les campagnes françaises entre 1715 et 1815*, Paris: SEDES, 2000, p. 50.

价为19681605利弗尔；上加龙省到1791年11月1日为止所出售的土地估价为10285414利弗尔，售价为14976601利弗尔。到1790年12月30日，巴黎共出售了80份不动产，估价为1841263利弗尔，售价为3183250利弗尔。①

由于法国土地本身较零散，因此在出售时政府鼓励将土地变成大块地"打包"出售，真正将土地分成小块出售的时间很短。如1791年，蓬图瓦兹地区于尔叙利内（Ursulines）出售55公顷土地，就包含82块地产，获利6.3万利弗尔。1793年，蓬图瓦兹地区圣母教堂的6块地被出售，共占地10公顷，获利4.32万利弗尔。同年，皮瑟教会所出售11公顷土地，获利4.32万利弗尔，而这块地是由34块小份地组成。②1794年10月，克莱蒙-弗朗（Clermont-Ferrand）区共拍卖了663份逃亡贵族的财产，只有19份土地的价格接近贫苦农民能购买的价格——500利弗尔。③为了获得土地，少地或无地农民常常通过合伙购买土地然后再将土地分割的方法以得到小块土地。1791年，普饶16户农民合伙购买了维尔纳夫乡查尔特女修院的一块土地，花费525利弗尔。1791年3月30日，普绕一个由农民、商人和手工业者组成团体集体购买了圣阿泰姆庄园。该团体成员共105人，为此花费13万利弗尔。1791年3月12日，来自普绕乡和维尔纳夫乡的106人共同以153688利弗尔的价格买下了圣布鲁诺分成制租佃的庄园。④合买土地的现象如此严重，以至于议会于1793年4月24日颁布法令禁止农民联合购买土地。"如果一个公社的全部或大部居民集资合伙购买出售的土地，然后再在这些居民中重新分配，将被看作是欺诈行为并将因此受到惩罚。"⑤有时，

---

① ［法］马塞尔·穆里蓬：《大革命时期国有财产的出售》，巴黎1908年版，第83—84页，转引自陈崇武、王耀强《法国大革命时期教会财产出售初探》，《世界历史》1992年第1期。

② Albert Soboul, Problème paysans de la Révolution (1789–1848): études d'histoire révolutionnaire, Paris: françois Maspero, 1976, p. 254.

③ P. M. Jones, The Peasantry in the French Revolution, Cambridge: Cambridge University Press, 1988, p. 155.

④ ［法］让·饶勒斯：《社会主义史·法国革命：第一卷 制宪议会》（下），陈祚敏译，商务印书馆1995年版，第161—162页。

⑤ ［法］雷吉娜·佩尔努：《法国资产阶级史：近代》（下），康新文等译，上海译文出版社1991年版，第286页。

第六章　大革命时期土地私有制的确立

资产阶级、富农或大农场主购买了大地产而后将土地分成小块出售给农民从中获取利润。当然也有不少大农场主、资产阶级购买多块小份土地，并将其组合成大农场，扩大自身土地经营规模。

由于资料缺乏，大革命时期法国究竟有多少土地实现地权转移目前尚没有确切的统计数据，只能大致估计总体情况。大革命前，教会所占有的土地大概占全国土地的6%—10%，其总价值估计为30亿利弗尔。而这一时期所出售的逃亡贵族不动产的价值约为十几亿利弗尔，大约相当于教会财产的一半。以此推算，这一时期所出售的土地约占全国土地总面积的9%—15%[1]，也就是说大概450万—750万公顷的土地被转让给他人，具体出售情况各地差异极大。在康布雷西，44%的土地被出售；而阿泽布鲁克（Hazebrouk）区，12.5%的土地被转手；在诺尔省，所出售的土地占该省土地总面积的25%；而在圣戈当（Saint-Gaudens）区，仅有3.6%的土地被出售。[2] 各地所出售的教会产业和逃亡贵族产业也多有差距，多数地方所出售的财产中教会财产占多数。在萨特（Sarthe）地区，将近6.5万公顷教会土地被出售，占该地区土地总面积的10%。此外，另有1862处住宅被出售。在芒（Mans）地区，所出售的教会土地比例达到该地区土地总面积的16%；萨布莱（Sablé）或西莱-勒-纪尧姆（Sillé-le-Guillaume）区所出售的教会土地约为13%；在弗雷内（Fresnay）和弗莱什（la Flèche）附近，所出售的教会土地约占土地总面积的5.6%和5.7%[3]；在蒙彼利埃，3.2%的土地作为教会财产被出售；在贝济埃（Béziers），所出售的教会地产占该区土地总面积的4%；朗德地区的圣塞弗尔（Saint-Sever）和塔尔塔（Tartas）两区中，这个比例分别降到2.63%和0.33%[4]。所出售的逃亡贵族地产略

---

[1] Gérard Béaur, *Histoire agraire de la France au XVIIIe siècle：inerties et changements dans les campagnes françaises entre 1715 et 1815*, Paris：SEDES, 2000, p. 52.

[2] G. Lefebvre, "Les recherches relative à la vente des biens nationaux", *Revue d'histoire Moderne*, T. 3e, No. 15, 1928, pp. 188–219.

[3] Gérard Béaur, *Histoire agraire de la France au XVIIIe siècle：inerties et changements dans les campagnes françaises entre 1715 et 1815*, Paris：SEDES, 2000, p. 52.

[4] P. M. Jones, *The Peasantry in the French Revolution*, Cambridge：Cambridge University Press, 1988, p. 160.

少于教会地产。蒙彼利埃地区，1.8%的土地作为逃亡贵族的地产被出售；贝济埃地区，所出售的逃亡贵族的地产占全区总面积的2.2%；而在圣塞弗尔区和塔尔塔区，分别有4.51%和1.69%的土地作为逃亡贵族的地产被出售。①

从以上数据我们可以得出结论，大革命实现了一次土地所有权的大转移。但在这个过程中，谁是受益者？谁的利益受到损害呢？在这个过程中，教会和贵族阶层是被打击对象。他们所占有的土地都大大减少，获利者主要应该是农民和资产阶级。传统观点认为，资产阶级获得了所出售的国有财产的绝大部分，农民尤其是小农所获甚少。勒费弗尔依据其对诺尔地区的研究发现，在诺尔地区农民获得的土地更多，改变了过去的看法。应当说资产阶级和农民在这个过程中获得多少土地是因地而异的。到1792年底，拉昂区共出售了4.3万—4.4万阿庞土地，其中乡村人口得到2.32万阿庞，而资产阶级或者说市民阶层获得1.88万阿庞，剩余880阿庞被贵族和教士所购买。乡村人口所购买的土地占全部出售土地的53.5%，而资产阶级获得44.2%的土地，教士和贵族仅得到约2.3%的土地。② 1790—1793年，康布雷西地区的农民购买了1.6万公顷的土地，而资产阶级仅得到约1600公顷土地；在凯努瓦（Quesnoy），农民购买了6000公顷土地，资产阶级获得640公顷；而在瓦朗谢讷（Valenciennes），有将近8000公顷土地落入农民手中而资产阶级仅获得2800公顷土地；阿韦讷（Avesnes），农民获得的土地为4000公顷，资产阶级仅得到850公顷。③在对全国126个区的抽样调查中，1/4的地区里农民所购买的土地超过出售土地总数的40%；1/3的地区内不足20%的所出售土地被农民购买去。其中，东北部地区如阿尔萨斯和勃艮第以及诺尔地区，农民所得到的土地较多。在沙蒂永（Châtillon）区，农民购买了73%的土地；在蒂尔河畔伊斯区（d'Is-sur-

---

① P. M. Jones, *The Peasantry in the French Revolution*, Cambridge: Cambridge University Press, 1988, p. 160.

② Jean. Loutchisky, *La petite propriéte en France avant la Révolution et la vente des biens natioanux*, Pairs: Honoré Champion, 1897, pp. 82–83.

③ G. Lefebvre, *Question agraires au temps de la Terreur: documents publiés et annotés*, La Roche-sur-Yon: Henri Potier, 1954, p. 18.

第六章　大革命时期土地私有制的确立

Tille），农民购买的土地份额为68%；在瑟米尔（Semur）区和圣-迪齐耶（Saint-Dizier）区，农民都得到约60%的土地。西部地区，农民购买的土地份额较少。大城市周边尤其是巴黎附近，农民所拥有的土地份额很少，如凡尔赛（Versailles）周边地区农民得到的土地不足10%。[1]

农民整体购买实力薄弱，购买者众多但所购买的土地多为小块土地。如塞诺内地区的桑斯县，土地购买者中有393位是资产者，914位是农民。资产阶级所购买的土地达到2.015559万垧[2]，而农民购买了1.125406万垧土地。桑斯县914位农民买主平均每户才得到12.31垧土地。此外，资产阶级还购买了114处房产，农民仅购得12处。[3] 拉昂区，3020位农村居民（包括农村的资产阶级、手工业者、农场主等）购买了约1.2万阿庞的土地。[4] 这样算下来平均每户所得土地仅为3.97阿庞。到1793年，诺尔省8490个农民购买了4.3万公顷的土地，2143个资产阶级得到了2.2万公顷土地。农民所获的土地的平均面积仅为5公顷，而资产阶级平均获得近10公顷土地。[5] 且农民所购买的土地中，大农场主、大土地所有者获利更多。大革命时，蓬图瓦兹的皮瑟村出售了68公顷土地，其购买者全部是该村及附近地区的富农和大农场主，其中农场主托马森（Thomassin）获利最多。在5年中，他从皮瑟和附近村庄共购得74公顷的土地。大农场主迪普雷（Dupré）也得到11公顷的土地。[6]

无论如何，大革命时期国有财产的出售使数百万公顷的土地在短短

---

[1] Gérard Béaur, *Histoire agraire de la France au XVIIIᵉ siècle：inerties et changements dans les campagnes françaises entre 1715 et 1815*, Paris：SEDES, 2000, p. 54.

[2] 垧，计算土地面积的单位，各地不同，东北地区一垧一般合一公顷（十五市亩），西北地区一垧合三亩或五亩。

[3] ［法］雷吉娜·佩尔努：《法国资产阶级史：近代》（下），康新文等译，上海译文出版社1991年版，第287页。

[4] Jean. Loutchisky, *La petite propriété en France avant la Révolution et la vente des biens natioanux*, Pairs：Honoré Champion, 1897, pp. 83, 87.

[5] P. M. Jones, *The Peasantry in the French Revolution*, Cambridge：Cambridge University Press, 1988, p. 157.

[6] Albert Soboul, *Problème paysans de la Révolution（1789－1848）：études d'histoire révolutionnaire*, Paris：françois Maspero, 1976, pp. 254, 261.

几年内实现地权转移,这是一次大的土地所有权重新分配活动。在这个过程中,农民获得大片土地,许多农民第一次成为土地的主人。勒费弗尔估计约有诺尔省约3万农民参与国有财产的出售,其中1/3的农民第一次成为土地所有者。[1] 大革命使农民土地所有权得到加强。

二　公地分割

1793年法令完全废除了土地上附着的封建权利,解放了法国农民及其土地,确立了农民的土地所有权。而国有财产的分割使一大批农民获得土地,农民土地所有权得到强化。此时,乡村共同体成为革命政府接下来必须解决的问题。如何解决这个问题? 如何削弱乡村共同体强制轮作和强制放牧的公共地役权? 各村庄的公地应当如何处理? 这些都是革命政府所面临的一个难题。

法国历来是一个以小农为主的国家,传统小农势力比较强大。大革命前,法国也曾出现圈地运动。尤其是18世纪后半叶,在重农主义者的推动下,王室政府颁布法令推动改革,试图改变古老的公共地役制,削弱公地的集体所有权,积极促进资本主义大农场经济的发展。但这次改革由于反对势力过于强大而失败。到大革命时期,"如果允许自由行动的话,农村中大部分人愿意回到旧有集体耕作方式上去"[2]。受到重农主义影响的资产阶级信奉"所有权是神圣不可侵犯的"原则,反对乡村共同体的公共地役制。制宪议会成员厄尔托·德·拉梅尔维尔就曾建议将"土地的独立"列为宪法第一条。[3] 大革命爆发后,国民会议继续前人的事业,积极推动土地私有化,将土地从共同体的公共权利中解放出来。1790年6月,议会表示反对恢复过去已经废除的任何公共权利。1792年9月28日,国民会议再次颁布法令宣布允许圈地,允许自由耕作、自由经营,禁止强制性轮作。但法令并没有废除公共放牧权,旧制

---

[1]　G. Lefebvre, *Les paysans du Nord pendant la Révolution française*, Bari, 1959, pp. 514 – 521, 转引自 P. M. Jones, *The Peasantry in the French Revolution*, Cambridge: Cambridge University Press, 1988, p. 160.

[2]　[法]马克·布洛赫:《法国农村史》,余中先等译,商务印书馆1991年版,第257页。

[3]　[法]马克·布洛赫:《法国农村史》,余中先等译,商务印书馆1991年版,第258页。

度时没有废除过路权的地方也允许其保留该权利。不过土地所有者在公共牧场放养牲畜的权利受到限制，其放养牲口数量必须与他们圈围的土地成比例。法令宣称土地就如同居住在这里的人们一样自由，土地所有者有权决定他们种植什么，在哪里种植，有权决定是将土地出售还是保留。从以上内容来看，1791 年法令只废除了乡村共同体强制性轮作的封建权利，并没有完全取消公共放牧权。19 世纪，公共牧场在法国长期存在，土地的集体所有权依然保留。不过在此之后，不少乡村共同体在大革命的推动下也开始考虑取消共同体公共权利的问题。到 1889 年 11 月 21 日，第三共和国政府才正式颁布法令取消公共放牧权。当时全国还有 8000 多个市镇依然反对取消公共放牧权，并向政府抗议。政府被迫再次让步，宣布公共放牧权的取消与否由各共同体自己决定。

公共牧场是乡村共同体中贫困居民重要生活补充，其存在的基础就是村庄中的公地。旧制度末年，法国约有 16% 的土地属于公地。[①] 当时全国土地面积约为 5000 万公顷，按此推断公有地大约达到 750 万公顷。如何处理如此庞大数量的公有地确实是大革命时期的一个关键问题。在 1790 年 8 月，议会代表厄尔托·德·拉梅尔维尔（Heurtaut de Lamerville）建议将公有地分给那些具有公地使用权的人。议会采纳了他的意见，但就土地分割方式迟迟没有达成一致意见。1791 年 11 月，为调查各省关于公地分割的态度和意见，国民会议的农业委员会向各省政府发去了一份调查信。从反馈回来的情况看，结果不容乐观。35 个省当中，仅有 15 位省长表示支持分割公地，但就分割形式存在不同意见；有 18 个省长表示反对，另有 2 个省长官态度冷漠。尽管形势不佳，议会依然决定进行改革。[②] 1792 年 8 月 14 日，吉伦特派上台后促使议会通过法令分割公地（林地除外），但法令没有规定具体的分割办法。1793 年，雅各宾派上台后推行有利于农民的政策。同年 6 月 10 日，国民公会通过有关分割公地的法令。其中规定除了森林、矿山和公共区域以外，所有的公地

[①] Noelle Plack, *Common Land, Wine and the French Revolution: Rural Society and Economy in Southern France c. 1789 – 1820*, Farnham: Ashgate, 2009, p. 133.

[②] 参见 P. M. Jones, *The Peasantry in the French Revolution*, Cambridge: Cambridge University Press, 1988, pp. 140 – 141.

按人头在全村人中平分，不分年龄、性别和身份。未成年人也可分得一部分土地，可暂时由其父母掌管，直到其14岁。分成制佃农和定额佃农由于不是当地村民，不能参与公地的分割。考虑到农民的抵触情绪，政府强调该法令不是强制性的，是否分割土地完全由各乡村共同体自己决定。若村庄中1/3以上的年满21岁的男女成年居民都投票赞成，当地才能进行公地分割。农民所分得的土地在未来十年内不能被出售。此外，法令还宣布废除1669年的"三分法"，要求领主将以前侵占的公有土地归还，除非领主能证明所获土地是购买所得。两年后，迫于农民的压力，政府不得不宣布暂停公地分割法令。1803年，执政府正式废除公地分割法令，但承认已经分割的公地。

1793年法令的出台本身是为了维护小农的利益，但法令出台后就立即遭到农民强烈抵制，也有不少地区表示支持。法令在各地执行情况不一，总体上看大革命时期真正进行公地分割的依然是少数。在上马恩省，波旁（Bourbonne）区56个乡村共同体中有31个表示支持公地分割，仅有20个执行；肖蒙（Chaumont）区81个乡村共同体中，有27个共同体期望将公地分割，但仅有3个共同体实际执行；茹安维尔（Joinville）区有8个乡村共同体将公地分割，另有1个表达了这种愿望。[1] 加尔（Gard）省385个乡村共同体中，仅有25个共同体投票赞成，其中18个共同体真正实现分割。[2] 北方经济发达地区赞成公地分割的乡村共同体要多于南方经济落后地区。在北方，诺尔省671个乡村共同体中，有31个共同体真正推行该法令；科多尔（Côte-D'or）省727个乡村共同体中有约50个共同体分割了公地。而在南方，上阿尔卑斯省182个乡村共同体中没有一个村庄实现公地分割；阿尔代什省334个乡村共同体中仅有5个真正将公有地实现分割。[3] 当然不是每个乡村共同体都拥有公地，科多尔省沙蒂永区107个共同体中仅29个共同体拥

---

[1] Gérard Béaur, *Histoire agraire de la France au XVIIIe siècle: inerties et changements dans les campagnes françaises entre 1715 et 1815*, Paris: SEDES, 2000, pp. 90 – 91.

[2] 参见 Noelle Plack, *Common Land, Wine and the French Revolution: Rural Society and Economy in Southern France c. 1789 – 1820*, Farnham: Ashgate, 2009, pp. 67 – 68.

[3] 参见 P. M. Jones, *The Peasantry in the French Revolution*, Cambridge: Cambridge University Press, 1988, pp. 150 – 151.

有公地,其中有约 15 个乡村共同体在 1793 年后实现了公地分配;塞纳-奥兹省(Seine-et-Oise)埃唐普(Etampes)区 78 个乡村共同体中,有 17 个拥有可分的公地,其中仅有 2 个村庄将公地分割。① 尽管这次改革运动最后以失败告终,对比大革命之前的农业改革运动,1793 年法令已经取得不小的成就。根据普拉克(Plack)对法国 20 个省的统计数据,1793 年后有近 2000 多个村庄将公有地进行分割。分割公地的现象增加且分布遍及全国,影响较大,大量公有土地落入个人土地所有者手中。更重要的是 1793 年法令推动日后乡村共同体圈地运动的发展,为 19 世纪公地的分割提供了一个范例。不少地区正是在 1793 年法令的推动下才决定分割公地,如奥兹(Oise)省在 1793 年之前只有 40 个村庄实行公地分割,然而在 1793 年之后有 109 个乡村共同体分割了公地。②

公地的分割使一部分农民获得一部分土地,加强了农民对土地的占有权。奥兹省有将近 3 万人参与了这次土地分割。③ 由于是按人头均分公地,每个人能获得土地不可能太大,这也进一步促进小土地所有制的发展。1794 年,勒芒(Léman)省三个公共农场被共同体村民分割。但这次分割采取出售方式,三个农场获利 28489 利弗尔 10 苏。这笔资金被分成 850 份,由当地村民平分,每份为 33 利弗尔 10 苏。若分成小块土地进行分割,每份土地也不超过 12 亩。④ 泰齐耶尔(Théziers)村,超过 100 名当地居民根据 1793 年法令将大革命前他们已经清理的土地进行分割,每块地 10—100 亩不等,平均每块地约为 30 亩。⑤ 当然,这些土地最终都会落入富有资产者手中。农民所获得的这些小块土地后也多被大土地所有者收购。1793 年勒芒省的马赖(Le Maray)森林被分

---

① P. M. Jones, *The Peasantry in the French Revolution*, Cambridge: Cambridge University Press, 1988, pp. 150 – 151.

② 参见 Noelle Plack, *Common Land, Wine and the French Revolution: Rural Society and Economy in Southern France c. 1789 – 1820*, Farnham: Ashgate, 2009, pp. 67 – 68.

③ Gérard Béaur, *Histoire agraire de la France au XVIIIe siècle: inerties et changements dans les campagnes françaises entre 1715 et 1815*, Paris: SEDES, 2000, p. 90.

④ Paul Guichonnet, "Biens communaux et partages révolutionaries dans l'ancien département du Léman", *Études Rurales*, No. 36, 1969, pp. 7 – 36.

⑤ Noelle Plack, *Common Land, Wine and the French Revolution: Rural Society and Economy in Southern France c. 1789 – 1820*, Farnham: Ashgate, 2009, p. 135.

成了354份小块土地，到1860年减少到58份，1935年为57块地。[1]土地的集中与分化并存。

1813年3月20日，为解决财政问题，拿破仑要求将森林、牧场以及公共区域以外的公地和公有住宅拿去拍卖。拍卖所得全部归国家。政府每年向共同体支付所出售土地价值5%的年金作为补偿。据估计，这次公地的出售大概涉及10万公顷土地，约占公地总面积的2%。[2] 1813年后，加尔省约有价值1940879法郎的公地被政府没收，其中出售了价值963229法郎的公地，至少有3699公顷的土地被出售。参与这次公地出售的有76个乡村共同体，而这个数据要高于1793年法令颁布后分割公有地的乡村共同体数量，当时仅有18个共同体分割了公地。

1789年法国大革命虽然没有如人们所期望的那样彻底摧毁古老的乡村共同体。在很多方面，革命政府不得不屈从农民的威胁，采取妥协的措施。但大革命所出台的一系列措施已大大限制了共同体的公共权利，尤其是强制性轮作的取消给予了土地所有者自由经营、自由耕种的权利，加强了土地的个人私有权。而公有地的分割虽然当时遇到极大阻力，但也使农民获得一部分土地，进一步强化了农民土地所有权，尤其是小农的土地所有权。1730—1738年，北方萨瓦地区约有159万茹尔纳勒的公地，到1835年这个数据降到120万茹尔纳勒，也就是说在这一百年内约有1万公顷的公有土地被侵占或分割。[3] 大革命前，法国大约有16%的土地属于公地，到1846年公地占全国土地总面积的9%，共4718656公顷。[4] 半个世纪内，公地的比例由16%降到9%。公地减少，公共权力也受到限制，传统的土地集体所有制逐渐削弱。

---

[1] Paul Guichonnet, "Biens communaux et partages révolutionaries dans l'ancien département du Léman", *Études Rurales*, No. 36, 1969, pp. 7–36.

[2] Gérard Béaur, *Histoire agraire de la France au XVIIIᵉ siècle: inerties et changements dans les campagnes françaises entre 1715 et 1815*, Paris: SEDES, 2000, p. 94.

[3] Paul Guichonnet, "Biens communaux et partages révolutionaries dans l'ancien département du Léman", *Études Rurales*, No. 36, 1969, pp. 7–36.

[4] Noelle Plack, *Common Land, Wine and the French Revolution: Rural Society and Economy in Southern France c. 1789–1820*, Farnham: Ashgate, 2009, p. 133.

第三节 小农经济的发展

资产阶级革命本质上是资产阶级领导下的农民战争,因此资产阶级革命也必须解决农民问题、满足农民的要求。作为法国大革命重要的参与者和支持者,法国农民从中也得到不少"好处",获得了大量土地。小土地所有制得到巩固,法国特色的小农经济继续缓慢发展。

一 大革命后的土地制度

土地是农业的基础,也是农民问题的关键。大革命时期,封建权利的废除解放了农民和土地,使过去占有土地的佃农成为土地真正的主人,获得土地所有权。国有财产的出售和公地分割则将土地所有权实行再分配,改变了大革命前的土地占有结构。关于大革命前各阶层分别占有多少土地,目前学界没有较为精确的统计。但可以肯定,旧制度末年教会和贵族是土地的最大占有者。据估计,大革命前教会约占有全国6%—10%的土地;贵族所占有的土地份额约为20%—25%;农民手中持有全国25%—35%的土地。关于资产阶级所占有的土地份额,各学者的争议比较大,其比例在12%—30%不等。大革命后,原有的土地占有结构发生急剧变化。教士作为一个阶级已经消失,教会所占有的土地也被全部出售。贵族在大革命中遭到沉重打击,其拥有的土地曾大量流失。但帝国时期及复辟王朝时期,逃往贵族的财产得到一定的恢复和补偿。据估计大革命时期,贵族所持有的土地中约有1/5被侵占和出售[1],即贵族所拥有的土地降为16%—20%。总体上,贵族依然保持雄厚的经济实力。1811年洛泽尔省内,前30位纳税大户中有26位是旧制度时的贵族。[2] 农民和资产阶级从前两个阶级手中获得大量土地。诺尔省的情况很有代表性。1789—1802年,农民所占有的土地比例由

---

[1] Peter Mcphee, *A Social History of France, 1789 – 1914*, New York: Palgrave Macmillan, 2004, p. 98.

[2] P. M. Jones, *The Peasantry in the French Revolution*, Cambridge: Cambridge University Press, 1988, p. 255.

30%上升到42%，资产阶级由16%上升到28%，而贵族所占有的土地比例则由22%下降到12%，教会所占有的土地被全部出售，由20%变为0。在整个诺尔省，农民所获得部分超过了12%。①

农民获得大量土地是大革命时期的一个重要成就也是大革命后土地占有结构的特点之一。大革命前，农民约占有全国25%—35%的土地。到督政府时期，农民已经拥有全国一半的土地②，比革命前增加了25%—15%的土地。大革命前拉昂区的蒙（Mons）村，贵族拥有近53阿庞的土地，教士拥有89阿庞，资产阶级拥有169阿庞，农民占有58阿庞。几年时间内，农民获得了62阿庞87弗尔热（verge）③的土地。其拥有的土地达到121阿庞，比大革命前增长了近2倍。沙耶瓦（Chaillevoix）村，大革命前农民仅占有全村13.6%的土地，约28阿庞；而大革命之后，农民所占有的土地达到42阿庞，占全村土地总面积的20.29%。④土地所有者的数量迅速增长。据估计，1825年全国土地所有者的数量已经超过650万户；到1850年，这一数据达到750万户以上。⑤大革命之前的南部中央高原地区，约50%的农民既是土地的占有者，也是耕作者；到1882年，89%的土地耕作者都拥有土地。⑥1862年，南部中央高原地区自己拥有土地的农民数量最多，如洛泽尔省有14533户，阿韦龙省有54272户，阿尔代什省35047户，上卢瓦尔省41035户。此外还有大量自己拥有少量土地但通过租佃他人土地或做日工来补充生计的小农，总数分别为10052户、28699户、21288户、19492户。而完全没有土地的佃农或日工总数分别为5195户、11280

---

① 王养冲编：《阿·索布尔法国大革命史论选》，华东师范大学出版社1984年版，第96页。
② [法]雅克·戈德肖：《督政府时期的日常生活》（La vie quotidienne sous le Directoire），转引自[法]让·蒂拉尔《拿破仑时代法国人的生活》，房一丁译，上海人民出版社2007年版，第9—10页。
③ 弗尔热（verge），古代土地面积计量单位，相当于0.1276公顷。
④ Jean. Loutchisky, *La petite propriéte en France avant la Révolution et la vente des biens natioanux*, Pairs: Honoré Champion, 1897, pp. 96 - 100.
⑤ Albert Soboul, *Problème paysans de la Révolution (1789 - 1848): études d'histoire révolutionnaire*, Paris: François Maspero, 1976, p. 300.
⑥ P. M. Jones, *Politics and Rural Society: the Southern Massif Central c. 1750 - 1880*, Cambridge: Cambridge University Press, 1985, p. 39.

户、15376 户、12553 户。① 从数量上看，大革命之后大多数农民都成为有产者。大革命确实改变了农民的土地占有结构，大量农民获得土地，其中绝大多数都是拥有小块土地的小农。

据 1825 年的税收记录，当时全国大约有 10296693 位土地所有者依据土地价值缴纳税收，所交总税额为 237538260 法郎。其中，8024987 位土地所有者所交纳的税收不足 20 法郎，占全部土地所有者人数的 77.94%。但他们所交纳的税收总额仅 40365685 法郎，占所交纳总数额的 16.99%。交纳的税赋在 20—300 法郎之间的共有 2169078 人，占全部人数的 21.07%。他们共交纳了 130458040 法郎，占总税额的 54.91%。所交税额在 300 法郎以上的有 102628 人，不足总人数的 1%。他们共交纳了 66714535，占总税额的 28.1%。② 根据以上数据，19 世纪的法国小土地所有者人数占人口的绝对多数，但所占有的土地份额偏少。1862 年，全国共有土地所有者 6248000 人。其中小土地所有者为 558 万人，共拥有 1480 万公顷土地，平均每人拥有 2.65 公顷土地；中土地所有者人数为 633000，共拥有土地 2120 万公顷，平均每人拥有 33 公顷的土地；大土地所有者 34700 人，共拥有土地 9455000 公顷，平均每人拥有 273 公顷。③ 按这个数据推算，全国 6248000 位土地所有者平均每人仅拥有约 7.28 公顷土地。其中小土地所有者人数占全部土地所有者人数的 89.31%，他们所占有的土地约占全部土地面积的 32.56%；中土地所有者占全部土地所有者人数的 10.13%，所拥有的土地约占土地总面积的 46.63%；大土地所有者人数比例仅为 0.56%，他们所拥有的土地却占全部土地面积的 20.8%。从上述数据分析得出，大革命之后的法国中小土地所有者无论在人数还是所拥有的土地面积方面都具有绝对优势。而大土地所有制与大革命前相比有所下降。在大革命前，不足 1% 的大土地所有者人数拥有全国 42% 的土地；中等土地所有者也拥有全国将近 40% 的土地；而小土地所有者人数虽多，他们所

---

① 数据参考 P. M. Jones, *Politics and Rural Society: the Southern Massif Central c. 1750 - 1880*, Cambridge: Cambridge University Press, 1985, p.41.

② 数据参考 Peter Mcphee, *A Social History of France, 1789 - 1914*, New York: Palgrave Macmillan, 2004, p.147.

③ Gérard Walter, *Histoire des paysans de France*, Paris: Flammarion, 1963, p.405.

拥有的土地仅占17%左右。从占有土地的人数看，大革命前后小土地所有者都占绝对优势，且大革命之后小土地所有者的数量迅速增长；但从所占有的土地面积看，大革命后的法国是一个以中、小土地所有制为主的国家。当然大革命并没有完全摧毁大土地所有制，大革命后的法国依然是大、中、小土地所有制并存的国家。

直到19世纪后半叶，法国大土地所有制才得到较为迅速的发展，但依然保留着人数众多的小土地所有者。1882年，全国估计有1800万人生活在农村，其中，500万人以上没有任何土地或所拥有的土地在1公顷之内，100万人所拥有的土地约1—2公顷，100万多人所拥有的土地在2—5公顷，所拥有的土地在5—10公顷的有529500人，372320位土地所有者所拥有的土地在10—30公顷之间，65710人所拥有的土地在30—50公顷之间，43587人所拥有的土地在50—100公顷之间，土地面积在100—200公顷之间的有18720人，200公顷以上的土地所有者有10482人。最后一类的大土地所有者所拥有的土地总面积达到800万公顷，而所有土地不足1公顷的小土地所有者总共才拥有约250万公顷土地。而当时统计全国土地所有者所拥有的土地面积为4900万公顷，即10482人拥有约1/6的可耕地，而500万小农所拥有的土地不足1/20。[①] 土地日益向大土地所有者手中集中。

综上所述，大革命废除了土地封建权利，解放了农民土地，改变了封建时期的土地所有权观念。同时，它也彻底摧毁了古老的土地占有结构。从占有土地的社会阶层来看，教士阶层所占有的土地几乎完全消失，贵族所占有的土地也持续减少，资产阶级和农民所占有的土地份额上升。从占有土地的面积看，大革命前的法国其实是以大土地所有制为主，大、中、小土地所有制并有的国家，而大革命之后却是中、小土地所有制占绝对主导地位的国家。小土地所有制盛行，在此基础上的小农经济缓慢发展。

二 大革命后小农经济的发展

大革命是法国近代史上最重要的历史事件，大革命的爆发也改变了

---

① Gérard Walter, *Histoire des paysans de France*, Paris: Flammarion, 1963, p.421.

第六章　大革命时期土地私有制的确立

法国社会整个面貌,农村社会的面貌也焕然一新。"当我到达丰特夫罗尔(曼恩-卢瓦尔省)时,我被它自1789年以来的巨大变化惊呆了。无数的田地被开垦出来,上面种植着各种作物。妇女、小孩从各处收集肥料来改良土壤。这些土地从前在修道院手中时,因其天然的贫瘠,曾被认为是无法种植的。它们开始时被大块大块地出售,然后无产的普通短工们又一小块一小块地买下。曾以疲沓、懒散著称的短工,如今变得勤劳而积极。这些曾经的无产者几乎都有了几块地。此外还有茅屋和地窖。有的人已经收获了大量的葡萄,能够出售15—20桶的葡萄酒。他们中的一个人,10年前以50法郎的低廉价格买得了一块位于山坡上,被认为无法耕种的地,有80公亩大小。经过开垦、种上葡萄后,就在我眼前,他以2230法郎重新售出了。"①

一方面,大革命废除了封建权利,清除所有的封建残余,使农民获得了解放。在大革命之后,近代意义的土地私有权得以确立,农民享有绝对的排他的财产权利。而大革命时期对乡村共同体公共权利的限制和废除也使农民可以自由经营、自由耕种。马克·布洛赫指出,"从那时起,地产主的所有权就成了一项不可动摇的原则,在保留某些地方习惯的同时,它已被认为是合法的"②。过去束缚土地的一切封建制度基本被大革命扫除。

另一方面,大革命出售国有财产和分配公地使全国近15%的土地实现了土地所有权的再分配。农民和资产阶级从中获得大量土地,大量无地农民也从中获得一部分土地,成为土地的主人。大革命后,小农经济的发展成为法国近代农业发展的特色。19世纪初期,位于南方中央高原的洛泽尔省有29%的农民所拥有的土地不足1公顷。直到1882年,洛泽尔省仍有10763户农民所拥有的土地不足1公顷,约占总数的29.8%。就全国的情况而言,在1882年有2671667户农民家庭所占有的土地不足1公顷,约占全国总数量的43.25%,即将近一半的农民所拥有的土地不足1公顷。而所拥有的土地大于500公顷的地主在1882

---

① [法]沙贝尔:《关于法国经济活动的分析》(*Esssai Sur L'activité économique en France*),第87页,转引自[法]让·蒂拉尔《拿破仑时代法国人的生活》,房一丁译,上海人民出版社2007年版,第9—10页。
② [法]马克·布洛赫:《法国农村史》,余中先等译,商务印书馆1991年版,第260页。

年全国仅有217个，数量极少。① 可能还不及大革命前大土地所有者的数量。从人数上看，大革命后拥有不足1公顷土地的小土地所有者占绝对优势。但必须指出的是，在这个过程中，资产阶级、农场主、富农获利更多。实际上，大革命时期有利于小农的土地出售方法所实行的时间很短，大部分时候政府一直强调要求将土地"打包"出售，禁止以小块地方式出售土地。但由于法国农村原本的小农经济的基础，资产阶级、富农等人在购买土地后没有用于土地经营，而是将其分成小块出售。应当说小土地所有制的形成并不是大革命时期资产阶级改革者的愿望，而是由法国原本的土地制度所决定的。

无论如何，大革命之后法国小农经济得到巩固和强化。在从封建主义向资本主义转型的过程中，法国走了一条法国式小农经济的道路。而这一时期的小农已不同于大革命前的小农。在大革命后，小农的土地经营方式和耕作方式发生变化，资本主义生产经营方式悄悄进入农村，推动了19世纪法国农业经济的发展。

在土地经营方式上，大革命前法国的土地经营是以小农的直接经营和分成制租佃为主，尤其是分成制租佃的盛行是近代早期法国农业经营的特殊现象。而大革命后，这种半封建半资本主义性质的经营方式突然迅速衰落。与此同时，采纳定额租佃方式的土地所有者以及拥有自己土地的自耕农迅速增加。1862年，纯粹的分成制佃农人数为201527户，另有203860户农民家庭既是土地所有者又以分成制租佃方式租赁一小块土地。两者合计405387户。而全国自己拥有一块土地又以定额方式租佃土地的佃农就达到648836户。② 这比采纳分成制租佃方式的全部农户多出243449户。到1882年，全国自主地持有者人数为215.1万人，农场主（定额佃农）人数为96.8万人，而分成制租佃农人数最少，仅为34.2万人。③ 大革命后，即使在曾经分成制租佃最为盛行的

---

① 数据参见 P. M. Jones, *Politics and Rural Society: the Southern Massif Central c. 1750 - 1880*, Cambridge: Cambridge University Press, 1985, pp. 36 - 37.

② 数据参见 P. M. Jones, *Politics and Rural Society: the Southern Massif Central c. 1750 - 1880*, Cambridge: Cambridge University Press, 1985, pp. 38, 41.

③ ［法］克拉潘：《1815—1914年法国和德国的经济发展》，傅梦弼译，商务印书馆1965年版，第188页。

第六章　大革命时期土地私有制的确立

南部中央高原地区，分成制租佃也不可避免地衰落了。1880 年，分成制租佃在阿韦龙省和洛泽尔省已基本灭绝。在阿尔代什省，分成制租佃存在的时间稍长一点，但衰落的趋势也十分明显。与此同时，雇用工人耕作土地的地主们在洛泽尔省和上卢瓦尔地区却变得越来越多。① 据1911 年的统计材料，全国自耕地为 17934 公顷，占土地总面积的 55%；分成制租佃地 48569 公顷，仅占 15%；定额租佃地 98006 公顷，占 30%。② 在不少地方，分成制租佃方式已经消失。带有资本主义性质的定额租佃经营方式以及拥有自家土地的自耕农经营方式获得发展。

在耕作制度上，大革命虽然没有彻底解决乡村共同体的问题，但是冲击了传统乡村共同体的集体所有权，推动 19 世纪法国式圈地运动的发展。大革命后，传统的轮作制越来越受到挑战，人工牧场有所发展。耕作方法上，新技术尤其是农业机械也逐渐进入农村，改变了农村社会的面貌，农业生产率也有所提高。如 1831 年马耶纳（Mayenne）地区的休耕地为 15 万公顷，到 1845 年已下降到 10 万公顷。与此同时，其产量却由每公顷 13 公升上升到每公顷土地 14 公升小麦。1836—1850年，杜布（Doubs）地区的人工草场从 1.3 万公顷上涨到 3 万公顷；而当地小麦的产量也增长了 25%。③ 1840—1846 年，伊莱-维莱纳（Ille-et-Villaine）地区谷物类作物产量增长了 20%。休耕地面积大大减少，人工草场有所发展。1840 年时，休耕地约为谷物类作物种植面积的47.7%，到 1848 年已下降到 33%。④

各种农业生产均有所发展，种植业、畜牧业等的产量、产值均有所发展。如葡萄种植业在 19 世纪前半叶已基本达到现在的生产水平。1840 年，酒的产量达到 3600 万百升，即 36 亿升；到 1848 年达到了

---

① P. M. Jones, *Politics and Rural Society: the Southern Massif Central c. 1750 – 1880*, Cambridge: Cambridge University Press, 1985, pp. 38 – 39.
② 郭汉鸣：《各国之土地分配》，中国地政学会 1936 年版，第 33 页。
③ Peter Mcphee, *A Social History of France, 1789 – 1914*, New York: Palgrave Macmillan, 2004, p. 159.
④ Albert Soboul, *Problème paysans de la Révolution (1789 – 1848): études D'histoire révolutionnaire*, Paris: françois Maspero, 1976, p. 298.

5000万百升,即50亿升①;而2011年法国葡萄酒总产量为496330万升,约合50亿升。即使在不那么适宜葡萄种植的地区,葡萄酒生产也有较大发展。如加尔省的尼姆区(Nimes),1812年时当地总共有34967公顷土地种植葡萄,而葡萄酒的产量为456200百升,即4562万升,平均每公顷土地得到13.04百升葡萄酒,即平均每公顷土地收获1304升葡萄酒;到1854年,葡萄种植面积上升到45686公顷,可酿造1142150百升酒,每公顷土地的产量为25百升,即2500升葡萄酒。阿莱(Alais)区内,1812年时葡萄种植面积为11.069公顷,总产量为69950百升,即699.5万升,每公顷土地可得到5.95百升酒,即每公顷产量为595升;到1854年,葡萄种植面积上升到13481公顷,共酿造了86400百升,即8640万升,每公顷土地可得到6.4百升酒,即每公顷产量为640升葡萄酒。②弗朗索瓦·希雷尔·吉尔贝在1787年时还抱怨法国农业自罗马以来没有任何进步。但大革命之后的一百年内,法国农业生产出现重大转折,尤其是19世纪后半叶农业经济发展较为迅速。莱昂斯·德·拉韦涅在1870年时说过"1815年以来,国家的蓬勃兴旺即使不是从无间隙,至少也没有出现长久的停顿,发展有时甚至表现为迅猛的冲刺。对外贸易翻了四番,工业生产翻了三番,进步相当迟缓的农业也几乎翻了一番"。布罗代尔也强调"不久前,在相当短的时间内,确实发生了翻天覆地的、往往令人惊诧莫明的变化"③。虽然学者们常常强调法国小农的落后与保守,但无法否认与大革命前相比,19世纪法国的小农经济取得较大成就。

---

① Albert Soboul, *Problème paysans de la Révolution (1789–1848): études d'histoire révolutionnaire*, Paris: françois Maspero, 1976, p. 298.

② Noelle Plack, *Common Land, Wine and the French Revolution: Rural Society and Economy in Southern France c. 1789–1820*, Farnham: Ashgate, 2009, p. 147.

③ [法]费尔南·布罗代尔:《法兰西的特性:人与物》(下),顾良、张泽乾译,商务印书馆1997年版,第159—160, 116页。

结　语

在近代西欧国家从农业社会向工业社会转变的社会转型过程中，英国和法国这两个一衣带水的邻邦的发展无疑是最引人注目的。直到中世纪晚期，这两个国家在经济、文化等方面都存在着诸多共性。在农业生产、土地制度等方面，两个也有许多相似之处。然而到近代，两国总的发展方向虽一致，但也各有特点。英国通过圈地运动建立了资本主义大农场从而改变了传统农村社会面貌，而法国则依靠小农经济走向了资本主义发展道路。由于笔者能力有限，无法对整个法国土地制度发展演变详细考察。故本书只截取了学界尚少涉及的近代早期正处于社会转型阶段的法国乡村社会中的土地制度作为考察对象。

小农在法国农业发展史中占据着一个十分特殊的位置。直到19世纪末，法国依然是一个以小农为主的国家。即使在今天的法国农村依然保留着不少"小农"，其存在的历史异常悠久。从9世纪开始，由于继承制度、人口增长等因素，领主的自营地和农奴所持有的份地都已逐渐缩小的迹象。但农民所占有的土地并不属于农民，农民的土地受到领主高级所有权的限制，且附带各种封建义务。随着时间推移，领主也很少干涉农民对土地的处置。农民在很大程度上能自由管理和处置所占有的土地，当然必须向领主交纳各种封建赋税。

近代早期，随着社会的发展，古老的庄园制度也逐步走向瓦解。从12—13世纪始，农奴制度就逐渐走向瓦解。到16世纪中期，法国农民已基本获得人身自由，成为自由民。此外，随着近代法国王权的发展和社会的变迁，领主的权力逐渐被削弱。尤其是在地方，领主司法权被王权逐步排挤驱逐，直至领主完全失去司法权。从16世纪开始，王室法庭开始蚕食领主法庭并逐步取代各个地方的庄园法庭、贵族法庭等。领主基本不再直接参与庄园的政治经济管理，由过去地方的统治者、农民的保护者变成一个纯粹的食利者。领主权的削弱使领主进一步放松了对农民土地的控制。到近代早期，人们已开始将持有土地的佃农视为土地所有者，只是这些佃农仍保留一定封建义务但在人身关系上已经获得自由身份。这些佃农所占有的土地多为小块土地。古老的庄园制度及其土地制度都在发生变化。但近代法国农奴制的瓦解并不彻底，到大革命前在少数经济不太发达地区还存在大约100万的农奴。领主虽然失去了地方司法权等地方统治权，但在经济上和政治上依然享有各种特权。这种庄园制度瓦解的不彻底性也影响到近代法国农业的发展。16—18世纪，法国近代农业发展较为缓慢。在农业结构上以麦类和葡萄种植业为主，畜牧业一直处于副业地位。而麦类和葡萄种植业不需要大规模的经营，尤其是葡萄种植业更适合小规模的经营方式。农业经济发展缓慢，但同一时期法国农民负担十分沉重，致使农民长期无法摆脱小农状态。

从16世纪始，法国也出现近代圈地活动。但此次圈地活动的规模并不大且是以侵占公共土地和削弱公共权利为特征，极少出现圈占农民耕地的现象。但圈地运动的发展尤其是对公地的圈占削弱了传统乡村共同体公地的集体权利，推动近代土地私人所有观念的发展。18世纪下半叶，重农主义推动的圈地运动改革进一步推动法国圈地运动的发展，也体现出当时土地私有观念的发展。在此次圈地活动中，领主与农民都是圈地活动的参与者和受益人。其中领主得到村庄共同体大部分土地而农民有时也可分得一小部分土地。法国圈地运动不仅像英国一样推动了大土地所有制的形成，也使农民得到一部分土地，巩固了小土地所有制。圈地运动后，大土地所有制和小土地所有制均有所加强，小农经济反而得到保护。

法国贵族、资产阶级依然通过市场购买了大量小农土地，而后将这些土地以资本主义契约方式租借给农民耕种。这种租赁方式的发展已不同于封建时期农民与领主之间的租佃关系，他们之间的关系仅仅是契约关系，不附带任何依附关系。

圈地运动中所体现的这种土地集中与分化并存的现象也正是当时法

结 语

国土地占有结构的体现。从土地占有的社会结构看，旧制度末年，占人口少数的教会和贵族却占有全国大部分土地。随着经济实力的上升，资产阶级所占有的土地增长。农民到大革命前依然占据全国大约30%的土地。到近代早期，贵族和教会已出现衰落迹象，但依然保持着强劲的经济实力。他们所占有的土地通常都是大土地，而农民所占有的土地通常比较小。所以近代早期的法国应当是一个大地产与小地产并存的国度。确实，从土地占有面积结构看，近代法国是一个大、中、小土地所有制并存的国家。在近代法国，除了传统封建性质的小农经营方式，还出现了两种资本主义经营方式：分成制租佃和定额租佃。其中分成制租佃占多数，而分成制佃农多是由于经济实力薄弱才被迫接受经营方式。因此，其规模不可能太大。所以，尽管法国也有大土地所有制，但在经营规模上，却以小规模经营为主。

1789年大革命的爆发暂时打断了这种土地集中的趋势，也结束了中世纪传统乡村制度。一方面，大革命废除各种封建权利。它不仅解放农民的人身自由，也废除了庄园制度下领主对土地的种种束缚，使农民获得绝对的土地私有权；另一方面，大革命时期国有财产的出售和公地分割也改变了大革命前土地占有结构。此次事件使正在失去土地的农民突然获得大片土地，巩固了小土地所有制。大革命后，法国农业经济发展迎来一个新时代。

参考文献

（一）中文类

1. 中文论著

陈文海：《法国史》，人民出版社 2004 年版。

陈文海：《权力之鹰——法国封建专制时期督办官制度研究》，吉林大学出版社 1999 年版。

端木美等：《法国现代化进程中的社会问题》，中国社会科学出版社 2001 年版。

耿淡如、黄瑞章译注：《世界中世纪史原始资料选辑》，天津人民出版社 1959 年版。

郭汉鸣：《各国之土地分配》，中国地政学会 1936 年版。

郭华榕：《法国政治制度史》，人民出版社 2005 年版。

侯建新：《社会转型时期的西欧与中国》，高等教育出版社 2005 年版。

侯建新：《现代化第一基石：农民个人力量与中世纪晚期社会变迁》，天津社会科学院出版社 1991 年版。

侯建新主编：《经济—社会史：历史研究的新方向》，商务印书馆 2002 年版。

黄艳红：《法国旧制度末期的税收、特权和政治》，社会科学文献出版社 2016 年版。

龙秀清：《西欧社会转型中的教廷财政》，济南出版社 2001 年版。

马克垚：《西欧封建经济形态研究》，中国大百科全书出版社 2009 年版。

马克垚主编：《中西封建社会比较研究》，学林出版社 1997 年版。

沈汉：《英国土地制度史》，学林出版社 2005 年版。

沈炼之、楼均信：《法国通史简编》，人民出版社1990年版。

许平：《法国农村社会转型研究（19世纪—20世纪初）》，北京大学出版社2001年版。

张芝联主编：《法国通史》，北京大学出版社1989年版。

朱寰主编：《亚欧封建经济形态比较研究》，东北师范大学出版社1996年版。

　　2. 中文译著

《马克思恩格斯全集》（第25卷下），人民出版社2001年版。

《世界著名法典汉译丛书》编委会辑：《萨利克法典》，法律出版社2000年版。

李浩培、吴传颐、孙鸣岗译：《拿破仑法典（法国民法典）》，商务印书馆2006年版。

[比利时] 亨利·皮朗：《中世纪的城市》，陈国樑译，商务印书馆2006年版。

[比利时] 亨利·皮朗：《中世纪欧洲经济社会史》，乐文译，上海人民出版社2001年版。

[德] 汉斯－维尔纳·格茨：《欧洲中世纪生活（7—13世纪）》，王亚平译，东方出版社2002年版。

[德] 里夏德·范迪尔门：《欧洲近代生活：村庄与城市》，王亚平译，东方出版社2004年版。

[德] 里夏德·范迪尔门：《欧洲近代生活：宗教、巫术、启蒙运动》，王亚平译，东方出版社2005年版。

[俄] 约瑟夫·库利舍夫：《欧洲近代经济史》，石军、周莲译，北京大学出版社1990年版。

[法] G.勒纳尔、G.乌勒西：《近代欧洲的生活与劳作（从15世纪—18世纪）》，杨军译，上海三联书店2008年版。

[法] P.布瓦松纳：《中世纪欧洲生活和劳动（五至十五世纪）》，潘原来译，商务印书馆1985年版。

[法] 阿·索布尔：《法国大革命史论选》，王养冲编，华东师范大学出版社1984年版。

［法］埃马纽埃尔·勒华拉杜里：《蒙塔尤——1294—1324年奥克西坦尼的一个小山村》，许明龙、马胜利译，商务印书馆1997年版。

［法］费尔南·布罗代尔：《15至18世纪的物质文明、经济和资本主义》（上中下三卷），施康强、顾良译，生活·读书·新知三联书店2002年版。

［法］费尔南·布罗代尔：《法兰西的特性：人与物》（上下册），顾良、张泽乾译，商务印书馆1997年版。

［法］费尔南·布罗代尔：《菲利普二世时代的地中海和地中海世界》（上下卷），唐家龙等译，商务印书馆1998年版。

［法］伏尔泰：《路易十四时代》，吴模信等译，商务印书馆1997年版。

［法］基佐：《法国文明史》（四卷本），沅芷、伊信译，商务印书馆1997年版。

［法］雷吉娜·佩尔努：《法国资产阶级史》（上下册），康新文等译，上海译文出版社1991年版。

［法］罗贝尔·福西耶：《中世纪劳动史》，陈青瑶译，上海人民出版社2007年版。

［法］马迪厄：《法国革命史》，杨人楩译注，生活·读书·新知三联书店1958年版。

［法］马克·布洛赫：《法国农村史》，余中先等译，商务印书馆2003年版。

［法］马克·布洛赫：《封建社会》（上下卷），李增洪、侯树栋、张绪山译，商务印书馆2007年版。

［法］乔治·杜比、罗贝尔·芒德鲁：《法国文明史》（Ⅰ、Ⅱ卷），傅先俊译，东方出版中心2019年版。

［法］乔治·杜比主编：《法国史》（上中下三卷），吕一民等译，商务印书馆2010年版。

［法］乔治·勒费弗尔：《法国大革命的降临》，洪庆明译，格致出版社、上海人民出版社2010年版。

［法］乔治·勒费弗尔：《法国革命史》，顾良等译，商务印书馆1989年版。

［法］乔治·勒费弗尔：《拿破仑时代》（上下卷），《拿破仑时代》翻译组译，商务印书馆1978年版。

［法］让·蒂拉尔：《拿破仑时代法国人的生活》，房一丁译，上海人民出版社2007年版。

［法］让·饶勒斯：《社会主义史·法国革命：制宪会议》（上下册），陈祚敏译，商务印书馆1989年版。

［法］施亨利：《十八九世纪欧洲土地制度史纲》，郭汉鸣译，正中书局1935年版。

［法］托克维尔：《旧制度与大革命》，冯棠译，商务印书馆1996年版。

［法］西耶斯：《论特权　第三等级是什么》，冯棠译，商务印书馆2004年版。

［法］雅克·勒高夫：《中世纪文明（400—1500年)》，徐家玲译，格致出版社、上海人民出版社2011年版。

［法］伊波利特·泰纳：《现代法国的起源：旧制度》，黄艳红译，吉林出版集团有限责任公司2014年版。

［法］伊旺·克卢拉：《文艺复兴时期卢瓦尔河谷的城堡》，肖红译，上海人民出版社2007年版。

［美］哈罗德·J. 伯尔曼：《法律与革命——西方法律传统的形成》，贺卫方等译，中国大百科全书出版社1993年版。

［美］哈罗德·J. 伯尔曼：《法律与宗教》，梁治平译，中国政法大学出版社2002年版。

［美］娜塔莉·泽蒙·戴维斯：《马丁·盖尔归来》，刘永华译，北京大学出版社2009年版。

［美］詹姆斯·W. 汤普逊：《中世纪经济社会史》（上、下册），耿淡如译，商务印书馆1997年版。

［美］詹姆斯·W. 汤普逊：《中世纪晚期欧洲经济社会史》，徐家玲等译，商务印书馆1996年版。

［意］卡洛·M. 奇波拉：《欧洲经济史》（第1—3卷），徐璇译，商务印书馆1988年版。

［英］彼得·马赛厄斯、M. M. 波斯坦主编：《剑桥欧洲经济史：工业

经济：资本、劳动力和企业》（第七卷上册），徐强等译，经济科学出版社 2000 年版。

［英］彼得·马赛厄斯、M. M. 波斯坦主编：《剑桥欧洲经济史：近代早期的欧洲经济组织》（第五卷），徐强等译，经济科学出版社 2002 年版。

［英］彼得·马赛厄斯、M. M. 波斯坦主编：《剑桥欧洲经济史：中世纪的农业生活》（第一卷），徐强等译，经济科学出版社 2002 年版。

［英］亨利·斯坦利·贝内特：《英国庄园生活：1150—1400 年农民生活状况研究》，龙秀清等译，上海人民出版社 2005 年版。

［英］克拉潘：《1815—1914 年法国和德国的经济发展》，傅梦弼译，商务印书馆 1965 年版。

［英］梅因：《古代法》，沈景一译，商务印书馆 1996 年版。

［英］佩里·安德森：《从古代到封建主义的过渡》，郭方、刘建译，上海人民出版社 2001 年版。

［英］威廉·多伊尔：《法国大革命的起源》，张弛译，上海人民出版社 2009 年版。

3. 中文论文

陈崇武、王耀强：《法国大革命时期教会财产出售初探》，《世界历史》1992 年第 1 期。

侯建新：《权利视野下的史学研究》，《史学理论研究》2004 年第 1 期。

侯建新：《西欧法律传统与资本主义的兴起》，《历史研究》1999 年第 2 期。

金重远：《法国大革命和土地问题的解决——兼论其对法国历史发展的影响》，《史学集刊》1988 年第 4 期。

金重远：《英法资产阶级革命中土地问题的对比研究》，《史林》1990 年第 3 期。

刘文立：《法国革命前的三个等级》，《中山大学学报》（社会科学版）1999 年第 6 期。

刘文立：《旧制度下的特权等级及其消亡》，《法国研究》2003 年第 1 期。

齐思和：《西欧中世纪的庄园制度》，《历史教学》1957年7月。

施雪华：《16—18世纪法国农业资本主义发展缓慢之症结》，《世界历史》1989年第2期。

孙娴：《试论彻底与妥协：18世纪法国革命中土地问题剖析》，《世界历史》1989年第3期。

王令愉：《大革命前夕法国社会的等级结构》，《法国研究》1988年第4期。

王亚平：《浅析中世纪西欧社会中的三个等级》，《世界历史》2006年第4期。

王亚平：《试析中世纪晚期西欧土地用益权的演变》，《史学集刊》2010年第5期。

王渊明：《法国封建社会农民的生活状况与社会发展的关系》，《历史研究》1985年第5期。

熊芳芳：《法国的乡村史研究》，《史学理论研究》2007年第3期。

熊芳芳：《法国乡村共同体及其在近代早期的转变》，《世界历史》2010年第1期。

熊芳芳：《试析近代早期法国农民税负的经济效应》，《湖北社会科学》2010年第9期。

许平：《法国乡村社会从传统到现代的历史嬗变》，《北京大学学报》（社会科学版）1994年第3期。

许平、李洪庆：《大革命以后法国发展缓慢原因探析》，《历史教学问题》1996年第1期。

尤天然：《试论法国历史上的圈地运动》，《历史研究》1984年第4期。

詹娜：《16—17世纪法国奥弗涅地区乡村贵族命运重探》，《世界历史》2013年第4期。

张庆海：《大革命前后法国农业近代化的本质特征》，《华南师范大学学报》1997年第2期。

张庆海：《小农与卢梭思想，雅各宾主义和波拿巴主义》，《史学集刊》1998年第3期。

张庆海：《雅各宾派的土地革命对法国农业近代化的影响》，《史学集刊》1997年第1期。

张新光：《农业资本主义演进的法国式道路及其新发展》，《学海》2009年第2期。

赵文洪：《公地制度中财产权利的公共性》，《世界历史》2009年第2期。

赵文洪：《庄园法庭、村规民约与中世纪欧洲"公地共同体"》，《历史研究》2007年第4期。

（二）外文类

1. 外文专著

Albert Soboul Dir, *Contribution à l'histoire paysanne de la Révolution française*, Paris：Éditions Sociales，1977.

Albert Soboul, *La France à la veille de la Révolution,：éconimie et société*, Paris：Sedes，1974.

Annabel S. Brett, *Liberty, Right, and Nature：Individual Rights in Later Scholastic Thought*, Cambridge：Cambridge University Press，1997.

Antoine Follainédi, *L'argent des villages：comptabilités paroissiales et communales fiscalité locale du XIIIe au XVIIIe siècle*, Rennes：Association d'Histoire des Sociétés Rurales，2000.

Arno J. Mayer, *The Furies：Violence and Terror in the French and Russian Revolutions*, Princeton：Princeton University Press，2000.

Arthur Young, *Travels in France during the Year 1787，1788，1789*, London：George Bell and Sons，1889.

Barrington Moore, Jr, *Social Origins of Dictatorship and Democracy：Lord and Peasant in the Making of the Modern World*, Middlesex：Penguin University Books，1973.

Benjarm. Guerard, *Polyptyque de l'abbé Irminon ou dénombrement des manses, des serfs et des revenues de l'abbaye de Saint-Germain-des-Prés sous le règne de Charlemagne*, Paris，1844.

Brian Tierney, *The Idea of Natural Rights：Studies on Natural Rights,*

Natural Law, and Church Law, 1150 – 1625, Atlanta: Scholars Press, 1997.

Christel Douard et Jean-Pierre Ducouret, *Le manoir en Bretagne 1380 – 1600*, Paris: Éditions du Patrimoine, 1999.

David John Brandenburg, *French Agriculture: Technology and Enlightened Reform, 1750 – 1789*, Ann Arbor, Mich., Umi, 1954.

Dom du Bourg, *L'abbaye de Saint-Germain-des-Près au XIVe siècle*, Paris, 1900.

Emmanuel le Roy Ladurie and Joseph Goy, *Tithe and Agrarian History from the Fourteenth to the Nineteenth Centuries: an Essay in Comparative History*, Trans. Susan Burke, Cambridge-Pairs: Cambridge University Press-Editions de la Maison des Sciences de l'Homme, 1982.

Emmanuel le Roy Ladurie et Joseph Goy édis, *Les fluctuations du produit de la dîme: conjuncture décimale et domaniale de la fin du Moyen Âge au XVIIIe siècle*, Paris-La Haye: Mouton & Co, 1972.

Emmanuel le Roy Ladurie, *Les paysans de Languedoc*, Paris: Mouton, 1966.

Emmanuel le Roy Ladurie, *The French Peasantry 1450 – 1660*, Trans. Alan Sheridan, Aldershot: Scolar Press, 1987.

Eugen Weber, *La fin des terroirs: la modernisation de la France rurale (1870 – 1914)*, Paris: Fayard, 1983.

E. Mabille, *Cartulaire de marmoutier pour le Dunois*, 1874, n. XXXIX (1077).

Frank E. Huggett, *The Land Question and European Society Since 1650*, London: Harcout Brace Jov Anovich. Inc, 1975.

Fustel de Coulanges, *Histoire des institutions politiques de l'ancienne France*, Paris: Hachette, 1888 – 1931.

George T. Beech, *A Rural Society in Medieval France: the Gâtine of Poitou in the Eleventh and Twelfth Centuries*, Baltimore: the Johns Hopkins Press, 1964.

Georges Duby, *The Chivalrous Society*, Trans. Cynthia Postan, London:

Arnold, 1977.

Georges Lefebvre, *La grande peur de 1789*, Paris: Sedes, 1932.

Geroges Duby et Armand Wallon Dir., *Histoire de la France rurale*, Paris: le Seuil, 1975 – 1976, 4vols.

Geroges Duby, *L'économie rurale et la vie des campagnes dans l'Occident médiéval (France, Angleterre, Empire, IXe – XVe siècle): essai sur synthèse et perspectives de recherches*, Paris: Aubier, 1962.

Guy Bois, *The Crisis of Feudalism: Economy and Society in Eastern Normandy c. 1300 – 1550*, Cambridge-Paris: Cambridge University Press-Éditions de la Maison des Sciences de l'Homme, 1984.

Guy Chaussinand-Norgaret, *La noblesse au XVIIIe siècle de la Féodalité aux Lumière*, Bruxelles: Éditions Complexe, 2000.

Guy Fourquin, *Les campagnes de la region parisienne à la fin du Moyen Âge: du milieu du XIIIe siècle au début du XVIe siècle*, Paris: Puf, 1964.

Guy Fourquin, *Lordship and Feudalism in the Middle Age*, Trans. Iris and A. L. Lyttonsells, London: George Allen & Unwin Ltd, 1976.

Géraral Walter, *Histoire des paysans de France*, Paris: Flammarion, 1963.

Gérard Béaur, *Histoire agraire de la France au XVIIIe siècle: inerties et changements dans les campagnes françaises entre 1715 et 1815*, Paris: Sedes, 2000.

Gérard Béaur, *Le marché foncier à la veille de la Révolution: les mouvements de propriété beaucerons dans les régions de Maintenon et de Janville de 1761 à 1790*, Paris: Ehess, 1984.

G. G Coulton, *The Medieval Village*, New York: Dover, 1989.

Helena Hamerow, *Early Medieval Settlements: the Archaeology of Rural Communities in Northwest Europe, 400 – 900*, Oxford: Oxford University Press, 2002.

Henri Seé, *Les droit d'usage et les biens communaux en France au Moyen-Âge*, Paris: V. Giard & E. Brière, 1898.

Henri Seé, *Economic and Social Conditions in France during the Eighteenth*

Century, Trans. Edwin H. Zeydel, New York: F. S. Crofts & Co, 1935.

Henri Seé, *Étude sur les classes rurale en Bretagne au Moyen-Âge*, Paris et Rennes: Alphonse Picard et Fils & Plihon et Hervé, 1896.

Henri Seé, *Histoire économique de la France*, Paris: Armand Colin, 1948.

Henri Seé, *Les origines du capitalisme Moderne*, Paris: Armand Colin, 1926.

Hilton L. Root, *Peasants and King in Burgundy: Agrarian Foundations of French Absolutism*, Berkeley: University of California Press, 1987.

Isabel Alfonso Ed., *The Rural History of Medieval European Societies: Trends and Perspectives*, Turnhout: Brepols, 2007.

Jacques Dupâquier Dir., *Histoire de la population française*, Paris: Puf, 1988, 4 Vols.

Jacques Dupâquier, *La population française aux XVIIe et XVIIIe siècle*, Paris: Puf, 1979.

James C. Scott and Nina Bhatt, Eds., *Agrarian Studies: Synthetic Work At the Cutting Edge*, New Haven and London: Yale University Press, 2001.

James Lowth Goldsmith, *Lordship in France, 1500 – 1789*, New York: Peter Lang, 2005.

James Lowth Goldsmith, *Lordship in France, 500 – 1500*, New York: Peter Lang, 2003.

Jaques Cuvillier, *Famille et patrimoine de la haute noblesse française au XVIIIe siècle: le cas des Phélypeaux, Gouffier, Choiseul*, Paris: Harmattan, 2005.

Jay M. Smith, *The French Nobility in the Eighteenth Century: Reassessments and New Approaches*, University Park, Pa.: Pennsylvania State University Press, 2006.

Jean Gallet, *Seigneurs et paysans en France 1600 – 1793*, Rennes: Editions Ouest-France, 1999.

Jean Jacquart, *La crise rurale en Île-de-France, 1550 – 1670*, Paris: A. Colin, 1974.

Jean Kervhervé Dir., *Noblesses de Bretagne du Moyen Âge à Nos Jours: actes de la journée d'étude tenue à guingamp le 22 Novembre 1997*, Rennes: Presses Universitaires de Rennes, 1999.

Jean Lartigaut, *Les campagnes du Quercy après la Guerre de Cent Ans (vers 1440 – vers 1500)*, Toulouse: Association des Publications de l'Université de Toulouse-le-Mirail, 1978.

Jean Loutchisky, *la petite propriété en France avant la Revolution et la vente des biens nationaux*, Paris: Honoré Champion, 1897.

Jean Loutchisky, *La propriété paysanne en France à la veille de la Révolution*, Paris: Honoré Champion, 1912.

Jean-Marc Moriceau, *L'elevage sous l'Ancien Régime: les fondements agraires de la France Moderne XVIe – XVIIIe siècles*, Paris: Sedes, 1999.

Jean-Marc Moriceau, *Les fermiers de l'Île-de-France: l'ascension d'un patronat agricole (XVe – XVIIIe siècle)*, Paris: Fayard, 1994.

Jean-Pierre Houssel et Jean Charles Bonnet édis., *Histoire des paysans Français du XVIIIe siècle à Nos Jours*, Roanne: Horvath, 1976.

Jean-Pierre Poussou, *La terre et les paysans en France et en Grand-Bretagne au XVIIe et XVIIIe siècles*, Paris: Cned-Sedes, 1999.

Jerzy Lukowski, *The European Nobility in the Eighteenth Century*, New York: Palgrave Macmillan, 2003.

John Bulaitis, *Communism in Rural France: French Agriculture Workers and Popular Front*, New York: I. B. Tauris & Co Ltd, 2008.

John Markoff, *The Abolition of Feudalism: Peasants, Lords, and Legislators in the French Revolution*, University Park, Pa.: Pennsylvania State University Press, 1996.

Jules Sion, *Les paysans de la Normandie orientale, pays de Caux, Bray, Vexin Normand, vallée de la Seine*, Paris: Armand Colin, 1909.

Kathleen Thompson, *Power and Border Lordship in Medieval France: the County of the Perche, 1000 – 1226*, Woodbridge and Rochester: Boydell Press, 2002.

La Société Jean Bodin Dir., *La Communauté Rurales*, Paris: Dessain et

Tolra, 1984.

Le Baron A. de Calonne, *La vie agricole sous l'Ancien Régime dans le nord de la France*, Paris: Guillaumin & Cie, 1885.

Le Cte de Tourdonnet, *Situation du métayage en France, rapport sur l'enquête ouverte par la société des agricultures de France*, Parie: Impremerie de la Société de Typographie, 1879 – 1880.

Marc Bloch, *Feudal Society (Vol 2): Social Classes and Political Organization*, Trans. L. A. Manyon, London: Taylor & Francis, 2005.

Marc Venard, *Bourgeois et paysans au XVIIe siècle: recherche sur le rôle des bourgeois parisiens dans la vie agricole au sud de Paris au XVIIe siècle*, Paris: Ehess, 1957.

Marius-Henri-Casimir Mittre, *Du métayage comparé au fermage dans le mide de la France, mémoire couronné par les académies d'aix et de Bordeaux*, Imprimerie de Aubin (Aix), 1848.

Mark P. Holt Ed, *Renaissance and Reformation France, 1500 – 1648*, Oxford: Oxford University Press, 2002.

Michel Puzelat, *La vie rurale en France XVIe – XVIIIe siècle*, Paris: Sedes, 1999.

Nicholas Wright, *Knights and Peasants: the Hundred Years War in the French Countryside*, Woodbridge, Suffolk, Rochester: Boydell Press, 1998.

Noelle Plack, *Common Land, Wine and the French Revolution: Rural Society and Economy in Southern France, c.1789 – 1820*, Farnham and Burlington: Ashgate, 2009.

Patrick O'brien and Caglar Keyder, *Economic Growth in Britain and France 1780 – 1914: Two Paths to the Twentieth Century*, London: George Allen & Unwin, 1978.

Peter Mcphee, *A Social History of France, 1789 – 1914*, New York: Palgrave Macmillan, 2004.

Peter Spaufford, *Handbook of Medieval Exchange*, London: St. Edmundsbury Press, 1986.

P. M. Jones, *The Peasantry in the French Revolution*, Cambridge: Cambridge University Press, 1988

P. M. Jones, *Politics and Rural Society: the Southern Massif Central, c. 1750 – 1880*, Cambridge: Cambridge University Press, 1985.

Philip T. Hoffman, *Growth in a Traditional Society: the French Countryside, 1450 – 1815*, Princeton: Princeton University Press, 1996.

Ph. Sagnac et P. Caron, *Les comités des droits féodaux et de législation et l'abolition du régime seigneurial (1789 – 1793)*, Paris: Imprimerie Nationale, 1905.

Pierre Fromont, *La réforme du statut du fermage et du métayage*, Paris: Presses Universitaires de France, 1949.

Pierre Goubert, *Beauvais et le beavaisis de 1600 à 1730, contribution à l'histoire sociale de la France du XVIIe siècle*, Paris: S. E. V. P. E. N., 1960.

Pierre Goubert, *The French Peasantry in the Seventeenth Century*, Trans. Ian Patterson, Cambridge-Paris: Cambridge University Press-Editions de la Maison des Sciences de l'Homme, 1986.

Pierre Léon Dir., *Histoire économique et sociale du Monde (Tome 2): les hésitations de la croissance, 1580 – 1740*, Paris: Armand Colin, 1978.

Placide Rambaud et Monique Vincienne, *Les transformations d'une société rurale: la Maurienne (1561 – 1962)*, Paris: Armand Colin, 1964.

Ralph Gibson and Martin Blinkhorn Eds., *Landownership and Power in Modern Europe*, London: Harpercollins Academic, 1991.

Richard E. Barton, *Lordship in the County of Maine, c. 890 – 1160*, Woodbridge, Suffolk, Rochester: Boydell Press, 2004.

Robert Fossier, *Histoire sociale de l'Occident médiéval*, Paris: A. Colin, 1970.

Roland Mousnier, *Peasant Uprisings in Seventeenth-Century France, Russia and China*, Trans. Brian Pearce, London: George Allen & Unwin Ltd., 1971.

Sarah Maza, *The Myth of the French Bourgeoisie: an Essay on the Social Imaginary 1750 – 1850*, Cambridge and Massachusetts and London: Harvard University Press, 2003.

Thomas Frederick Sheppard, *A Provincial Village in Eighteenth Century France: Lourmarin, 1680 – 1800*, Ann Arbor: Mich. , Umi, 1972.

William Doyle, *Aristocracy and its Enemies in the Age of Revolution*, Oxford: Oxford University Press, 2009.

Yves-Marie Bercé, *History of Peasant Revolts: the Social Origins of Rebellion in Early Modern France*, Trans. Amanda Whitmore, Ithaca: Cornell University Press, 1990.

Yvonne Bézard, *La vie rurale dans le sud de la region parisienne de 1450 à 1560*, Paris: Firmin-Didot, 1929.

2. 外文论文

Alain Testart, "Propriété et non-propriété de la terre: la confusion entre souveraineté politique et propriété foncière (2ème Partie)", *Études Rurales* No. 169/170, Transmission, 2004.

Alek A. Rozental, "The Enclosure Movement in France", *American Journal of Economics and Sociology*, Vol. 16, No. 1, 1956.

Anthony Crubaugh, "Local Justice and Rural Society in the French Revolution", *Journal of Society History*, Vol. 34, No. 2, 2000.

A. Mathiez, "Un exemple du partage des communaux: pendant la Revolution", *Revue d'Histoire Moderne et Contemporaine (1899 – 1914)* Vol. 1, No. 1, 1899/1900.

Benjamin Sexauer, "English and French Agriculture in the Late Eighteenth Century", *Agricultural History*, Vol. 50, No. 3, 1976.

Bernard Derouet, "La Terre, le personne et le contrat: exploitationet associations familiales en Bourbonnais (XVIIe – XVIIIe siecles)", *Revue d'Histoire Moderne et Contemporaine (1954 –)*, T. 50e, No. 2, 2003.

Constance H. M. Archibald, "The Serfs of Sainte-Geneviève", *The English Historical Review*, Vol. 25, No. 97, 1910.

Cédrie Lavigne, "Assigner et fiscaliser les terres au Moyen Âge, trios exemples", *Études Rurales*, No. 175/176. Nouveaux Chapitres d'Histoire du Paysage, 2005.

Daniel W. Gade, "Tradition, Territory, and Terroir in French Viticulture: Cassis, France, and Appellation Contrôlée", *Annals of the Association of American Geographers*, Vol. 94, No. 4, 2004.

D. M. G. Sutherland, "Peasants, Lords, and Leviathan: Winners and Losers From the Abolition of French Feudalism, 1780 – 1820", *The Journal of Economic History*, Vol. 62, No. 1, 2002.

Forrest Mcdonald, "The Relation of the French Peasant Vaterans of the American Revolution to the Fall of Feudalism in France, 1789 – 1792", *Agricultural History*, Vol. 25, No. 4, 1951.

Franklin F. Mendels, "La composition du ménage paysan en France au XIXe siècle: une analyse économique du mode de production domestique", *Annales, Histoire, Sciences Sociales*, 33e Année, No. 4, 1978.

Frederic O. Sargent, "The Persistence of Communal Tenure in French Agriculture", *Agricultural History*, Vol. 32, No. 2, 1958.

F. Seebohm, "French Peasant Proprietorship under the Open Field System of Husbandry", *The Economic Journal*, Vol. 1, No. 1, 1891.

George W. Grantham, "The Persisitence of Open-Field Farming in Nineteeth-Century France", *The Journal of Economic History*, Vol. 40, No. 3, 1980.

Georges Lefebvre, "Les recherches relatives à la vente des biens nationaux", *Revue d'Histoire Moderne*, T. 3e, No. 15, 1928.

Guy Fourquin, "Les débuts du fermage l'exemple de Saint-Denis", *Études Rurales*, No. 22/24, 1966.

Gérard Béaur, "Le marché foncieré élaté: les modes de transmission du patrimoine sous l'Ancien Régime", *Annales, Histoire, Sciences Sociales*, 46e Année, No. 1, 1991.

G. Debien, "Land Clearing and Artificial Meadows in Eighteenth-Century

Poitou", *Agriculture History*, Vol. 19, No. 3, 1945.

Harald Moβbrucker and Andy Watt, "Sharecropping: Traditional Economy, Class Relation, or Social System? Towards a Reevaluation", *Anthropos*, Bd. 87, H. 1. /3. 1992.

Henri Furgeot, "L'aliénation des biens du clergé sous Charles IX", *Revue des Questions Historiques*, t. XXIX (1881).

Henri Sée, "Les classes rurales en Bretagne du XVIe siècle à la Revolution", *Revue d'Histoire Moderne et Contemporaine (1899 – 1914)*, Vol. 6, No. 5, 1904/1905.

Ivan Cloulas, "Les alienations du temporel ecclésiastique sous Charles IX et Henri III (1563 – 1587)", *Revue d'Hisotoire de l'Eglise de France*, tome 44. No. 141, 1958.

Jacques Houdaille, "Quatre villages du Morvan: 1610 – 1870", *Population (French Edition)*, 42e Année, No. 4/5, 1987.

James B. Wood, "The Decline of the Nobility in Sixteenth and Early Seventeenth Century France: Myth or Reality", *The Journal of Modern History*, Vol. 48, No. 1, 1976.

Jean Duma, "Les Bourbon-Penthièvre à Ramboullet la constitution d'un duché-pairie au XVIIIe siècle", *Revue d'Histoire Moderne et Contemporaine*, T. 29e, No. 2, 1982.

Jean Nagle, "Un aspect de la propriété seigneuriale à Paris aux XVIIe et XVIIIe siècles, les lods et ventes", *Revue d'Histoire Moderne et Contemporaine*, 24, 1977.

Jean-Michel Sallmann, "Le partage des biens communaux en Artois, 1770 – 1789", *Études Rurales*, No. 67, 1977.

John Bell Henneman, "Nobility, Privilege and Fiscal Politics in Late Medieval France", *French Historical Studies*, Vol. 13, No. 1, 1983.

Louis Henry and Yves Blayo, "La population de la France de 1740 à 1860, Population (French Edition)", 30e Année, *Demographie Historique*, 1975.

Louis Merle, "La métairie de la Gâtine poitevine sous l'Ancien Régime", *Études de Géographie Agraire*, No. 3, 1954.

Léopold Genicot, "La noblesse au Moyen Âge dans l'ancienne ' Francie ' ", *Annales, Histoire, Sciences Sociales*, 17e Année, No. 1, 1962.

Magali Watteaux, "Sous le bocage, le parcellaire", *Études Rurales*, No. 175/176, Nouveaux Chapitres d'histoire du Paysage, 2005.

Marc Bloch, "La lutte pour l'individualism agraire dans la France du XVIIIe siècle: première partie: l'duvre des pouvoirs d'Ancien Régime", *Annales d'Histoire Économique et Sociale*, T. 2, No. 7, 1930.

Michel Devèze, "Les forêt françaises à la veille de la Révolution de 1789", *Revue d'Histoire Moderne et Contemporaine*, T. 13e, No. 4, 1966.

Noelle Plack, "Agrarian Reform and Ecological Change during the Ancient Régime: Land Clearance, Peasants and Viticulture in the Province of Languedoc", *French History*, Vol. 19, Issue. 2, 2005.

Olwen Hufton, "The Seigneur and the Rural Community in Eighteeth-Century France. The Seigneurial Reaction: A Reappraisal", *Transaction of the Rural Historical Society*, Fifth Series, Vol. 29, 1979.

Paul Guichonnet, "Bien communaux et partages revolutionnaires dans l'ancien department du Léman", *Études Rurales*, No. 36, 1968.

Paul Walden Bamford, "French Forest Legislation and Administration, 1660 – 1789", *Agricultural History*, Vol. 29, No. 3, 1955.

Peter M Jones, "Paris, Seigneur and the Community of Inhabitants in Southern Central France during the Eighteenth and Nineteenth Centuries", *Past & Present*, No. 91, 1981.

Philip T. Hoffman, "Land Rents and Agricultural Productivity: the Paris Bassin, 1450 – 1789", *The Journal of Economic History*, Vol. 51, No. 4, 1991.

Philip T. Hoffman, "Sharecropping and Investment in Agriculture in Early Modern France", *The Journal of Economic History*, Vol. 42, No. 1, The Tasks of Economic History, 1982.

Philip T. Hoffman, "Taxes and Agrarian Life in Early Modern France: Land Sales, 1550 – 1730", *The Journal of Economic History*, Vol. 46, No. 1, 1986.

Philip T. Hoffman, "Theory of Sharecropping in Early Modern France", *The Journal of Economic History*, Vol. 44, No. 2, The Tasks of Economic History, 1984.

Robert C. Allen and Cormacó Gráda, "On the Road Again with Arthur Young: English, Irish, and French Agriculture during the Industrial Revolution", *The Journal of Economic History*, Vol. 48, No. 1, 1988.

Robert C. Allen, "The Efficiency and Distributional Consequences of Eighteenth Century Enclosures", *The Economic Journal*, Vol. 92, No. 368, 1982.

Robert Forster, "Obstacles to Agricultural Growth in Eighteenth-Century France", *The American Historical Review*, Vol. 75, No. 6, 1970.

Stephen Weinberger and Jean-François Sené, "La transformation de la société paysanne en Provence medieval", *Annales, Histoire, Sciences Sociales*, 45e Année, No. 1, 1990.

Vincent Thébault, "La bourgeois de la terre: le placement foncier comme symbole d'ascension sociale", *Ethnologie française*, nouvelle serie, T. 22e, No. 4e, Mélanges, 1992.

V. Alton Moody, "Europe's Recurrent Land Problem", *Agriculture History*, Vol. 22, No. 4, 1948.